农村留守儿童的社会适应

NONGCUN LIUSHOU ERTONG DE SHEHUI SHIYING

DAIBINRONG ZHU

戴斌荣◎著

北京师范大学出版集团
BEIJING NORMAL UNIVERSITY PUBLISHING GROUP
北京师范大学出版社

图书在版编目（CIP）数据

农村留守儿童的社会适应 / 戴斌荣著. —北京：北京师范大
学出版社，2025.3

（京师心理研究书系）

ISBN 978-7-303-28922-6

Ⅰ. ①农… Ⅱ. ①戴… Ⅲ. ①农村－儿童－社会教育－
研究－中国 Ⅳ. ①G61

中国国家版本馆 CIP 数据核字（2023）第 020650 号

出版发行：北京师范大学出版社 https://www.bnupg.com
　　　　　北京市西城区新街口外大街 12-3 号
　　　　　邮政编码：100088
印　　刷：北京虎彩文化传播有限公司
经　　销：全国新华书店
开　　本：710 mm×1000 mm　1/16
印　　张：14.5
字　　数：262 千字
版　　次：2025 年 3 月第 1 版
印　　次：2025 年 3 月第 1 次印刷
定　　价：48.00 元

策划编辑：周雪梅　　　　　　　责任编辑：孟　浩
美术编辑：焦　丽 李向昕　　　装帧设计：焦　丽 李向昕
责任校对：陈　荟　　　　　　　责任印制：马　洁

前　言

　　农村留守儿童是我国特殊而庞大的儿童群体，其教育发展问题受到党和国家的高度重视，以及社会各界的密切关注。其中学界对农村留守儿童的研究主要包括农村留守儿童身心发展状况、影响因素以及问题解决的对策建议等方面。在这些研究中，社会适应是重要的方面。研究者围绕农村留守儿童的学业适应、心理适应、行为适应、人际适应等方面的现状、影响因素以及干预措施和预防对策进行研究，并取得了许多有价值的研究成果。但这些研究也存在需要进一步完善的地方。一是在测量工具上，缺乏适用于农村留守儿童社会适应测量的信效度较高的工具；二是在研究内容上，缺乏对农村留守儿童群体社会适应的系统研究；三是在研究方法上，缺乏从综合、整体、系统的角度以及建模的思想考察农村留守儿童社会适应的影响因素。

　　为此，本书以农村留守儿童为研究对象，通过因素分析等方法编制了适用于测量农村留守儿童的社会适应问卷；通过元分析对农村留守儿童社会适应的相关研究结果进行了再探索，为探究农村留守儿童社会适应的影响因素提供理论与实证依据；采用自编问卷和他人编写的信效度较高的相关问卷和量表，对农村留守儿童的社会适应现状及影响因素进行调查，通过与农村非留守儿童进行比较，揭示农村留守儿童的社会适应特点；通过相关分析、回归分析等考察家庭因素、学校因素、社会因素和个体因素等对农村留守儿童社会适应的影响；通过结构方程建模分析亲子沟通、师生关系、友谊质量、社会支持、自我意识等因素对农村留守儿童社会适应产生的影响和具体作用机制。

　　由于农村留守儿童与父母长期分离，无法与父母及时有效地沟通交流，父母无法及时发现农村留守儿童在生活和学习中遇到的困难和存在的心理与教育问题，造成农村留守儿童在学习适应、认知适应、积极情绪适应、人际关系适应维度得分显著低于农村非留守儿童。而且在以上各方面，双亲外出打工的农村留守儿童得分低于单亲外出打工的农村留守儿童。农村留守儿童群体内部也存在社会适应的差异，主要表现在三个方面：第一，农村留守儿童自身因素造成的社会适应差异。比如，农村留守男童在学习适应、认知适应、积极情绪适应、人际关系适应、生活适应维度得分显著低于农村留守女童。学龄阶段是另外一个影响农村留守儿童社会适应的因素。农村初中留守儿童在认知适应、积极情绪适应、生活适应维度得分显著高于农村小学留守儿童，农村小学留守儿童在学习适应、人际关系适应维度得分显著高于农村初中留守儿童。随着年龄的不断增长，农村留守儿童的认知能力在不断发展，虽然与父母长期分离，其自主生活能力也在不断提高。因此农村初中留守儿童在认知适应、积极情绪适应、生活适应维度表现更好。由于农村初中留守儿童学习压力较大，也逐渐步入了青春期，其心理上的闭锁性不断增强，将不再愿意轻易吐露自己在生活和学习中遇到的困难。这就造成了他们在学习适应和人际关系适应维度表现不如农村小学留守儿童。第二，与父母的情感联结造成的社会适应差异。比如，与父母的联系频率、是否支持父母外出打工及父母外出打工后对家庭完整度认知不同、对父母想念程度的农村留守儿童在社会适应的不同维度上存在显著差异。主要表现为与父母联系频率越高、对父母思念程度越深的农村留守儿童越理解父母外出打工是为了给家庭创造更好的生活条件。虽然有些农村留守儿童对父母外出打工持有不支持态度，但他们只是想要完整的家庭，不想与父母分离。而那些对家庭是否完整持无所谓态度的农村留守儿童对父母打工也持有无所谓态度，与父母平时的联系也较少。第三，父母的教养类型造成的社会适应差异。比如，权威型教养的农村留守儿童社会适应能力较强，忽视型教养的农村留守儿童社会适应较差。采用权威型教养的父母往往会表现出温暖、关心、理解等积极的情绪情感反应和支持性教养行为。而采用忽视型教养的父母对农村留守儿童面临的困难则持有消极的情感反应和冷漠的行为反应，无法从父母那里获得解决问题的情感支持和策略支持的农村留守儿童社会适应表现就会较差。

社会适应是一个复杂的综合性因素。研究者一致认为社会适应主要包括三个部分：一是个体，也就是社会适应过程中的主体。二是社会环境，也就是与社会适应主体相互作用。它不仅是个体实现自己各种需要的来源，也会对个体提出自然的和社会的要求。其中社会情境中的人际关系是个体适应社会过程中的重要部分。三是改变，也是个体适应社会的中心环节。它不仅包括个体改变自己以适应环境，而且包括个体不断改变环境使其适应自己的需要。因此，影响农村留守儿童社会适应的因素不仅源于其自身，还可能源于农村留守儿童与家庭、学校等微系统中的"重要他人"的人际关系。

　　本书的研究发现，对农村留守儿童社会适应产生直接影响的因素为师生关系、友谊质量、自我意识，产生间接影响的因素为亲子沟通、社会支持。不难理解，学龄阶段的农村留守儿童与教师和同伴在一起的时间逐渐超过与父母在一起的时间，师生关系和同伴关系的质量对其社会适应产生的影响也在逐渐超过父母。其中自我意识是个体对自身环境和处境进行的自我评价、自我控制和自我调节，因此自我意识的发展也会对农村留守儿童的社会适应产生直接影响。

　　根据《国务院关于加强农村留守儿童关爱保护工作的意见》，农村留守儿童的父母应当从充分认识家庭环境对孩子成长的重要性、树立科学的家庭教育观念、与孩子建立良好的亲子依恋关系、尽力弥补家庭教育的缺失等方面切实承担起教育孩子的责任；学校应当从加强农村留守儿童日常教育管理、建立农村留守儿童教育帮扶机制、积极开展农村留守儿童的心理健康教育等方面切实做好农村留守儿童教育工作；政府和社会应当从积极创造条件使农村留守儿童不再留守、努力办好农村寄宿制学校等方面进一步完善解决农村留守儿童教育问题的长效机制。

目　录

第一章　绪　论 ……………………………………………… 1

第二章　农村留守儿童社会适应的研究设计 …………… 22

第三章　农村留守儿童社会适应的研究工具 ………… 30

第四章　农村留守儿童社会适应现状研究 …………… 45

第五章　农村留守儿童父母教养方式、亲子沟通与社会适应

　　　　………………………………………………… 66

第六章　农村留守儿童师生关系、友谊质量与社会适应 … 93

第七章　农村留守儿童社会支持与社会适应…………… 124

第八章　农村留守儿童自我意识、人格与社会适应……… 144

第九章　农村留守儿童社会适应影响因素模型建构……… 172

参考文献 ……………………………………………… 184

附　录 ………………………………………………… 199

后　记 ………………………………………………… 222

第一章 绪 论

一、留守儿童的研究综述

(一)农村留守儿童的研究背景

根据《2020 年中国儿童人口状况：事实与数据》，我国有4177 万名农村留守儿童。从年龄结构来看，0～5 周岁的有1493 万人，占农村留守儿童总数的 35.7%；6～11 周岁的有1590 万人，占农村留守儿童总数的 38.1%；12～17 周岁的有1093 万人，占农村留守儿童总数的 26.2%。从区域分布来看，河南的农村留守儿童规模最大，超过 600 万人。河南、四川、广西、安徽、广东、湖南、贵州、江西这 8 个省(自治区)的农村留守儿童规模均超过 200 万人，总数为 2570 万人，占农村留守儿童总数的 61.5%。从家庭抚养情况来看，54.4% 的农村留守儿童与其中一方父母一起居住；27.1% 的农村留守儿童父母均不在家，与祖父母一起居住；5.6% 的农村留守儿童与其他成年人一起居住；12.9% 的农村留守儿童单独留守或与其他儿童一起居住。从增幅来看，2010 年到 2020 年，农村留守儿童的数量增加了 207 万人，增幅有 5.2%。

近年来，党和政府高度重视留守儿童的问题，出台了一系列政策与指导意见。2018 年发布的《中国留守儿童心灵状况白皮书》强调关注不同类型留守儿童与父母的亲子联结，聚焦留守儿童情绪状态的心理机制，探索有效的心理帮扶路径。2019 年发布的《关于进一步健全农村留守儿童和困境儿童关爱服务体系的意见》强调积极推进农村留守儿童和困境儿童关爱服务体系建设。2023 年,《民政部 教育部 国家卫生健康委 共青团中央 全国妇联关于加强困境儿童心理健康关爱服务工作的指导意见》明确指出,要加强对留守、流动等困境儿童的心理健康教育,在了解他们心理特点和心理需求的基础上,开展有针对性的心理健康教育。

我国关于留守儿童的研究成果主要体现在以下两个方面。一是文献"量"的发展。1994 年发表一篇文章《"留守儿童"》,此后对留守儿童问题的研究逐渐增多。二是研究主题多样化。留守儿童研究涉及教育学、心理学、社会学、人口学、医学、法学等领域,其中留守儿童心理健康问题研究最受关注。研究主题多样化既体现在研究主体的多元性上,又体现在研究内容的丰富性上,在一定程度上有利于研究的深入。

(二)农村留守儿童的概念界定

学术界对于农村留守儿童的定义存在不同观点。有学者认为可以根据三个方面来判断儿童是否属于农村留守儿童:①父母外出务工的类型(母亲外出务工、父亲外出务工、双亲外出务工);②父母外出务工的时间期限;③子女的年龄界定(周福林,段成荣,2006)。

目前,学者对于父母外出务工的类型已经达成共识,即父母双方或一方在外地务工。但是还有两个方面存在差异。第一,父母外出务工的时间期限方面存在差异。有学者以"长期"来表示时间期限(江立华,2013;刘宗发,2013;赵景欣,刘霞,张文新,2013)。由于 2000 年我国的人口普查以及之后的相关调查是以半年为一个时间段来界定流动人口的时间维度,因此有学者以亲子分离 6 个月为时间期限(周福林,段成荣,2006;薛静,徐继承,王锋,等,2016;邵红红,张璐,冯喜珍,等,2016;王俊霞,张德勇,叶建武,等,2017;胡义秋,方晓义,刘双金,等,2018)。此外,也有学者将时间期限界定为在外务工 4 个月以上(叶敬忠,2011)。第二,子女的年龄界定方面也存在差异。我国法律以 18 周岁为成年与否的分界线,《儿童权利公约》中未成年的年龄标准是 18 周岁以下。有学者建议遵循《儿童权利公约》的年龄划分,认为留守儿童是指父母双方或一方外出务工,被留在户籍所在地,不能和父母共同生活的 18 周岁以下的儿童(赵景欣,刘霞,张文新,2013;胡义秋,方晓义,刘双金,等,2018;崔雪梅,孟业清,王甲娜,2019)。2016 年,《国务院关于加强农村留守儿童关爱保护工作的意见》指出,留守儿童是指父母双方外出务工或一方外出务工而另一方无监护能力的、不满十六周岁的未成年人。相关学者也将留守儿童的年龄界定为不满 16 周岁(邵丹,林婉清,杨惠,等,2018;张帆,2017)。也有学者将其界定为 15 周岁以下(赵桂军,何凤梅,张宏强,等,2018)。还有学者将其定义为 14 周岁以下,或者笼统地概括为就读小学和初中的儿童。此外，也有学者对留守儿童年龄阶段的划分提出了上下限。有的将其定为 4～16 岁（于小艳，2006）；有的定为 6～16 岁（课题组，2004）。

根据以往相关研究，农村留守儿童的类型主要分为以下三种。①母亲外出务工而由父亲在家照料的留守儿童。②父亲外出务工而由母亲在家照料的留守儿童。③父母双方均外出而由（外）祖父母或其他亲戚照顾的留守儿童。此外，留守儿童的发展具有以下几个典型特征：①地域性。留守儿童大多分布于农村地区（包括乡村和集镇）。②时段性。留守儿童基本分布于义务教育的各个阶段，也包括学龄前儿童。③空间性。大多数留守儿童与其父母分隔较远，平时很难见面或团聚。④动态性。留守儿童是一个动态化的概念范畴，随其家庭关系、成长经历等的变化而变化，但其本质是亲子分离（江立华，2013）。

基于以往研究，我们将农村留守儿童界定为因父母双方或一方外出务工（国际或国内）连续超过 6 个月，被留在户籍所在地，不能和父母共同生活的18 周岁以下的农村儿童。

（三）农村留守儿童的研究现状

我国农村留守儿童研究主要有以下三个方面：第一，农村留守儿童的身心发展状况研究；第二，农村留守儿童发展的影响因素研究；第三，农村留守儿童发展的策略研究。

1. 农村留守儿童的身心发展状况研究

农村留守儿童的身心发展状况主要包括身体发展状况与心理发展状况。在身体发展状况方面，由于农村留守儿童正处于生长发育的关键期，家长照顾的缺位会对其身体机能各方面的发育产生一定影响，一些不良的生活习惯可能会直接导致他们产生慢性病或常见病，很可能会使他们在身体健康指数、营养状况和生理功能指标等方面出现一定的发展性问题。研究发现，农村留守儿童的身体健康指数水平较低（边慧敏，崔佳春，唐代盛，2018）。由于农村留守儿童一般由祖辈抚养，隔代溺爱容易纵容农村留守儿童对于非健康食物的选择，对其身体健康状况有显著负向影响，造成肥胖和营养不良问题（刘贝贝，青平，肖述莹，等，2019）。相关研究还发现，农村学前留守儿童的身高、体重、头围、胸围、牙齿数目等身体健康指标水平显著低于非留守儿童（彭俭，石义杰，高长丰，2014）。对于小学及初中段的农村留守儿童来说，其身体发育状况低于非留守儿童。从身高来看，农村留守男生的平均身高比非留守男生低 1.37 厘米，农村留守女生比非留守女生低 1.10 厘米；并且不论是男生还是女生，身高在小学、初中均存在显著差异。从体重来看，农村留守男生的平均体重比非留守男生少 1.12 公斤。在营养状况上，农村非留守儿童的营养水平高于农村留守儿童；65.25％的农村非留守儿童每天或经常能吃到肉，高于农村留守儿童 3.77 个百分点。在生病及健康上，农村留守儿童与非留守儿童在生病康复时间上存在显著差异，农村留守儿童康复时间更短。其中，在农村留守儿童中，母亲外出留守的儿童生病康复需要更长的时间(邬志辉，李静美，2015)。

在心理发展状况方面，主要关注农村留守儿童的心理与行为方面的问题。不同的学者有着不同的观点。一方面，农村留守儿童由于父母外出务工，亲子情感、教育缺失，存在冲动、学习焦虑、孤独感、生活压力(范兴华，余思，彭佳，等，2017)、抑郁、未来压力(侯珂，刘艳，屈智勇，等，2015)、攻击等问题，他们的主观生活质量总体水平低于非留守儿童(李光友，冉媛，2018)。部分农村留守儿童的心理健康(李福轮，乔凌，贺婧，等，2017)、社会适应和道德健康明显表现不佳(边慧敏，崔佳春，唐代盛，2018)。另一方面，农村留守儿童在心理和学习等方面与非留守儿童无显著差异。农村留守儿童并非问题儿童，而是属于处境不利儿童(邬志辉，李静美，2015)。因此，许多学者开始关注农村留守儿童的心理资本(邝宏达，2019)、逆境信念(赵景欣，栾斐斐，孙萍，等，2017)、心理弹性(刘红升，靳小怡，2018)、自主学习能力、自我效能感等积极心理品质在其发展中的作用，强调积极心理健康教育。同时他们还对农村留守儿童的学业成绩、学习习惯、学习动机、品德发展等问题进行了大量研究，努力探索这些发展结果与留守处境之间的内在逻辑关系，努力探索农村留守儿童发展的作用机制和影响路径。

2. 农村留守儿童发展的影响因素研究

农村留守儿童发展的影响因素研究主要包括危险性因素和保护性因素研究。这方面研究涉及的学科领域较为广泛，教育学、心理学、社会学、人口学、医学、法学等从各自不同的视角对农村留守儿童的成长和发展进行了分析，文献尤以教育学、心理学、社会学和法学的研究居多。教育学、心理学主要从个体、家庭、学校和社会四个方面进行探讨。在个体因素中，危险性因素主要包括性别、年龄、学段、亲子分离年龄、留守类型、留守时间等人口学变量，低智力、先天性病变、生病等生理性因素，消极认知、情绪情感问题、焦虑、冲动、抑郁、叛逆性、低自我决定水平、低自我效能感，以及在行为上有低问题解决技能、低学业技能、反社会行为、吸烟赌博等问题行为和药物滥用。保护性因素主要包括积极的自我意识及自尊、积极气质特征、道德秩序信念、正向情绪情感、积极未来展望、高自我效能感及自我决定水平，在行为上有较高的学业技能及问题解决技能、社会适应技能等。

在家庭因素中，危险性因素主要包括家庭构成(单亲离异等)、家庭社会经济地位等客观环境、不良的家庭教养方式(黎利，2015)、亲子沟通(胡春阳，毛荻秋，2019)、亲子关系、家庭功能、家庭管理(陈锋菊，罗旭芳，2016)，以及不良的父母关系、父母冲动、家庭冲突和攻击(符太胜，王培芳，2011)、父母对药物滥用和反社会行为的认同等因素。保护性因素主要包括父母有较高的受教育水平及良好的职业状况、权威型的教养、积极的亲子沟通(陈佳月，2018)、正向的家庭功能及家庭亲密度(邱梨红，2017)、父母健康行为榜样等因素。

在学校因素中，危险性因素主要包括低学习成绩、较少有机会参与学校活动、辍学以及不良的师生关系、同伴关系和校园欺凌等(常进锋，刘烁梅，虎军，2018)，以及家校低水平交流。保护性因素主要包括培养学习能力、认知能力、积极情绪、社会适应能力，形成自我决定和内控性人格，具有积极的师生关系、同伴关系，父母持续的家校交流，对子女身心健康、校园欺凌的关注等因素。

在社会因素中，危险性因素主要包括参与亲社会活动或工作的机会较少，不良的邻里关系及邻里依恋、邻里相互不信任(杨岭，毕宪顺，2017)，高社区犯罪、暴力等。保护性因素主要包括可接触的亲社会组织、亲社会行为及社会支持、积极的邻里关系、良好的社区规则与政策等。总体来看，在我国快速城镇化进程中，农村留守儿童的各项发展支持体系存在家庭支持残缺不全、学校支持补位不足、政府支持制度瓶颈、其他组织支撑脆弱、难以形成合力等诸多问题，与农村留守儿童个性化和差异化的心理需求存在明显脱节，严重阻碍其健康成长。

3. 农村留守儿童发展的策略研究

在农村留守儿童的身心发展状况研究和农村留守儿童发展的影响因素研究的基础上，针对农村留守儿童生存和发展存在的各种问题，以及法制与安全教育、心理健康教育、思想品德教育缺失的情况，学者从个体、家庭、学校、社会四个层面探讨农村留守儿童发展的对策和措施。比如，政府要全面改革户籍制度，打破城乡二元结构，推动"父母返乡"和"儿童进城"，开展亲子教育，提升养育质量，加强农村教师队伍建设，开展渗入心理健康教育的学科教学，构建以寄宿制学校为中心的教育监护体系，加强各地乡镇党委及政府、社区居委会、普通村民对留守儿童教育的重视程度，进一步明确农村留守儿童发展问题的应对思路和责任主体，有机整合各种可利用的社会支持力量，落实法律保护与法制教育，完善农村留守儿童权益的法律保障制度，多途径、全方位地保障农村留守儿童健康成长。

二、农村留守儿童的社会适应研究综述

(一)国外农村留守儿童的社会适应研究

随着经济的发展，城市化进程加快，世界各地均出现了人口从农村到城市迁徙的现象。根据以往相关研究，在发达的欧美国家，迁徙进城的农民可以享受到与城市居民同等的就业机会、教育机会以及社会福利，因此关于农村留守儿童问题的研究相对较少。由于国情不同，国外学者主要考察由国际移民或劳务输出所产生的亲子分离现象。

布赖恩特的研究发现，在菲律宾，因父母在海外工作而留守的儿童有300万～600万人，在印度尼西亚有100万人，在泰国有50万人(Bryant J.，2005)。根据对蒙古国964个家庭的研究发现，近4.7%的儿童被留在农村地区生活。还有学者根据蒙古国1996年社会经济调查的数据指出，在5～14岁的5930名儿童中，91%的儿童的父母有一方外出(主要指父亲)，另外2%的儿童的父母双方均外出。在孟加拉国，18%～40%的农村家庭中至少有一个家庭成员迁移到外地工作。即使在欧美发达国家，农村留守儿童现象也非个案。

国外关于农村留守儿童的研究主要关注学业适应以及心理与行为适应等社会适应方面。相关研究发现，当父母一方或双方不在身边的时候，孩子在成长过程中更容易出现问题，表现为学业成就欠佳、辍学、与教师和同龄人发生冲突、焦虑、自尊心不强、有抑郁的倾向、冷漠、有自杀行为和滥用药物(Valtolina G. G. & Colombo C.，2012)。

在学业适应方面，相关研究比较了墨西哥的母亲移民如何影响留在墨西哥的孩子和他们在美国的兄弟姐妹的教育经历时，发现移民会对墨西哥儿童的学校教育产生负面影响。对菲律宾、泰国和斯里兰卡的农村留守儿童研究发现，母亲外出会对农村留守儿童的学业成绩产生较大的负面影响(谢新华，张虹，2012)。但是对葡萄牙的农村留守儿童的研究表明，实验组与控制组的表现没有显著差异，农村留守儿童的表现甚至要优于非留守儿童。

在心理与行为适应方面，经历过与父母分离的儿童经常会面临着极大的行为和心理风险，亲子分离会使儿童缺乏安全感和家庭温暖。这类儿童的情绪适应低于非留守儿童，而且自制力差的儿童还容易产生不良行为，如无节制上网、逃学、偷盗、欺骗等。在日本，社会上存在一种"单身赴任"(指由于工作需要父亲不得不与家人分离，单独去比较远的地方工作)的现象。相关研究认为，这种"单身赴任"的现象会使孩子在心理上产生孤独感，出现人格等方面的问题。由于父亲的缺席，在步入青春期，孩子更容易在行为上出现反叛倾向(佘凌，罗国芬，2005)。

相关研究发现墨西哥有 61% 的农村留守儿童存在心理方面的问题；农村留守儿童的社交能力相对较弱，表现为害羞、缺乏自信，甚至自卑。在英国，农村留守儿童出现心理健康问题的概率是非留守儿童的 2 倍。在美国，20%～25% 的农村留守儿童表现出持续的忧伤、无责任心、不擅长社交等问题，非留守儿童却仅有 10%。对非洲某农村地区 123 名学前儿童的跟踪调查发现，父亲外出且由母亲养育的儿童与那些父亲在家的儿童相比，在认知等技能的准备上有显著差异，尤其表现在画图、词汇能力上。反之，母亲外出且由父亲养育的儿童与相应的同伴之间无显著差异。这被认为是由女性缺乏权威、受教育程度低以及文化习俗所导致的。在泰国和印度尼西亚，农村留守儿童体验到更低的心理幸福感；但是在越南和菲律宾，这一结论并没有得到验证(Antman Francisca M.，2011)。有学者推测部分原因在于家庭收入增加所带来的好处抵消了父母不在身边所造成的负面影响(Mckenzie D. & Rapoport H.，2007)。可以看出，关于父母外出对农村留守儿童所带来的影响尚需要结合更多的情境变量加以解释。

有学者对斯里兰卡的科伦坡、甘帕哈和库鲁内加拉行政区的移民妇女的农村留守儿童进行定性的描述性研究发现，这些儿童在学术活动中表现不佳，注意力不集中，较少参加课外活动，存在攻击、偷窃、多动症、破坏性行为等问题；但是也有儿童可以应对因母亲不在而产生的压力，思维和行为成熟(Senaratna B. C. V.，2012)。当父母不在身边的时候，祖辈通常成为农村留守儿童的主要照料者(Senaratna B. C. V.，2012)。这种安排本身存在潜在的风险，祖辈、父辈和农村留守儿童之间容易出现一些矛盾(Hoang L. A.，Lam T.，& Yeoh B. S. A.，et al.，2015)。同时，祖孙关系可以显著预测农村留守儿童的学校投入程度(Jingjing S.，Chensen M.，& Chuanhua G.，et al.，2018)。父母外出是一把双刃剑，一方面可以改善整个家庭的生活条件，另一方面可能对农村留守儿童的心理发展造成不利影响。因此，国外的相关研究为我国研究农村留守儿童问题提供了不同的视角。

(二)国内农村留守儿童的社会适应研究

1. 农村留守儿童的社会适应现状研究

农村留守儿童的社会适应现状研究结果方面存在诸多不一致之处。一些研究发现父母不在身边导致农村留守儿童的发展处于不利境地，而另一些研究则发现父母不在身边给农村留守儿童带来了积极的影响。申海燕等的研究发现，留守儿童的社会适应状况良好，留守儿童与非留守儿童的社会适应状况不存在显著差异(申海燕，景智友，姜楠，等，2010)。也有研究发现父母外出给农村留守儿童的社会适应带来了消极的影响。相关研究发现，农村留守儿童容易出现焦虑、抑郁、叛逆、内向、孤僻、暴躁易怒、任性、冲动等心理问题。这些心理问题的出现直接影响了农村留守儿童社会适应水平的提升，不利于农村留守儿童的全面健康成长。

在学业适应方面，农村留守儿童的社会适应问题主要表现在学业成就与学习态度方面（赵磊磊，王依杉，2018）。留守儿童的学习适应总体状况比非留守儿童差（邝宏达，徐礼平，2013），主要表现在学习态度不认真、学习动机不强、缺乏耐心、存在厌学情绪等方面；农村留守儿童的学习兴趣、活动参与积极性不高，存在畏新心理、信赖感、紧张感（赵磊磊，2019）。但也有学者认为农村留守儿童并不都是农村问题儿童（邬志辉，李静美，2015）。留守农村对儿童的学业成就、学习兴趣并没有显著影响；农村留守儿童对学习保持积极的态度，具有良好的学习习惯；半数以上的农村留守儿童可以自己主动学习（谭深，2011）。

在自我适应方面，农村留守儿童的社会适应问题主要表现在自我认识、自我体验与自我控制等方面。农村留守儿童对自我的评价不高，自我效能感相对偏低。研究发现，与农村非留守儿童相比，农村留守儿童的自尊感较低（欧阳智，范兴华，2018），容易出现自卑（许守琼，2012）、不自信、成就感低、自控能力不强等问题，自我接纳的程度相对偏低（孙东宇，2018）。有学者认为农村留守儿童自我评价低，但心理弹性以及勤奋上进方面高于农村非留守儿童（张炼，2014）。

在人际适应方面，农村留守儿童比非留守儿童的同伴关系更差，受到同伴的尊重和接纳更少，更易被忽视（罗晓路，李天然，2015），与同伴相处不愉快，对陌生人的信任感低（张炼，2014），容易出现自卑、闭锁、寂寞空虚等问题；而且不良的人际适应会影响他们的自我接纳（周炎根，徐俊华，汪海彬，等，2018）。但有研究认为农村留守儿童与非留守儿童在友谊质量及社交地位方面的差异不显著（凌辉，张建人，钟妮，等，2012）。

在家庭适应方面，农村留守儿童的社会适应问题主要表现为生活能力适应和家庭关系适应。研究发现，农村留守儿童具有较强的家务能力和生活自理能力，但完成事情的独立性较低（张炼，2014）。相关学者也认为留守儿童在干农活方面相对好于非留守儿童（段成荣，2016）。在家庭关系方面，父母外出务工引起的照料缺失导致留守儿童在家庭沟通、家庭关怀、学习监督检查方面处于不利地位，少儿时期缺少父母照料对留守儿童的教育产生了显著的长期负向影响（姚嘉，张海峰，姚先国，2016）。此外，农村留守儿童感知的母子关系不如非留守儿童密切。亲子亲合作为家庭亲子关系的指标之一，能够负向预测农村留守儿童的抑郁、孤独感等情绪适应问题（张庆华，张蕾，李姗泽，等，

2019)。其中，在双亲外出的儿童群体中，父子亲合能够显著预测其积极情绪和消极情绪；母子亲合仅能显著预测其积极情绪（赵景欣，栾斐斐，孙萍，等，2017）。这也表明了父亲在家庭关系中的重要作用。

2. 农村留守儿童社会适应的影响因素研究

关于农村留守儿童社会适应的影响因素研究主要涉及家庭、学校、个体、社会等多方面。起初，学者大多关注家庭因素对于农村留守儿童社会适应的影响。在家庭因素方面，农村留守儿童原有的家庭生态系统遭到损伤，导致父母子系统的缺失、其他监护人的介入、家庭环境支持的缺乏、儿童子系统过多压力的承担，带给他们多方面的不适应。农村留守儿童与父亲和母亲之间紧密的情感联结（张莉，王乾宇，赵景欣，等，2014）、家庭亲密度（邱梨红，2017）、与父母沟通的满意度（陈佳月，2018）、家庭经济状况等都会对农村留守儿童的社会适应产生重要影响。之后，学者逐渐将视角放宽，全面思考农村留守儿童社会适应的影响因素。

在学校因素方面，有学者发现农村留守儿童体验到的朋友陪伴显著低于非留守儿童，体验到的朋友冲突显著高于非留守儿童；认为良好的同伴友谊质量会对农村留守儿童的适应性产生正向影响（邱梨红，2017）。相关学者认为同伴拒绝、同伴接纳均会影响到农村留守儿童的心理适应（赵景欣，刘霞，张文新，2013）。此外，师生关系、社会排斥感和社会不公平感（许传新，2010）、对农村留守儿童的污名化、学校环境等也会影响农村留守儿童社会适应能力的发展。

在个体因素方面，农村留守儿童的年龄、性别、年级、留守时间、与父母的联系状况、自我概念（张方屹，宫火良，2018）、个性及性别角色（Jones T. L. & Prinz R. J.，2005）等都会对农村留守儿童的社会适应能力发展产生影响。在个体自尊方面，农村留守儿童的自尊感与社会适应性得分呈正相关（朱吕珂，郑辉，2018；金潇，2011）。在个体心理弹性方面，农村留守儿童的心理弹性与适应性之间存在显著正相关，对其适应性具有显著正向预测力（刘慧，2012）。相关学者认为良好的心理弹性可以促进农村留守儿童社会适应能力的发展（张炼，2014）。这也为提高农村留守儿童的社会适应能力提供了新的视角。

在社会因素方面，社会接纳态度是影响社会适应性的重要因素之一。若社会大环境对个体的反馈是负面的，势必造成个体消极的社会适应性（胡韬，刘敏，廖全明，2014）。相关研究发现，农村留守儿童的社会支持的总体水平低于非留守儿童（朱建雷，刘金同，王旸，等，2017），影响其社会适应性。除此之外，徐礼平认为大众传媒因素可能会影响农村留守儿童的社会适应。有学者对农村初中生与父母、同伴的依恋状况进行分析，发现与父母、同伴的关系越亲密和沟通越密切的农村初中生在社会交往中表现得越积极主动，适应环境变化的时间也更短；而与父母、同伴沟通不足的农村初中生的社会适应能力相对较差（梁风华，2017）。许多学者开始考虑混合因素，如家庭与学校、家庭与社会或者学校与社会等因素如何对农村留守儿童的发展产生影响，但是对于家庭、学校、社会及个体因素影响农村留守儿童社会适应能力发展的内在机制进行系统全面的探讨相对较少。

3. 农村留守儿童社会适应干预和提升对策研究

农村留守儿童社会适应干预和提升对策研究相对偏少，目前主要从心理干预、运动干预、音乐干预、绘画干预等方面进行了一定的探讨（张方屹，宫火良，2018）。其中，常小青通过采用团体心理辅导的理念和技术，针对农村留守儿童的社会适应实施心理干预，证明团体心理辅导能够有效提高农村留守儿童的社会适应性（常小青，2009）。盖正对一部分留守儿童进行体育教学实验干预训练，使他们的人际适应性有了明显的变化（盖正，2011）。章鸣明等人认为团体箱庭疗法在留守初中生社会适应不良的干预上效果显著（章鸣明，曹召伦，顾晨龙，等，2013）。还有学者针对农村留守儿童社会适应的情况提出了有针对性的对策建议，主要包括加强家庭的社会化功能，改善家庭生态系统，形成关爱农村留守儿童及家庭的文化氛围（杨汇泉，2016），提高家庭对农村留守儿童的影响力；继续推进农村寄宿制学校标准化建设，进一步提高农村寄宿生的"寄宿条件适应"，从"静态管理"转为"活动管理"，营造生动活泼的校园氛围；积极搭建亲子沟通平台，实现寄宿生亲子沟通的"虚拟性真实"（张金龙，秦玉友，2019）；加强农村留守儿童的积极心理健康教育（王鑫强，霍俊妤，张大均，等，2018）；建立社区留守儿童关爱中心，营造良好的社会环境，发挥社区、学校的教育功能，将学校、家庭、社区三者紧密结合起来，为农村留守儿童提供良好的学习环境。

（三）对农村留守儿童的社会适应研究的评价

总结以往有关农村留守儿童的社会适应研究发现：第一，在测量指标上，以往研究未能形成被广泛认可的适于农村留守儿童社会适应测量的成熟量表。第二，在研究对象上，以往研究主要关注青少年的研究，缺乏对农村留守儿童群体社会适应的系统研究。第三，在研究内容上，以往研究大多结合一两个因素进行分析，不能从综合、整体、系统的角度以及利用建模的思想来考察农村留守儿童社会适应的影响因素。

三、农村留守儿童社会适应影响因素的元分析

社会适应对个体的发展具有重要意义，与学业成就、未来工作、生活质量、身心健康等诸多方面有着密切的关系（Neely-Prado A. Navarrete G.，& Huepe D.，2019；Samadi M. & Sohrabi N.，2016）。随着社会经济的快速发展，近几十年来我国城乡移民数量较多。许多孩子被进城务工的父母留在农村成为留守儿童。由于与父母长期分离，留守儿童可能没有得到充分的监管，社会适应能力的发展受到了阻碍。一项元分析发现，留守儿童的社会适应能力明显低于非留守儿童（Zhang J.，Yan L.，& Qiu H.，et al.，2018）。一项针对中国留守儿童孤独感的元分析也表明，父母流动带来的社交焦虑是留守儿童孤独感的危险性因素；自尊等个体因素和家庭功能、亲子关系、同伴关系和社会支持等情境因素是留守儿童孤独感的保护性因素，男孩比女孩更容易感到孤独（Chai X.，Du H.，& Li X.，et al.，2019）。

社会适应的影响因素有很多。我国学者对性别、是否独生、父母外出类型、父母回家频率、社会支持、应对方式、人格、自尊、歧视知觉、安全感等影响社会适应的诸多因素进行了广泛研究，这些因素大体可以分为人口学变量、家庭、学校、个人和社会等因素（张烁，2014）。人口学变量包括农村留守儿童的性别、是否独生、所在年级等。农村留守儿童的家庭社会经济地位、性别、年龄、生源地甚至是父亲外出还是母亲外出等均会对其社会适应造成一定的影响。家庭因素被认为是影响农村留守儿童社会适应的主要因素。父母和孩子组成稳定的家庭三角结构（费孝通，2007），农村留守儿童长期处于与父母分离的状态。稳定的家庭三角结构被打破，家庭生态系统失衡，亲子沟通和家庭亲密度受到一定的削弱（郑会芳，2009；王金秋，张向葵，2013），造成对农村留守儿童的监督和教育减少，从而影响农村留守儿童社会适应能力的发展（孙文中，孙玉杰，2019）。

校园内的师生关系、同伴关系、学校氛围等学校因素对农村留守儿童的社会适应也有重要影响（余益兵，2018）。支持性学校氛围对留守儿童有积极影响，而控制性学校氛围对留守儿童有消极影响（王树涛，2018）。教师支持、同伴支持对农村留守儿童的社会适应有积极影响，学校归属感则起到中介作用。与同伴关系越密切，个体的社会适应性越强（魏昶，喻承甫，赵存会，等，2016）。社区环境、社会支持、歧视是影响农村留守儿童社会适应的重要的社会因素。社会支持与问题行为呈负相关（梁凤华，2017），农村社区的物质文化环境的不完善也在一定程度上影响了农村留守儿童的社会适应。感知到的歧视会对一个人的社会适应产生负面影响（张凤莹，2017；李瑞娟，陈燕，赵景欣，

2018)。个体相关因素也影响农村留守儿童的社会适应。自尊与社会适应呈正相关，孤独与社会适应呈负相关(高小燕，2010)，个体的心理控制源也影响其社会适应(艾亚中，2016)。

刘明兰等对农村留守儿童的社会适应进行了回顾，得出了较为普遍的结论(刘明兰，陈旭，2008；程慧娟，2018；张方屹，宫火良，2018)。然而，这些都是描述性的评论，相关研究结果难以量化，存在以下问题：第一，在预测因素(如性别、独生、自尊)方面发现了不一致甚至矛盾的结果；第二，大多数因素与社会适应之间的路径属于理论层面，缺少实证框架支撑；第三，很难判断哪些因素对农村留守儿童更为重要。为了解决这些问题，我们基于人口学变量、个体、家庭、学校和社会的理论框架的元分析方法综合考察多种因素对农村留守儿童社会适应的影响。

(一)研究标准

我们遵循系统评价和元分析优选报告项目(PRISRMA)的建议确定研究标准(Liberati A.，Altman D. G.，Tetzlaff J.，et al.，2009)。

1. 文献检索策略

我们在 2019 年对 PubMed(Medline)、Ovid Medinen(R)、Web of Knowledge、中国知网、维普数据库和万方数据库进行了文献检索，没有语言、日期、文献类型的限制。Web of Science 的检索方案如下。

①TS＝(adolescent OR adolescents OR children OR child OR teen OR teenage OR teenager OR teenagers OR student OR students)

②TS＝(left-behind OR country staying OR parent absent OR the guarded OR left in hometown OR rear OR left in rural areas OR stay at home OR left-over OR hometown-remaining)

③TS＝(China OR Chinese)

④TS＝(social adjustment OR social adjustment OR social adaptation OR social adaptability)

Search：① and ② and ③ and ④

中文数据库的检索方案如下。

①留守

②儿童 OR 青少年

③社会适应 OR 社会适应性 OR 社会适应能力

Search：① and ② and ③

其他数据库的检索策略与上述数据库较为类似，并依据数据库的特点略有调整。此外，我们还利用已有文献展开搜寻，以找到尽可能多的与本研究相关的文献。

2. 文献的纳入标准与排除标准

文献的纳入标准包括：①使用规范的工具对社会适应进行测量；②同一个影响因素的数量为两项以上的研究；③提供了相关系数或其他可以转化为 r 的参数，如 t 和 p 等；④被试为我国的农村留守儿童（农村留守儿童为外出务工连续 6 个月以上的农民托留在户籍所在地，由父、母亲单方或其他亲属监护的 18 周岁以下的儿童）；⑤文献语言为英文或中文；⑥不使用干预措施。在研究使用相同数据的情况下，我们将它们连接在一起作为先前的研究。

文献的排除标准包括：①没有定量测量社会适应，如综述；②被试不是我国的留守儿童；③个案研究。筛选后的影响因素主要集中在性别、年级、留守特征、自尊、自我效能感、社会支持、同伴关系等方面，分为人口学变量、个体因素、家庭因素、学校和社会因素等方面。

3. 文献筛选与数据提取

我们将所有文献输入 Endnote，使用"Find Duplicates"去除重复文献。然后由两位研究者独立阅读非重复论文的标题和摘要，留下相关文献；对于两人认为不同的文献，通过协商解决；对于有争议的文献，则保留。下载前一阶段所保留的文献全文，由两位研究者独立阅读，剔除不符合的文献并列出剔除的原因，保留符合纳入标准的文献。对于保留的文献，由两位研究者独立进行数据提取。主要提取的信息包括研究信息、被试信息和结果信息三方面。信息包括第一作者、发表年代、调查所在区域、被试数量、被试年龄、测量工具、影响因素、主要结论、被试性别、相关系数或其他能够转化为 r 的 t 和 p 等。

4. 结果变量

结果变量为社会适应与各个因素间的相关系数。用到的测量工具包括但不限于陈建文、黄希庭的中学生社会适应性量表，聂衍刚的青少年社会适应性行为量表，郑日昌的社会适应能力诊断量表和其他一些高质量的测评工具。当纳入文献中没有给出 r，则使用其他可以转换为 r 的 t 和 p 等。当问卷同时包括积极适应与消极适应时，只选取积极适应的取值。

5. 纳入文献质量评估

借鉴相关研究，我们使用研究质量评估核查表对纳入文献的研究质量和方法进行评估（Chai X.，Du H.，＆ Li X.，et al.，2019）。该核查表共包括 14 个项目，主要涉及研究假设报告、测量结果报告、被试特征描述、主要结论描述、数据随机变异情况、精确 P 值报告情况、有效回收率报告、调查被试的代表性、取样的代表性、结论的数据支撑情况、统计检验的合适性、测量结果的有效性和可靠性、是否控制其他需要调整的因素、在 P 值之外是否提供样本量或效应值等。每个项目的评分为 0（无、无法确定）或 1（是）。可达到的最高分数为 14。分数越高的研究表明方法学的质量越高。两位研究者独立对每项纳入研究进行质量评估，并通过进一步的讨论达成共识。

6. 统计分析

在目前的综述中，我们使用 Pearson 相关系数 r 作为该元分析的效应大小指数。对于只报告子维度间相关系数的研究，我们使用 CMA 软件将其整合为一个整体的相关系数。对于将数据表示为平均值和标准差或推论统计数据（如 t，F 或 p 值）的研究，我们使用 CMA 软件将结果转换为 Pearson 相关系数 r。当进行三组及以上的比较时，我们将每个类别两两比较。例如，外出类型分为三个类别（父亲单独外出、母亲单独外出、父母均外出）。我们利用三组的均值、标准差和人数，两两比较，将计算出的 Z 值作为中介转换为 r（Borenstein M.，Hedges L. V.，& Higgins J. P. T.，et al.，2011）。首先比较父亲单独外出和母亲单独外出，接着比较父母均外出与只有一人外出的情况（利用 CMA 软件将父亲单独外出和母亲单独外出合并为一组）。对于外出年限和农村留守儿童的年级，由于是连续变量，选取两头的两组计算 t 值，然后转化为 r。监护人主要分为祖辈、父母、其他三类。祖辈数据均提供，将每个研究中的父亲照料与母亲照料合并生成父母照料，将亲戚、无人和自己照料合并为其他照料。我们使用科恩的标准解释效应大小。小于 0.10 时是小效应值，0.10～0.30 为中等效应值，0.30～0.50 为大效应值（Cairns K. E.，Yap M. B.，& Pilkington P. D.，et al.，2014；Cohen J.，1992）。

我们使用 Comprehensive Meta-Analysis 3.0 软件对录入的数据进行分析，具体选项为"两组数据比较—连续变量—相关—相关系数和样本量"。由于研究间存在较多的异质性，借鉴以往研究的做法（Cortese S.，Sun S.，& Zhang J.，et al.，2018），我们使用随机效应模型对数据进行分析，使用 I^2 来评估异质性的大小。I^2 显著意味着异质性不能归因于随机因素。我们使用 Egger 检验和漏斗图来检测出版偏差（Egger M.，Smith G. D.，& Phillips A. N.，1997；Egger M.，Davey Smith G.，& Schneider et al.，1997）。

（二）研究结果

1. 纳入研究的总体特征

经过筛选，符合纳入标准的文献最终共 29 项，共获得 102 组有效效应值。图 1-1 详细描述了各个阶段所选择与剔除的文献数量。系统评价与元分析优先报告项目所纳入的 29 项研究共涉及 15000 多名农村留守儿童，他们所在地区涉及安徽、福建、广西、贵州、河北、河南、湖北、湖南、吉林、江西、辽宁、山东、山西、上海、四川、云南、浙江、重庆 18 个省（自治区、直辖市）。表 1-1 为纳入文献基本信息一览表。表 1-2 至表 1-5 分别为人口学变量、父母

外出与监护人类型、个体心理变量、外部因素对农村留守儿童社会适应的影响
的相关系数。

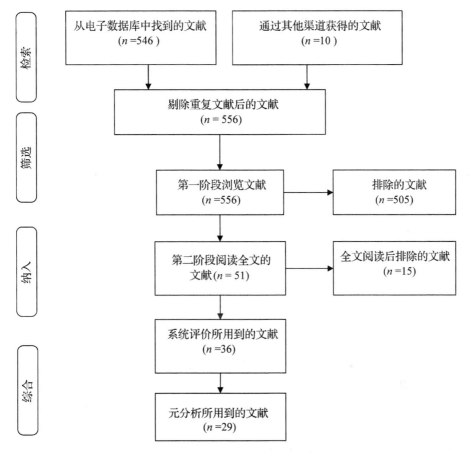

图 1-1 系统评价和元分析优先报告项目

表 1-1 纳入文献基本信息一览表

作者	社会适应的测量工具举例	效应值数量	预测因素
毕玉	陈建文、黄希庭的中学生社会适应性量表	3	自尊、性别、年级
曾昱，胡鹏	简版社会适应评估问卷	2	情绪智力、自尊
陈迪	崔丽霞、郑日昌的青少年行为问卷	3	父亲依恋、母亲依恋、同伴依恋

作者	社会适应的测量工具举例	效应值数量	预测因素
程慧娟	陈建文、黄希庭的中学生社会适应性量表	7	性别、独生、生源地、年级、监护人类型、父母外出类型、父母回家频率
崔丽娟，郝振	杨彦平的中学生社会适应性量表	2	性别、自尊
邓敏，陈旭，张雪峰，等	陈建文、黄希庭的中学生社会适应性量表	2	积极应对、消极应对
龚秀茹	自编问卷	1	性别
顾颜	缪佩君的青少年前瞻适应调查问卷	1	心理弹性
郭晓红	3—7岁儿童社会适应行为评定量表	1	孤独感
邝宏达，徐礼平，田宗远	贾林斌的中学生社会适应量表	2	自尊、心理弹性
李欢	郑日昌的中学生社会适应量表	7	独生、是否班干部、性别、年级、自尊、情绪智力、父母外出情况
李培，何朝峰，覃奠仁	杨彦平的中学生社会适应性量表	2	性别、情绪智力
李世玲，甘世伟，曾毅文，等	小学生心理健康调查量表	2	性别、年级
李自强	周晖等人的青少年社会适应评估问卷	4	性别、年级、父母外出情况、亲子沟通频率
刘慧	青少年心理适应性量表	4	性别、年级、心理弹性、父母外出年限
刘明兰	中学生社会适应性量表	6	性别、年级、监护人类型、父母外出类型、自尊、社会支持
刘晓静	青少年社会适应评估问卷简式版	4	性别、社会支持、积极应对、消极应对

续表

作者	社会适应的测量工具举例	效应值数量	预测因素
刘馨蔚，冯志远，谭贤政	胡韬的青少年社会适应量表	5	性别、年级、生源地、自尊、自我效能感
潘晓峰	杨彦平的中学生社会适应性量表	6	性别、年级、监护人类型、父母回家频率、父母外出年限、心理弹性
申海燕，景智友，姜楠，等	少年儿童社会适应量表	3	性别、年级、社交焦虑
孙东宇	自编问卷	3	性别、是否班干部、独生
王云霞	自编问卷	8	性别、年级、监护人类型、亲子沟通频率、父母外出年限、父亲依恋、母亲依恋、同伴依恋
肖梦洁	青少年社会适应行为量表	7	性别、年级、亲子沟通情况、父母外出年限、父母外出类型、社会支持、心理弹性
谢玲平，王洪礼，邹维兴，等	陈建文、黄希庭的中学生社会适应性量表	4	性别、心理韧性、应对方式、自我效能感
延艳娜，闫春平，单鸿博，等	陈建文、黄希庭的中学生社会适应性量表	5	性别、年级、父亲依恋、母亲依恋、同伴依恋
余益兵，沙家明，张友印	社会适应评估问卷	2	社会支持、心理弹性
张更立	杨彦平的中学生社会适应性量表	3	性别、年级、孤独感
章鸣明，曹召伦，顾晨龙	社会适应不良量表	2	社交焦虑、父母外出类型
郑会芳	杨彦平的中学生社会适应性量表	1	亲子沟通情况

表 1-2　人口学变量对农村留守儿童社会适应的影响的相关系数

影响因素	K	N	r	95%置信区间	Z	P	异质性			Egger's 检验	
							Q	p	I^2	t	p
性别	18	11087	-0.070	-0.159, 0.020	1.535	0.125	375.777	0.000	95.476	1.130	0.274
年龄	13	6246	0.060	0.035, 0.085	4.754	0.000	71.937	0.000	83.319	0.513	0.617
独生	3	1756	-0.033	-0.085, 0.019	1.235	0.217	2.433	0.296	17.787	6.543	0.096
班干部	2	874	0.264	0.160, 0.361	4.839	0.000	2.636	0.104	62.062		
生源地	2	1762	0.081	0.034, 0.127	3.393	0.001	0.868	0.352	0.000		

表 1-3　父母外出与监护人类型对农村留守儿童社会适应的影响的相关系数

影响因素	K	N	r	95%置信区间	Z	P	异质性			Egger's 检验	
							Q	p	I^2	t	p
监护人类型(父母—祖辈)	5	2641	-0.007	-0.052, 0.038	0.309	0.757	5.310	0.257	24.665	0.277	0.799
监护人类型(父母—其他)	5	1678	-0.014	-0.064, 0.036	0.558	0.577	4.239	0.375	5.648	1.340	0.272
监护人类型(父亲—母亲)	3	520	-0.033	-0.172, 0.108	0.454	0.650	4.791	0.083	59.764	2.565	0.236
父亲外出—母亲外出	5	1835	-0.017	-0.062, 0.029	0.710	0.478	3.129	0.536	0.000	0.039	0.971
双亲外出—单亲外出	6	4435	-0.030	-0.059, -0.001	1.998	0.046	3.580	0.622	0.000	1.354	0.247
父母外出年限	4	1388	-0.007	-0.113, 0.100	0.124	0.901	9.820	0.020	69.450	0.229	0.839
父母回家频率	2	415	0.047	-0.050, 0.143	0.954	0.340	0.892	0.345	0.000		
亲子沟通频率	4	1813	0.115	0.005, 0.223	2.040	0.041	15.274	0.002	80.358	0.051	0.963

表 1-4　个体心理变量对农村留守儿童社会适应影响的相关系数

影响因素	K	N	r	95%置信区间	Z	P	异质性			Egger's 检验	
							Q	p	I^2	t	p
心理弹性	6	3354	0.574	0.484, 0.652	10.187	0.000	62.244	0.000	91.967	0.722	0.510
自我效能感	2	1421	0.538	0.470, 0.601	12.785	0.000	3.109	0.078	67.839		
情绪智力	3	1128	0.421	0.103, 0.661	2.546	0.011	68.892	0.000	97.097	0.461	0.724
自尊	7	3206	0.404	0.092, 0.645	2.496	0.013	512.293	0.000	98.829	1.519	0.189
积极应对	3	1526	0.471	0.431, 0.510	19.938	0.000	0.183	0.913	0.000	3.030	0.202
消极应对	3	1526	-0.116	-0.390, 0.176	0.770	0.436	67.079	0.000	97.018	3.274	0.188
孤独感	2	888	-0.453	-0.504, -0.400	14.525	0.000	0.347	0.556	0.000		
社交焦虑	2	304	-0.360	-0.477, -0.230	5.180	0.000	0.011	0.915	0.000		

表 1-5　外部因素对农村留守儿童社会适应的影响的相关系数

影响因素	K	N	r	95%置信区间	Z	P	异质性			Egger's 检验	
							Q	p	I^2	t	p
社会支持	4	2644	0.338	0.192, 0.470	4.369	0.000	43.710	0.000	93.137	0.077	0.945
依恋	3	1518	0.354	0.107, 0.560	2.763	0.006	50.871	0.000	96.096	0.672	0.623
父亲依恋	3	1518	0.324	0.083, 0.530	2.604	0.009	47.202	0.000	95.763	0.349	0.785
母亲依恋	3	1518	0.358	0.103, 0.570	2.704	0.007	54.455	0.000	96.327	0.379	0.769
同伴依恋	3	1518	0.311	0.070, 0.518	2.505	0.012	46.690	0.000	95.716	0.637	0.638

2. 人口学变量对农村留守儿童社会适应的影响

根据表 1-2，性别、独生因素与社会适应相关系数的 95％置信区间包含 0，这意味着它们对农村留守儿童的社会适应没有影响。年龄、班干部和生源地因素与社会适应相关系数的 95％置信区间不包含 0，这意味着年龄、班干部和生源地对农村留守儿童的社会适应有一定的影响，其中班干部的影响最大。乡镇留守儿童、年长留守儿童和担任班干部的留守儿童的社会适应水平高于农村留守儿童、年幼留守儿童和不担任班干部的留守儿童。不过按照科恩的标准，相关系数的绝对值均小于 0.3，属于小效应值。

3. 父母外出与监护人类型对农村留守儿童社会适应的影响

根据表 1-3，监护人类型、父亲外出—母亲外出、父母外出年限、父母回家频率与社会适应相关系数的 95％置信区间包含 0，这意味着它们对农村留守儿童的社会适应没有影响。双亲外出—单亲外出、亲子沟通频率与社会适应相关系数的 95％置信区间不包含 0，这意味着父母外出、亲子沟通频率对农村留守儿童的社会适应有影响。双亲外出、亲子沟通频率低的农村留守儿童的社会适应水平更低。按照科恩的标准，相关系数的绝对值均小于 0.3，属于小效应值。

4. 个体心理变量对农村留守儿童社会适应的影响

根据表 1-4，个体心理变量包括心理弹性、自我效能感、情绪智力、自尊、积极应对、消极应对、孤独感、社交焦虑。除了应对方式中的消极应对外，其他变量与社会适应相关系数的 95％置信区间不包含 0，这意味着它们对农村留守儿童的社会适应有显著影响。心理弹性、自我效能感、情绪智力、自尊、积极应对与社会适应的相关系数大于 0，是社会适应的保护性因素。按照科恩的标准，心理弹性和自我效能感与社会适应的相关系数大于 0.5，属于大效应值；情绪智力、自尊和积极应对与社会适应的相关系数介于 0.3～0.5，属于中等效应值。孤独感和社交焦虑与社会适应的相关系数小于 0，是社会适应的危险性因素。

5. 外部因素对农村留守儿童社会适应的影响

根据表 1-5，外部因素包括社会支持和依恋（父亲依恋、母亲依恋和同伴依恋），它们与社会适应相关系数的 95％置信区间不包含 0 且大于 0，是社会适应的保护性因素。按照科恩的标准，社会支持、依恋与社会适应的相关系数介于 0.3～0.5，属于中等效应值。

（三）研究讨论

我们探讨了我国农村留守儿童社会适应的影响因素，并从 29 项研究中找出了一些关键的保护性因素和危险性因素。性别、年龄、独生、监护人类型、父母回家频率等因素的效应值比较小，对农村留守儿童社会适应的影响比较弱。部分原因是大多数研究都不是随机抽样的，也有可能是这些远端的因素需要借助一些近端心理变量的中介方能起作用。人口学变量中的较强预测因子是班干部。与非班干部相比，班干部具有较高的社会适应能力，这意味着在课堂上给予他们一定的责任有助于发展他们的社会适应能力。

社会支持和依恋也是影响农村留守儿童社会适应的重要因素。个体心理变量是社会适应的重要预测因子，较强的预测因子是心理弹性和自我效能感，影响较大。高心理弹性的个体在遭遇严重逆境后仍可取得较好的发展效果，自我效能感在帮助个体获得成功经验方面也具有很大潜力。心理弹性、自我效能感是影响农村留守儿童社会适应的较强的保护性因素。这意味着今后可以在这些方面进行干预，以提高农村留守儿童的社会适应水平。

我们发现，父母的依恋可以帮助孩子探索陌生的环境，促进其与他人的互动。同伴的接纳和信任是稳定社会生活的基础，有助于减少疏离感。参与集体活动或经常交换意见可以提高父母和同伴的依恋程度。社会支持不仅有助于个体实现目标，而且有助于分享情感、沮丧或理解问题。根据社会支持理论，获得社会支持越多的人，所能承受的压力越大。因此，帮助农村留守儿童从社区和社会网络获得更多的感知或实际社会支持，是提高他们社会适应能力的重要手段。这启示人们要提高农村留守儿童的社会适应水平，要为农村留守儿童提供更多的、更有保证的社会支持，包括来自家人和社会的关爱、尊重、福利保障等心理和经济支持。

(四)研究结论

研究发现，人口学变量、父母外出和监护人类型等因素对农村留守儿童的社会适应影响较小。在社会适应的保护性因素中，影响较强的因素有心理弹性、自我效能感、积极应对、依恋、社会支持等，孤独感和社交焦虑是影响农村留守儿童社会适应的重要风险性因素。需要注意的是，本研究的不足之处有如下三方面。首先，所有的研究都是横断面的。严格来说，这些研究关注的是变量之间的相关性，而不是因果关系。其次，它们处理两个变量之间的关系，而不注意多个变量之间的复杂关系。最后，由于研究的数量限制，一些结论的获得仅依赖少数实证研究。这可能会降低研究的可靠性和稳定性。这也是今后研究需要注意的地方。

第二章　农村留守儿童社会适应的研究设计

一、核心概念解读

(一)留守儿童

"留守儿童"这一概念最早在 1994 年由一张提出，主要是指因父母出国工作、留学而被留在国内的儿童(一张，1994)。现在，留守儿童主要是指由于父母不得不去很远的地方(国内或国际)谋生而被留在原籍不能与父母共同生活的一个儿童群体的统称(郝振，崔丽娟，2007)。

通过对相关研究文献的梳理，我们发现研究者将父母双方或一方外出的儿童视为留守儿童已基本形成共识，我们以此为界定留守儿童的标准之一。在父母外出的时间方面，由于多次人口普查均采用半年作为参考时间，因此我们界定留守儿童的父母外出时间标准为半年。在留守儿童的年龄方面，我们遵循《儿童权利公约》中的年龄标准，将 18 周岁作为界定留守儿童的年龄上限。

(二)社会适应

张春兴将个体的社会适应界定为个体为符合社会标准和行为规范，与社会环境维持一种和谐关系，从而不断地进行学习或修正各种社会行为和生活方式的过程(张春兴，1992)。朱智贤认为，社会适应是指个体对现有的社会生活方式、道德规范和行为标准不断接纳的过程(朱智贤，1989)。陈会昌认为，社会适应是指社会或文化倾向的转变，即人的认识、行为方式和价值观因为环境的变化而发生的相应变化(陈会昌，1999)。

虽然不同研究者对社会适应做出了不同的界定，但是对社会适应的三个组成部分基本达成了共识。一是个体，也就是社会适应主体。二是社会环境，与社会适应主体相互作用。它不仅是个体满足自己各种需要的来源，也会对个体提出自然和社会方面的要求。其中社会情境中的人际关系是个体适应社会过程的重要部分。三是改变，也是个体适应社会的中心环节。它不仅包括个体改变自己以适应环境，而且包括个体不断改变环境使之适应自己的需要。因此，社会适应不仅是个体通过被动地学习而适应各种社会标准，也是对周围环境进行能动的改造使之适应自己的需求的过程。

(三)测量维度操作化

测量维度即一般意义上的概念化(conceptualization)，是研究者从一组心像(mental image)中抽象出共性，并用一个名词代表这个抽象出来的共性的过程(戴斌荣，柴江，2018)。概念化就是对抽象概念进行详细描述、界定并加以定义的过程，也就是对概念进行语义上的定义与范围上的界定。将相关概念进行操作化，就是把抽象的、无法直接观察到的概念用代表它们的外在的、可直接观察的具体事实来替换，以便通过后者来研究前者。

具体到本研究，农村留守儿童社会适应概念操作化也遵循概念操作化这一过程。

第一阶段是利用经过标准化量表检测后的问卷进行农村留守儿童社会适应及其影响因素的测量。由于选用量化实证的范式进行研究，因此提炼的农村留守儿童社会适应的特征仅是一般性的概念。我们从各特征的本质或核心内容出发编制测量工具，力求使用合适的测量工具对农村留守儿童社会适应进行测量，虽不能做到全面，但在研究方法上已有所突破和创新。

第二阶段是形成对农村留守儿童社会适应的整体认识，总结和分析影响农村留守儿童社会适应的因素。农村留守儿童的社会适应现状是多种因素相互作用的结果。根据这些影响因素的来源，它们主要分为家庭、学校、社会和个体四个方面。我们分别考察上述四个方面的因素对农村留守儿童社会适应产生的影响，以及考察这些因素对农村留守儿童社会适应产生影响的具体作用机制。

第三阶段是根据农村留守儿童社会适应的现状及影响因素的调查结果，提出改善农村留守儿童社会适应的对策与建议。我们结合对农村留守儿童家庭、学校、社会、个体四个方面的调查结果，考察亲子沟通、教养方式、师生及同伴关系、社会支持、人格、自我意识等多方面的因素对农村留守儿童社会适应的具体影响机制，形成可行的促进他们适应当前环境、顺利融入社会并健康发展的有效举措。

二、研究设计

（一）研究对象

由于父母长期外出打工，农村留守儿童的生活状况造成了他们在日常生活中的物质和精神需求无法得到及时满足，导致他们更易出现生理或心理健康问题。农村留守儿童能否健康地成长，能否适应社会环境，关键取决于农村留守儿童自身的社会适应能力是否发展良好。促进农村留守儿童更好地适应当前环境，顺利融入社会并健康发展，关系到农村留守儿童的自身成长、农民家庭的幸福、农村教育发展。因此，研究对象主要为生活在农村的留守儿童。

（二）研究思路

农村留守儿童的社会适应是其学业适应、心理适应和行为适应等多方面的综合体现。我们首先对农村留守儿童的社会适应现状进行调查。农村留守儿童的家庭环境、学校环境、获得的社会支持及自身的人格因素均会对其社会适应产生影响。只有找出这些因素对农村留守儿童社会适应产生影响的具体作用机制，才能为制定促进农村留守儿童社会适应的有效措施提供保障。其次，我们需要考察农村留守儿童社会适应的影响因素。最后，我们需要探究如何进一步促进农村留守儿童的社会适应。综上所述，农村留守儿童的社会适应研究思路如图 2-1 所示。

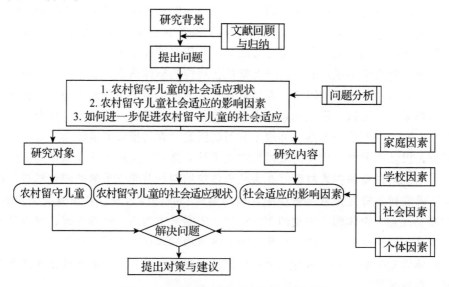

图 2-1　农村留守儿童的社会适应研究思路

我们通过探讨农村留守儿童的社会适应现状，分析家庭、学校、社会及个体等多种因素对农村留守儿童社会适应的影响机制，提出对策和建议，以提高农村留守儿童的社会适应能力。

三、研究过程

社会适应是一个复杂的综合性因素。由于农村留守儿童的社会适应包含人际适应、学业适应、家庭适应及心理和行为适应等多个方面，且家庭、学校、社会和个体等方面的多种因素均会对其产生影响，因此我们全面思考农村留守儿童的社会适应问题，全方位设计研究方案，多层次选择研究对象，利用多种研究方法分析问题，从多角度提出对策建议。具体研究过程如下。

(一)研究目的

由于农村留守儿童长期与父母分离，缺乏父母的管教，容易产生人际适应、学业适应、家庭适应及心理和行为适应等多种适应问题。针对这一问题，我们通过问卷调查法和大数据方法描述和分析农村留守儿童社会适应的现状及其影响机制，根据研究结果提出促进农村留守儿童社会适应的对策与建议，从而为国家、政府、社会、学校、家庭全面一体化关爱农村留守儿童身心健康提供职责明确、多方合作的联动机制。

(二)研究方案设计

本研究主要采用问卷调查的方法。为全面了解农村留守儿童社会适应的现状和制定合理有效的研究方案，我们与农村教育主管部门和相关研究领域的科研人员举行了多次研讨会。研究方案设计主要包括以下几个方面：①召开研讨会；②设计问卷调查方案；③形成研究报告。

(三)研究对象选择

1. 抽样原则及方法

问卷调查多以抽样调查为主。根据抽样原理，抽样方法可分为概率抽样和非概率抽样两种。顾名思义，概率抽样是以概率为基础，通过随机抽取的办法进行抽样的方法。这种抽样方法能够保障抽样结果不受研究者主观意愿等因素的干扰，从而使样本总体中的每一个样本被抽中的概率相同。因此概率抽样在社会调查和社会研究中应用广泛。根据不同的抽样方式，概率抽样具体可以分为简单随机抽样、分层抽样、系统抽样和整群抽样等。非概率抽样是研究者根据自己的主观判断或按照方便原则抽取样本的方法。

根据研究的实际需要，我们选取非概率抽样的方法，以方便抽样为原则，选取研究样本。主要原因如下。

第一，概率抽样不适合本研究。由于本研究的研究对象是在校的中小学生，概率抽样会导致抽样区域和学校不可控，无益于研究的操作性。

第二，非概率抽样方法是国内外学者在调查研究中经常使用的一种抽样方法，使用该种抽样方法所取得的样本也具有较强的代表性与说服力。

第三，由于调查问卷或量表数量多、题量大，为保证问卷填写的有效性，我们对同一批被试进行多次不同问卷的调查。不采用方便抽样而使用随机抽样或其他抽样方式所获得的数据可能因为抽样对象的不配合而失真。为保证回收数据的真实性和有效性，方便抽样是比较有效的方法。

2. 研究样本选择

我们关注农村留守儿童所处的家庭环境、学校环境及个体等因素对其社会适应的影响。我们选取 S 省 Y 市、S 市和 L 市农村留守儿童较多的乡镇的部分农村学龄儿童为调研对象，以此来筛选农村留守儿童。研究样本具有覆盖面广、样本量大等特点，具有较好的代表性。我们通过对农村留守儿童社会适应现状及其影响因素的全面调查，了解了农村留守儿童的社会适应现状，探究了家庭、学校、社会和个体四方面的因素对农村留守儿童社会适应的影响，为教育部门及中小学制定促进留守儿童社会适应的有效举措提供参考依据。

根据农村留守儿童的定义，我们对农村小学和初中两个学龄阶段的儿童进行调查。由于调查过程中被试要对多份问卷或量表进行作答，需要有一定的阅读能力和理解能力，因此我们在第一次调研时选取小学 4 年级及以上的中小学生为被试。由于 4 年级学生的阅读速度较慢且调研问卷数量较多、题量较大，为保障研究数据的有效性，我们在后面三次调研中选取 5 年级及以上的学生为被试。由于 9 年级学生面临中考，学习任务较重、心理压力较大，因此研究对象包含的 9 年级学生较少。我们共进行了三次调查：第一次的调查数据用来编制适于测量农村留守儿童社会适应的问卷；第二次调查数据为重测数据，用来验证新编问卷的信效度；第三次调查数据用来了解农村留守儿童社会适应的基本情况及分析家庭、学校、社会和个体等因素的基本情况及探讨这些因素如何对农村留守儿童社会适应产生影响。

3. 研究样本的概况

(1)第一次调查样本情况

本次调查对 S 省 Y 市 5 所中学和 5 所小学的在校学生发放问卷 1000 份。有效回收问卷 963 份，有效回收率为 96.3%。其中，男生 495 人，占总人数的 51.4%；女生 468 人，占总人数的 48.6%。年龄范围为 8～16 岁，平均年龄为 12.41 岁，标准差为 1.51 岁。第一次调查样本情况如表 2-1 所示。

表 2-1　第一次调查样本情况

年级	样本量	比例(%)
4 年级	172	17.9
5 年级	191	19.8
6 年级	117	12.1
7 年级	241	25.0
8 年级	242	25.1

(2)第二次调查样本情况

本次调查为重复调查。由于第一次调查与第二次调查间隔 3 个月，第一次调查的小学 6 年级学生因升入不同中学无法进行重复测量，因此在本次调查中未选择 7 年级学生，只选取一所小学和一所中学的 150 名学生为重复调查对象。最终有效回收问卷 148 份，有效回收率为 98.7%。其中，男生 63 人，占总人数的 42.6%；女生 85 人，占总人数的 57.4%。年龄范围为 10~15 岁，平均年龄为 11.8 岁，标准差为 0.84 岁。第二次调查样本情况如表 2-2 所示。

表 2-2　第二次调查样本情况

年级	样本量	比例(%)
5 年级	37	25.0
6 年级	66	44.6
8 年级	45	30.4

(3)第三次调查样本情况

本次调查对 S 省 Y 市、S 市和 L 市的 9 所学校在校学生发放问卷 3000 份。有效回收问卷 2919 份，有效回收率为 97.3%。最后排除作答不完整、填写不认真、两次问卷未对应上的问卷 395 份，有效问卷为 2524 份，有效使用率为 86.5%。其中，男生 1255 人，占总人数的 49.7%；女生 1269 人，占总人数的 50.3%。农村留守儿童 1440 人，占总人数的 57.1%；非留守儿童 1084 人，占总人数的 42.9%。第三次调查样本情况如表 2-3 所示。

表 2-3　第三次调查样本情况

年级	样本量	比例(%)
4 年级	197	7.8
5 年级	583	23.1
6 年级	544	21.6
7 年级	469	18.6
8 年级	635	25.2
9 年级	96	3.8

四、统计分析方法

我们主要使用 SPSS 22.0 对研究数据进行统计分析，使用的统计方法主要有描述性统计、相关关系分析、t 检验、χ^2 检验、方差分析、回归分析、结构方程模型等。

描述性统计的作用是了解数据的整体特征，可以揭示出隐藏在数据背后的一般趋势。这种一般趋势可分为两类：一类是反映数据中心位置的集中趋势，另一类是反映数据离散程度的离中趋势。两者相互补充，共同反映数据的全貌。

相关关系分析是探讨两组或多组数据分布之间的关系，不仅包括关系的方向，还包括关系的强弱。值得注意的是，在相关关系分析中，我们将所有的数据置于相同地位，是寻求对等关系，而不是探讨谁影响或预测谁的关系。且不同数据类型需采用不同计算公式来计算相应的相关系数。

t 检验是通过 t 分布理论来推论差异发生的概率，从而比较两组数据平均数的差异。这种差异检验方法主要适于连续型数据，主要作用是检验两组数据平均数的差异在统计意义上是否达到显著性水平。

χ^2 检验是通过 χ^2 分布来推论差异发生的概率，用来比较研究过程中收集到的计数数据的差异是否达到显著性水平。

方差分析主要用于分析样本多个平均数之间的差异是否达到显著性水平，其目的是推断各样本所代表的总体均数是否相等。根据因变量数量的多少，方差分析可分为单因素方差分析和多因素方差分析。方差分析多用于两个以上组别平均数的比较，如不同年级中小学生在社会适应能力得分上的差异。

回归分析主要是确定两种或两种以上变量之间相互依赖的定量关系的一种统计分析方法。与相关关系分析中数据的地位不同，回归分析中数据之间的地位并不对等，一般将数据分为自变量和因变量。自变量与因变量之间的关系是一种预测关系，如本研究主要分析家庭、学校、社会和个体等因素对农村留守儿童社会适应的影响。

结构方程模型是基于变量协方差矩阵来分析变量之间关系的一种统计方法。该方法常用于验证性因子分析、高阶因子分析、路径及因果分析等。本研究通过结构方程模型探讨家庭、学校、社会及个体等因素对农村留守儿童社会适应产生影响的路径。

第三章　农村留守儿童社会适应的研究工具

农村留守儿童社会适应的研究工具由两部分组成：第一部分是将研究问题分为不同的测量维度，并将这些测量维度具体化为不同项目，形成自编调查问卷，如收集学生的基本信息的相关项目、筛选农村留守儿童的相关项目、农村留守儿童社会适应问卷的相关项目等。第二部分是根据研究目标选取的具有良好信效度的量表，主要用来探究家庭、学校、社会等外部环境因素和人格、自我意识等个人因素对农村留守儿童社会适应产生影响的适用于中小学生的父母教养方式问卷、亲子沟通问卷、师生关系问卷、友谊质量问卷、社会支持问卷、自我意识问卷及人格问卷等。

一、自编问卷

（一）基本信息问卷

基本信息问卷主要包括以下三个方面。一是调查被试的基本人口学变量，如姓名、性别、年龄、有无兄弟姐妹等信息。二是根据农村留守儿童的定义设置相应的题目，目的是从接受问卷调查的农村儿童中筛选农村留守儿童。比如，通过问"你的父母谁在外打工"这一问题确定农村留守儿童类型；通过问"你的父母在外打工多久了"这一问题确定农村留守儿童的留守时间。三是其他相关信息。比如，通过问"你父亲的文化程度"和"你母亲的文化程度"了解父母的文化程度是否对农村留守儿童产生影响；通过问"父母不在身边，你是否会想念他们""你对父母外出打工的态度""父母不在身边对你影响最大的是什么"等问题调查农村留守儿童对自己留守经历的态度；通过问"你与外出打工的父母聊天的主要内容""你与照顾你的人聊天的主要内容"等问题调查了解农村留守儿童获得支持的状况。

(二)农村留守儿童社会适应问卷的编制

1. 概述

社会适应是指人类有机体在社会生活中能够独立处理日常生活事务与履行和遵守符合其年龄特征、社会角色身份的责任和规范的心理与行为过程。社会适应是个体在社会生活中，为与环境达到平衡而不断地学习或改变自身的各种行为与生活方式的一种心理过程(Hannum J. W. & Dvorak D. M. ，2004)。在大多数情况下，社会适应常常用来作为评定不同群体心理健康特征的重要指标。根据测量群体的不同特征取向，社会适应测量可分为三类情况。其一，某一特定年龄阶段群体的社会适应测量(马苓，许朋，石盛卿，2016；刘立新，金冬梅，夏永静，2016；曾昱，2017；魏旋，王萍，2017；杨青青，李晓巍，2018)，如大学生、中学生、小学生和幼儿的社会适应测量。不同的年龄群体采用不同的社会适应测量问卷。这在一定程度上可以更好地测得不同年龄段人群社会适应能力的发展状况，但难以对不同年龄人群纵向发展的社会适应能力进行比较。其二，混合性群体的社会适应测量，如青少年社会适应问卷(刘文婧，许志星，邹泓，2012；张文娟，邹泓，梁钰苓，2012；李冬梅，雷雳，邹泓，2007)、少年儿童社会适应问卷。这在一定程度上可以进行不同群体社会适应能力的纵向比较，但有些夸大了问卷的通用性，通常很少考虑到施测群体的代表性。比如，青少年社会适应量表是对初高中学生群体进行的社会适应测量。其三，特殊性群体的社会适应测量，有留守儿童的社会适应测量(张更立，2017；郝振，崔丽娟，2007)、流动儿童的社会适应测量(徐礼平，田宗远、邝宏达，2013；辛勇，刘传军，陈幼平，2016)等，但大多采用相应的一般群体的社会适应测量问卷。国外社会适应测量问卷相对成熟。因具有文化与社会环境适应的特异性，国内社会适应测量问卷大多数在国外问卷基础上进行修订编制(江光荣，应梦婷，林秀彬，等，2017)。也有研究者直接用其他心理问卷进行社会适应测量(侯珂，刘艳，屈智勇，等，2014；范兴华，方晓义，刘勤学，等，2009)。

农村留守儿童的心理健康是全社会关注的重点问题之一。有研究表明，留守经历会对留守儿童的心理健康产生不良影响(叶一舵，沈成平，丘文福，2017)。由于父母长期外出打工，儿童在家庭中的社会化发展较慢，其社会适应能力的发展有可能会受到影响。目前关于农村留守儿童社会适应测量工具的选择主要存在以下问题：①问卷的适用范围。首先是年龄范围。有的问卷测量的是少年，有的测量的是青年，或有的测量的是中学生，有的测量的是小学生，只测量了儿童期的某一阶段，无法实现不同年龄儿童社会适应的纵向比较。其次是对象范围。有的问卷适用的对象是流动儿童，有的适用的是一般儿童。这些问卷能否用来测量农村留守儿童还有待商榷。②问卷的测量内容。在测量农村留守儿童的社会适应时，有些研究采用了不同内容的社会适应测量问卷，更多是使用与社会适应相关的某一方面内容的问卷测量。③仅有的农村留守儿童社会适应测量工具也存在一定的不足。余益兵在修订的青少年社会适应状况评估问卷的基础上，以农村留守儿童为调查对象，修订了农村留守儿童社会适应测量问卷，其相容效度、区分效度和效标关联效度均符合理论预期，但内部一致性信度有所降低（余益兵，2015）；同时，对问卷进行简化时理论分析不足，对测量题项的选择缺少理论与数据支撑，如"高社会赞许性题项如何删减"等。④关于效标效度的分析略显理论前提不足。研究者对以往研究结果进行梳理，发现没有研究表明农村男童的社会适应一定比女童差，初中生的社会适应一定比小学生强，而有些研究工具采用不同性别和不同年龄段作为区分社会适应的效度。因此，为更好地测量农村留守儿童的社会适应现状，探讨农村留守儿童社会适应的发展规律，我们根据农村留守儿童社会发展的特殊性，在前人研究的基础上编制农村留守儿童社会适应测量问卷。

2. 社会适应测量维度的现状与分析

社会适应是心理健康的重要维度，是个体与环境达到平衡的心理过程。社会适应性是一个结构尚不明确的开放性集合（戴斌荣，柴江，2011）。在以往的研究中，社会适应测量在不同的测量工具中所测量的维度各不相同。国外学者社会适应测量主要是关于行为适应的测量，但由于中外文化的差异，社会适应测量问卷在我国的适用性受到限制。我国从 20 世纪 80 年代中后期逐渐开始了对学生心理适应的研究，研究者从不同的研究群体和研究视角编制了不同的社会适应测量问卷。

(1)侧重过程取向的研究

陈建文和黄希庭根据社会适应的过程性，将社会适应分为起始比较环节、心理发动环节、内容操作环节和适应评价环节，最终形成了心理优势、心理能量、人际适应和心理弹性四个维度的中小学社会适应测量问卷（陈建文，黄希庭，2004）。杨彦平和金瑜根据适应是个体心理系统对外在环境适应的动态过程，将中学生社会适应系统分为内容特质、预测控制、心理调节和动力支持四个基本部分，最终形成了相应四个维度的中学生社会适应问卷（杨彦平，金瑜，2007）。陈羿君、沈亦丰和张海伦根据杨彦平和金瑜的中学生社会适应研究自编了包括人际关系、学业成就、生活技能和心理资源四个维度的社会适应问卷（陈羿君，沈亦丰，张海伦，2016）。刘立新、金冬梅和夏永静以个体社会适应的心理历程为线索，以社会适应习惯行为特质为依据，最终形成了包括开放自信、客观现实、自尊自主、压力应对、情境调控、豁达宽容6个分问卷的大学生社会适应问卷(刘立新，金冬梅，夏永静，2016)。

(2)侧重状态取向的研究

邹泓、余益兵、周晖等根据社会适应的场领域性确定了中小学生社会适应测量四个方面的内容(自我适应、行为适应、人际适应和环境适应)，最终形成了自我肯定、自我烦忧、亲社会倾向、社会疏离、行事效率、违规行为、积极应对和消极退缩八个维度的社会适应问卷。胡韬将社会适应测量工具分为考察社会适应的行为和考察个体对适应行为的自我认知等心理品质两类，将社会适应主要界定为社会适应状态，根据这一特性最终形成了社会关系与观念适应、学习与学校适应、生活与活动适应三个维度的社会适应问卷。戴斌荣和柴江将大学生社会适应界定为个体在学校环境中对外调节与对内控制的能力与水平，在此基础上编制了自我调节、自我评价、学习管理、就业准备、人际交往、角色适应6个分问卷(戴斌荣，柴江，2011)。方从慧借鉴前人的研究成果，将大学生社会适应界定为大学生对社会要求和变化的学习方式、人际关系、外部环境等做出反应，在新的环境中不断进行心理与行为调整，以便顺利圆满地完成学业，并为将来走进社会做好准备，最终形成了学习适应、人际适应、心理适应、环境适应和未来适应五个维度的社会适应问卷。贾林斌结合国内外社会适应文献与专业访谈，编制了包括学校适应、自我意识、社会交往适应、家庭环境适应、校内人际关系、挫折耐受力六个维度的中学生社会适应问卷(贾林斌，2008)。余益兵编制的青少年社会适应问卷包括自我适应(自我肯定、自我烦扰)，人际适应(亲社会倾向、人际疏离)，行为适应(行事效率、违规行为)，环境适应(积极应对、消极退缩)四个维度。

3. 问卷的编制与施测

(1)农村留守儿童社会适应结构的理论假设

社会适应测量没有统一的标准。刘立新等人对文献中社会适应测量进行概括，大致有三种取向，即侧重描述适应社会的行为表现的人格取向，侧重强调社会认知水平的认知取向，侧重社会胜任力、自我监控的社会效能取向。尽管研究者对社会适应的测量维度、研究方法和观点存在差异，但都是在相关理论基础上对社会适应行为的内在机制进行分析。

①社会效能理论。社会效能模型是社会适应行为理论模型中较具代表性的，强调社会适应是指个体在社会发展过程中具有胜任某种行为的能力和自我监控的能力(Greenspan S. & Granfield J. M.，1992)。基于社会效能理论的社会适应问卷的编制倾向社会适应的过程性。个体生活在场域不断变化的过程中，获得与其年龄相符合的某种行为，实现某种社会性功能，且需要在社会生

活中培养一定的自我认知能力，以更好地适应社会。杨彦平和金瑜在中学生社会适应问卷的编制中建构了内容特质、预测控制、心理调节和动力支持四个理论架构，测量了学生的学习、生活适应和认知调控能力（杨彦平，金瑜，2007）。

②情绪智力理论。情绪智力是指准确地感知、评价并表达情绪，产生促进思考的情感，理解情绪及情感知识，调控情绪以促进情感和智力发展的能力（Salovey P. & Sluyter D.，1997）。聂衍刚等人认为社会适应行为是人的智力活动的重要内容，主要属于社会智力范畴。个体的社会认知在社会适应活动中起着重要作用，决定个体社会适应的水平（聂衍刚，郑雪，万华，2006）。在以往的研究中，杨彦平和金瑜编制的社会适应问卷有情绪控制维度，陈文锋和张建新用积极—消极情感问卷测量社会适应性（陈文锋，张建新，2004），余益兵的简式社会适应问卷包含积极应对和消极退缩维度（余益兵，2015）。

③生态系统理论。生态学较为关注个体在环境中的适应能力，注重关注个体与环境间的互动。社会环境影响个体心理发展的生态系统理论由布朗芬布伦纳和莫里斯提出。他们将生态系统表述为具有层级包裹关系的同心圆，以个体为圆心，将紧挨着对个体能够产生直接影响的社会因素，如家庭、朋友、学校称为微生态系统，将父母的工作状况等称为外生态系统。儿童与环境的相互作用更多体现在家庭系统与学校系统中。俞国良、李建良和王勍在此基础上建构了青少年心理健康影响因素的生态模型，强调家庭在微系统、外系统、时间系统中均起作用，学校在微系统、外系统中起着重要作用（俞国良，李建良，王勍，2018）。

（2）农村留守儿童社会适应问卷的编制

根据假设的理论结构，我们编制了体现农村留守儿童社会适应的题项，并以1～5计分进行评定，即1＝完全不符合，2＝不符合，3＝一般，4＝符合，5＝完全符合。得分越高，表示社会适应性越强；得分越低，表示社会适应性越弱。

根据社会效能理论，儿童期主要的社会活动是学习与生活。学习适应是指儿童胜任学习的能力。农村留守儿童的学习适应主要测量农村留守儿童在学习过程中对方法、过程、结果的适应，共有6个题项，如"我一般能够按时完成作业"等。生活适应主要是指农村留守儿童胜任家务活动的能力。由于父母忙于农活或外出务工，农村留守儿童常常较早地参与到家务劳动中来。农村留守儿童生活适应主要测量其在家庭中从事家务活动的能力，共有3个题项，如"我自己的衣服自己洗"等。认知适应是指儿童在学习与生活中的自我监控能力。农村留守儿童的认知适应主要测量其在适应过程中对问题解决的态度认知，包括认识论、方法论层面，共有3个题项，如"我认为对待同一件事，不同的人有不同的想法是正常的"等。

根据情绪智力理论，情绪适应主要是指农村留守儿童情绪的表现与理解能力。农村留守儿童的情绪适应主要测量其积极和消极的情绪表现与控制，共有

9 个题项，如"我是一个乐观的人""我平时很容易哭泣"等。

根据生态系统理论，农村留守儿童生活的生态环境主要是学校与家庭。人际关系适应是指人在社会生活与实践过程中与他人形成良好的心理关系。农村留守儿童的人际关系适应主要测量其在学校中与集体的关系、与他人的关系，共有 9 个题项，如"我和同学的关系很好"等。

（3）农村留守儿童社会适应问卷的施测

我们使用初始问卷对 S 省 Y 市 F 县 7 所学校的 1000 名在校学生进行施测，最终回收有效问卷 963 份。具体情况见表 3-1。

表 3-1　农村留守儿童社会适应问卷发放与回收情况

年级	发放份数	回收份数
4 年级	180	172
5 年级	200	191
6 年级	120	117
7 年级	250	241
8 年级	250	242

（4）指标体系的分析

①项目分析。我们采用两种方法进行了项目分析。

一是使用临界比率法。我们将所有初拟的社会适应题项的总分按高分组（高分位 27%）和低分组（低分位 27%）的被试划分为两个组；将这两组被试在各个题项上的得分分别进行 t 检验。如果某个题项的高分组与低分组的 t 检验结果不显著，则删除此项。t 检验结果如表 3-2 所示，A9，A13 和 A17 三个反映消极情绪的题项 t 检验结果不显著，应删除。

表 3-2　农村留守儿童社会适应各题项的高分组与低分组差异检验

题项	t	题项	t	题项	t
A1	4.081***	A11	17.186***	A21	−20.806
A2	16.900***	A12	12.506***	A22	12.456***
A3	19.873***	A13	1.142	A23	19.111***
A4	13.381***	A14	17.076***	A24	19.630***
A5	17.801***	A15	19.093***	A25	22.544***
A6	16.070***	A16	14.120***	A26	17.338***
A7	14.353***	A17	0.079	A27	15.767***

题项	t	题项	t	题项	t
A8	-2.161^{*}	A18	14.829^{***}	A28	18.316^{***}
A9	-1.253	A19	21.287^{***}	A29	19.113^{***}
A10	18.999^{***}	A20	19.431^{***}	A30	19.020^{***}
				A31	22.091^{***}

注：* 为 0.05 水平显著，** 为 0.01 水平显著，*** 为 0.001 水平显著，下同。

二是使用相关法。我们计算各题项与社会适应总分之间的相关系数。如果某个题项的得分与总分相关不显著，或相关系数低于 0.3，则删除该题项。相关分析结果如表 3-3 所示，A1、A8、A9、A13 和 A17 反映消极情绪的 5 个题项均被删除。

表 3-3　农村留守儿童社会适应各题项与总分的相关分析

题项	相关系数	题项	相关系数	题项	相关系数
A1	-0.116	A11	0.577^{**}	A21	0.610^{**}
A2	0.558^{**}	A12	0.411^{**}	A22	0.447^{**}
A3	0.585^{**}	A13	-0.080	A23	0.594^{**}
A4	0.450^{**}	A14	0.596^{**}	A24	0.615^{**}
A5	0.564^{**}	A15	0.592^{**}	A25	0.628^{**}
A6	0.561^{**}	A16	0.472^{**}	A26	0.565^{**}
A7	0.450^{**}	A17	-0.058	A27	0.542^{**}
A8	-0.054	A18	0.496^{**}	A28	0.582^{**}
A9	-0.004	A19	0.627^{**}	A29	0.613^{**}
A10	0.612^{**}	A20	0.593^{**}	A30	0.569^{**}
				A31	0.613^{**}

通过项目分析发现，在初始拟定的社会适应的情绪适应维度中，消极情绪适应维度题项全部被删除。因此，农村留守儿童社会适应的问卷最终有 26 个题项。

②探索性因素分析。我们采用两种方法进行了探索性因素分析。

一是使用信度分析的方法。删除消极情绪适应维度题项后，克伦巴赫 α 系数为 0.919，KMO 值为 0.948，Bartlett 半球检验 = 7243.61，$\mathrm{d}f = 325$，

$p<0.000$。而未删除消极情绪适应维度题项前，克伦巴赫 α 系数为 0.873，KMO 值为 0.937，Bartlett 半球检验 $=8187.79$，$\mathrm{d}f=465$，$p<0.000$。由此可见，删除消极情绪适应维度题项后，虽然总的题项减少，但问卷的信度系数和 KMO 值均增加。

二是使用主成分因素分析的方法。将删除消极情绪适应维度后的 26 个题项，通过主成分因素分析，采用最大变异法进行正交旋转后发现，特征值大于 1 的因素有 5 个，其累积率为 52.49%。根据因子载荷低于 0.4 的删除标准，我们发现每个题项只在某单个因子上的载荷值大于 0.4。因此，每个题项只反映一个因子的内容。根据各题项所反映的内容，我们分别将 5 个因子命名为学习适应、认知适应、积极情绪适应、人际关系适应、生活适应，具体见表 3-4。

表 3-4 农村留守儿童社会适应的因子载荷分析

题项	抽取值	因子 1 学习适应	因子 2 认知适应	因子 3 积极情绪适应	因子 4 人际关系适应	因子 5 生活适应
A2	0.552	0.697				
A3	0.438				0.548	
A4	0.581		0.722			
A5	0.530			0.627		
A6	0.513	0.603				
A7	0.601					0.729
A10	0.604			0.661		
A11	0.571	0.692				
A12	0.609					0.746
A14	0.406				0.417	
A15	0.466				0.568	
A16	0.588		0.707			
A18	0.566			0.715		
A19	0.453				0.449	
A20	0.572					0.596
A21	0.442				0.433	
A22	0.463		0.617			
A23	0.590	0.681				
A24	0.553	0.612				
A25	0.530				0.519	

续表

题项	抽取值	因子1 学习适应	因子2 认知适应	因子3 积极情绪适应	因子4 人际关系适应	因子5 生活适应
A26	0.411	0.533				
A27	0.440				0.582	
A28	0.444			0.469		
A29	0.528				0.578	
A30	0.602				0.691	
A31	0.597				0.712	
特征值		1.373	1.153	1.262	8.818	1.042
贡献率		13.222	7.516	9.870	14.978	6.902
累积贡献率		28.200	45.586	38.070	14.978	52.488

表 3-4 表明，学习适应有 6 道题，认知适应有 3 道题，积极情绪适应有 4 道题，人际关系适应有 10 道题，生活适应有 3 道题，共 26 道题。每个题均为正向计分，分数越高表明适应性越好。

③验证性因素分析。通过理论分析，我们建构了农村留守儿童社会适应指标体系的理论框架，并在此基础上编制了测量农村留守儿童社会适应的 31 个题项。通过项目分析和探索性因素分析，删除消极情绪适应维度后，结果具有较好的信度，且与理论建构的分析框架较为一致，具有较好的结构效度。为进一步验证农村留守儿童社会适应指标体系的效度和探索性因素分析的结果，我们对所测量的问卷进行验证性因素分析，以检验合并后因子分析的模型是否科学有效。具体结果见表 3-5。

表 3-5　农村留守儿童社会适应的验证性因素分析指标值

拟合指标	χ^2	$\chi^2/\mathrm{d}f$	NFI	RFI	NNFI	CFI	RMSEA
系数	109.802	2.73	0.901	0.879	0.935	0.934	0.042

验证性因素分析的结果显示，χ^2 为 109.802，$p < 0.001$，且 $\chi^2/\mathrm{d}f = 2.73$，小于 5，表示模型可接受。同时，NFI、RFI、NNFI 和 CFI 取值在 0～1 且均大于 0.8，临界值为 0.9，越接近 1 表示拟合得越好。RMSEA ＝ 0.042 < 0.05，良好。模型拟合的结果表明，农村留守儿童社会适应问卷具有较好的效度。

农村留守儿童社会适应模型的验证性因素分析路径如图 3-1 所示。

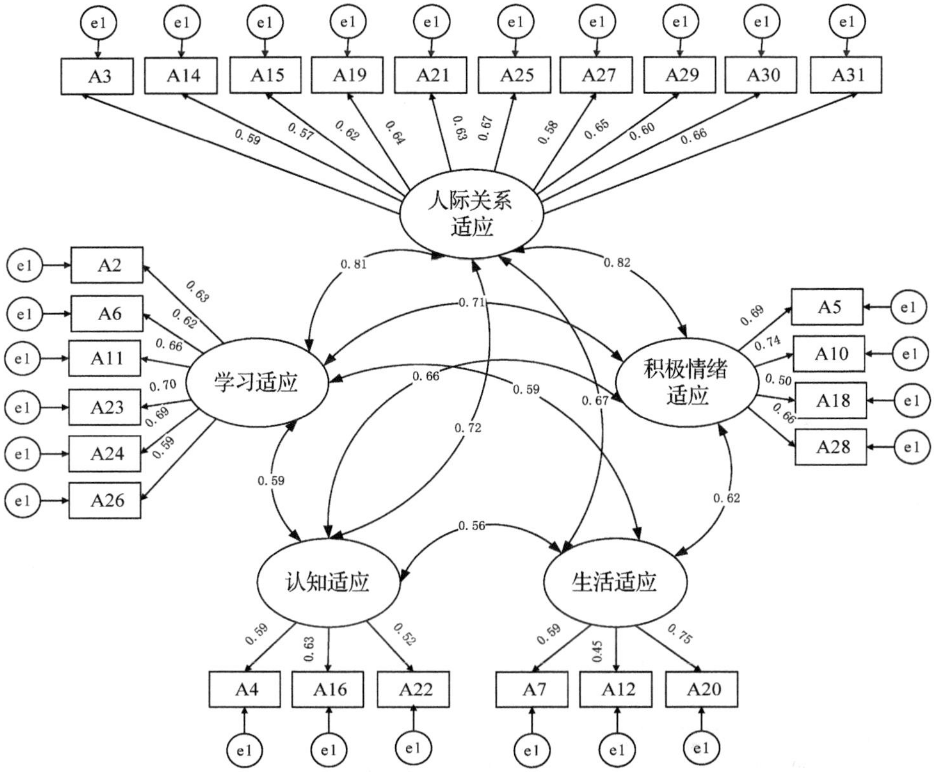

图 3-1　农村留守儿童社会适应模型的验证性因素分析路径

由图 3-1 可知，模型各维度的标准化系数均大于 0.5，且显著。进一步对农村留守儿童社会适应各维度及总分进行两两之间的相关分析发现，相关系数在 0.337~0.925，相关显著。具体结果见表 3-6。

表 3-6　农村留守儿童社会适应各维度的相关系数

维度	学习适应	认知适应	积极情绪适应	人际关系适应	生活适应
认知适应	0.402**				
积极情绪适应	0.555**	0.402**			
人际关系适应	0.680**	0.519**	0.659**		
生活适应	0.438**	0.337**	0.424**	0.474**	
适应总分	0.831**	0.617**	0.787**	0.925**	0.632**

④重测信度分析。3 个月后，在初测的群体中，我们各选取一个年级的一个班的学生进行重测，共 148 人。总问卷的克伦巴赫 α 系数为 0.908，重测

信度为 0.466，相关显著；五个维度的重测相关系数为 0.345～0.439，相关显著。

⑤相容效度分析。克伦巴赫和米尔认为，问卷的效度可分为内容效度、结构效度、同时效度和预测效度。当问卷旨在调查特定群体的某一现状及评估，如果尚无可行的、有效的效标可供参考时，有效的相容效度和区分效度对于测验的结构效度显得十分重要。社会适应状态良好的个体的心理—社会协调状态良好，即社会心理功能良好，对自身的生活质量满意。我们采用华中科技大学同济医学院编制的儿童少年生活质量量表中社会心理功能维度和生活质量满意度维度作为效标，考察问卷的相容效度。具体结果如表 3-7 所示。

表 3-7　农村留守儿童社会适应各维度与效标维度的相关系数

维度	学习适应	认知适应	积极情绪适应	人际关系适应	生活适应	社会适应总分
社会心理功能	0.633**	0.327**	0.481**	0.637**	0.370**	0.667**
生活质量满意度	0.406**	0.217**	0.382**	0.499**	0.262**	0.505**

由表 3-7 可知，农村留守儿童社会适应各维度与效标维度相关显著，表明农村留守儿童社会适应问卷具有良好的内容效度。

(5)参照性常模的设定

农村留守儿童社会适应问卷设计具有一定的理论基础。且经过探索性因素分析、验证性因素分析检验，以及重测检验、相容效度检验后，问卷结构合理，指标优化。参照以往的经验，我们可以确定常模，将其作为农村留守儿童社会适应的参照标准。

由表 3-8 可知，女生的社会适应各维度及社会适应总分均高于男生。

表 3-8　不同性别农村留守儿童社会适应的常模：平均数(标准差)

维度	学习适应	认知适应	积极情绪适应	人际关系适应	生活适应	社会适应总分
男生	21.893 (5.504)	11.477 (2.725)	14.754 (3.809)	36.901 (8.742)	10.883 (3.085)	96.486 (19.555)
女生	23.321 (4.694)	11.970 (2.432)	14.969 (3.638)	38.526 (7.809)	11.575 (2.779)	100.606 (16.915)
总体	22.606 (5.155)	11.717 (2.955)	14.856 (3.726)	37.680 (8.319)	11.216 (2.960)	98.544 (18.359)

由表 3-9 可知,学习适应维度基本随年级升高而得分降低;人际关系适应维度基本随着年级升高而得分降低;生活适应维度基本随年级升高而得分升高;认知适应和积极情绪适应维度年级之间存在不同,但变化较复杂。社会适应总分除 5 年级最高外,其他随着年级增加而降低。这一结果表明,农村留守儿童在生活适应方面,由于自小独立,基本随着年级升高而生活适应能力逐渐提高。

表 3-9 不同年级农村留守儿童社会适应的常模:平均数(标准差)

年级	学习适应	认知适应	积极情绪适应	人际关系适应	生活适应	社会适应总分
4 年级	23.543 (4.918)	11.111 (2.601)	14.580 (3.420)	38.543 (8.162)	10.833 (2.831)	99.466 (17.896)
5 年级	23.863 (4.752)	11.576 (2.467)	14.761 (3.521)	37.932 (8.766)	10.800 (2.831)	100.279 (17.231)
6 年级	22.958 (4.259)	11.733 (2.700)	14.650 (3.521)	37.053 (8.923)	11.365 (2.919)	98.358 (18.310)
7 年级	22.262 (5.261)	11.567 (2.629)	15.288 (3.811)	37.334 (8.427)	11.440 (2.983)	97.950 (19.274)
8 年级	21.385 (5.495)	12.362 (2.474)	14.775 (4.029)	37.512 (7.787)	11.477 (3.089)	97.567 (18.469)

(6)研究讨论与结论

社会适应测量维度较为复杂,不同的研究者从不同的理论视角编制了社会适应的测量工具。我们根据农村留守儿童的生活实际,从社会效能理论、情绪智力理论和生态系统理论三个理论维度进行分析,构建了农村留守儿童社会适应问卷的理论设想,将农村留守儿童本阶段应具有的胜任学习、生活的能力和认知发展能力作为基于社会效能理论的测量维度;将基于情绪理论提出的农村留守儿童在社会适应过程中的情绪发展能力作为社会适应的情绪维度;将农村留守儿童生态系统中具有特殊性的家庭系统与具有必然性的学校系统作为儿童生活场域,将其在学校场域中的人际交往功能作为社会适应维度,编制了相应的题项。根据问卷编制过程中常用的信效度检验方法,我们对问卷进行了临界比率法和相关法的项目分析,删除了与消极情绪相关的题项,进行了探索性因素分析、验证性因素分析、重测信度分析和相容效度分析,形成了具有良好的信效度的农村留守儿童社会适应问卷,并在此基础上形成了不同性别、不同年级农村留守儿童社会适应的常模。农村留守儿童社会适应问卷共有 26 个题项,每个题项以 1~5 计分进行评定。克伦巴赫 α 系数为 0.919,各维度与总分之间的相关系数在 0.337~0.925,相关显著;验证性因素分析模型拟合良好;社会适应总问卷重测的克伦巴赫 α 系数为 0.908，重测信度为 0.466，与效标维度的相关系数显著，相容效度良好。我们设置的农村留守儿童社会适应的常模适用群体为 4～8 年级农村留守儿童。

总之，农村留守儿童社会适应指标体系既是基于相关理论分析建构的，也是针对以往研究者关于社会适应建构的现状及不足建构的。

二、遴选问卷

(一)简式父母教养方式问卷

该问卷共有 42 个项目，分为父亲版和母亲版。两个版本均为 21 个项目，项目内容完全相同且都分为情感温暖、拒绝和过度保护三个维度。每一个项目均采用 4 级评分(1＝从不，2＝偶尔，3＝经常，4＝总是)，其中第 15 个项目为反向计分项目。被试在某个维度上得分越高，表明父亲或母亲在某个维度上的相应行为表现越多，即父亲或母亲使用该种教养方式的程度越高。父亲教养方式问卷的内部一致性信度系数为 0.76，三个维度的内部一致性信度系数分别为 0.76，0.82，0.71。母亲教养方式问卷的内部一致性信度系数为 0.83，三个维度的内部一致性信度系数分别是 0.75，0.89，0.79。父亲和母亲两个版本的总问卷和各个维度内部一致性信度良好。

(二)亲子沟通问卷

该问卷共有 40 个项目，分为父亲版和母亲版。两个版本均为 20 个项目，项目内容完全相同且都分为开放性和存在的问题两个分问卷。每一个项目均采用 5 级评分(1＝完全不符合，2＝不符合，3＝说不清，4＝比较符合，5＝完全符合)，有 10 个反向计分项目，项目号分别为 2，4，5，10，11，12，15，18，19，20。得分越高，表明亲子沟通越好。父亲亲子沟通问卷的内部一致性信度系数为 0.85，两个维度的内部一致性信度系数分别为 0.82，0.89。母亲亲子沟通问卷的内部一致性信度系数为 0.83，两个维度的内部一致性信度系数分别是 0.89，0.79。父亲和母亲两个版本的总问卷和各维度内部一致性信度良好。

(三)师生关系问卷

该问卷是由屈智勇等人对皮亚纳编制的师生关系量表进行修订得来的。我们采用此问卷测量农村留守儿童的师生亲密感。该问卷共包含 23 个项目，分为亲密性、支持性、满意度和冲突性四个维度。前三个维度为正向维度，被试在这些维度上得分越高则表明师生关系越趋向积极或正向；冲突性为负向维度，被试在这一维度上得分越高则表明师生关系越趋向消极或负向。每一个项目均采用5级评分（1＝完全不符合，2＝不符合，3＝说不清，4＝比较符合，5＝完全符合）。总问卷的内部一致性信度系数为0.80，亲密性、支持性、满意度和冲突性四个维度的内部一致性信度系数分别为0.85，0.80，0.74，0.81。总问卷和各维度的内部一致性信度良好。

(四)友谊质量问卷

该问卷是由邹泓根据帕克和阿舍编制的友谊质量问卷修订的，修订后共有18个项目，分为帮助与指导、肯定与关心、亲密坦露与交流、陪伴与娱乐、冲突解决策略和冲突与背叛六个维度。每个维度有3个项目。该问卷采用5级评分（1＝完全不符合，2＝不符合，3＝说不清，4＝比较符合，5＝完全符合）。其中，前五个维度为积极维度，被试在这些维度上得分越高则表明儿童与同伴友谊质量越趋向积极或正向；冲突与背叛为消极维度，被试在这一维度上得分越高则表明儿童与同伴友谊质量越趋向消极或负向。总问卷的内部一致性信度系数为0.83，帮助与指导、肯定与关心、亲密坦露与交流、陪伴与娱乐、冲突解决策略和冲突与背叛六个维度的内部一致性信度系数分别为0.70，0.70，0.75，0.89，0.90，0.86。总问卷和各维度的内部一致性信度良好。

(五)社会支持问卷

我们对农村留守儿童获得社会支持的测量主要参照肖水源编制的社会支持评定量表。考虑到本次调查对象为在校中小学生，因此我们根据实际情况对问卷中的某些项目进行了修订，如将问卷中的第4个项目"你和同事"修改为"你和同学"；将第5个项目中原来的支持来源为"夫妻（恋人）"和"儿女"的选项，修改为"爷爷、奶奶、外公、外婆"，将原来的支持来源为"父母"的一个选项细化为"爸爸"和"妈妈"两个选项；将第6个项目和第7个项目中的"配偶"修改为"父母"，"同事"修改为"同学"，"工作单位"修改为"学校"。该问卷共包含10个项目，包括主观社会支持、客观社会支持和对支持的利用度三个维度。每一个项目均采用4级评分（1＝无，2＝极少，3＝一般，4＝全力支持）。项目号为8，9，10的3个项目为反向计分项目，在统计分析时需要对负向项目的原始分进行转换。最终个体在问卷上得分越高表明其社会支持程度越高，反之社会支持程度越低。总问卷的内部一致性信度系数为0.80，主观社会支持、客观社会支持和对支持的利用度三个维度的内部一致性信度系数分别为0.89，0.82，0.75。总问卷和各维度的内部一致性信度良好。

(六)青少年自我意识问卷

该问卷是一个二阶九因素模型,共有 67 个项目,包括自我认识、自我体验和自我控制 3 个因子。每个因子又具体细化为不同的维度。自我认识因子分为体貌自我、社交自我、品德评价三个维度,用于测量儿童对自己身体相貌、人际交往能力及品行的认识和评价,是自我意识的认知成分。自我体验因子分为自尊感、焦虑感和满足感三个维度,用于测量儿童对自己在家庭、人际及学业等方面的社会比较过程中所获得的有关自我价值的积极评价与体验,是自我意识的情感体验成分。自我控制因子分为自觉性、自制力、监控性三个维度,用于测量儿童对自己的思维、态度和行为的调节和控制能力,是自我意识的意志成分。每一个项目均采用 5 级评分(1=完全不符合,2=不符合,3=说不清,4=比较符合,5=完全符合)。总问卷的内部一致性信度系数为 0.93,自我认识、自我体验和自我控制 3 个分问卷的内部一致性信度系数分别为 0.78,0.76,0.90。总问卷和各分问卷的内部一致性信度良好。

(七)青少年人格五因素问卷

该问卷由邹泓修订,适用于我国的学龄期的儿童。该问卷共有 50 个项目,包括外向性、宜人性、情绪性、谨慎性和开放性 5 个分问卷。每一个项目均采用 5 级评分(1=一点也不像你,2=不太像你,3=有点像你,4=比较像你,5=非常像你)。总问卷的内部一致性信度系数为 0.93,外向性、宜人性、情绪性、谨慎性和开放性 5 个分问卷的内部一致性信度系数分别为 0.83,0.85,0.91,0.79,0.74。总问卷和各分问卷的内部一致性信度良好。

第四章　农村留守儿童社会适应现状研究

一、农村留守儿童概况

（一）农村留守儿童的基本情况

我们共调查 1440 名农村留守儿童，基本情况详见表 4-1。

表 4-1　农村留守儿童的基本情况

类别		频数	比例（％）
性别	男	727	50.5
	女	713	49.5
年级	小学	725	50.3
	初中	715	49.7
是否独生子女	独生子女	468	32.5
	排行老大	529	36.7
	排行老二	383	26.6
	排行老三及以上	60	4.2
留守类型	单留守	780	54.2
	双留守	660	45.8

表 4-1 表明，①农村留守男童和农村留守女童各占总人数的50.0％左右。②小学和初中学龄阶段的农村留守儿童各占总人数的 50.0％左右。③农村留守儿童中独生子女占总人数的 32.5％，非独生子女占 67.5％。④单留守儿童比双留守儿童略多一些。

(二)农村留守儿童的生活现状

我们对农村留守儿童的生活现状进行了描述统计,详见表 4-2。

表 4-2　农村留守儿童的生活现状

类别		频数	比例(%)
联系频率	经常联系	958	66.5
	有时联系	317	22.1
	很少联系	143	9.9
	没有联系	22	1.5
联系方式	打电话	1073	74.5
	上网聊天	798	55.4
	假期探望父母	531	36.9
	写信或其他	37	2.6
亲子沟通内容	学习成绩	1139	79.1
	安全行为问题	969	67.3
	心理健康	346	24.0
	日常生活需求	1110	77.1
	其他	246	17.1
监护人沟通内容	学习成绩	978	67.9
	安全行为问题	1009	70.1
	心理健康	428	29.7
	日常生活需求	1171	81.3
	其他	314	21.8

表 4-2 表明,①88.6%的农村留守儿童与父母经常和有时联系,11.4%的农村留守儿童与父母很少和没有联系。②打电话和上网聊天是农村留守儿童与父母常用的联系方式。③学习成绩、安全行为问题和日常生活需求是农村留守儿童父母较为关心的三个方面,24.0%的父母关注孩子的心理健康。④学习成绩、安全行为问题和日常生活需求是农村留守儿童监护人较为关心的三个方面,29.7%的监护人关注孩子的心理健康。

(三)农村留守儿童的家庭基本情况

我们对农村留守儿童的家庭基本情况进行了描述统计,详见表 4-3。

表 4-3　农村留守儿童的家庭基本情况

文化程度	类别	频数	比例(%)
父亲文化程度	初中及以下	866	60.2
	高中及以上	574	39.8
母亲文化程度	初中及以下	998	69.3
	高中及以上	442	30.7
监护人文化程度	初中及以下	999	69.4
	高中及以上	441	30.6

表 4-3 表明,农村留守儿童的父母及监护人的文化水平普遍偏低,60.0%以上为初中及以下。

(四)农村留守儿童的心理感受

我们对农村留守儿童的心理感受进行了描述统计,详见表 4-4。

表 4-4　农村留守儿童的心理感受

心理感受	类别	频数	比例(%)
对父亲外出打工的态度	支持	993	69.0
	无所谓	256	17.8
	不支持	191	13.3
对母亲外出打工的态度	支持	731	50.8
	无所谓	320	22.2
	不支持	389	27.0
对父母想念程度	非常想念	932	64.7
	有些想念	330	22.9
	偶尔想念	142	9.9
	不想念	36	2.5

续表

心理感受	类别	频数	比例(%)
家庭完整度	完整	214	14.9
	无所谓	183	12.7
	不完整	1043	72.4

表 4-4 表明，①支持父亲和母亲外出打工的农村留守儿童均超过 50.0%，对父亲外出打工的支持度更高。②绝大多数的农村留守儿童想念外出打工的父母，仅有 12.4% 的农村留守儿童偶尔和不想念父母。③父母外出打工后超过 70.0% 的农村留守儿童认为家庭不再完整，仅有 12.7% 的农村留守儿童对家庭是否完整持无所谓态度。

二、农村留守儿童社会适应的差异分析

(一)农村留守儿童与非留守儿童社会适应的差异分析

我们采用独立样本 t 检验分析了农村留守儿童与非留守儿童社会适应及其各维度的差异，详见表 4-5。

表 4-5　农村留守儿童与非留守儿童社会适应的差异分析

维度	留守儿童($n=1440$)	非留守儿童($n=1084$)	t	p
学习适应	3.94 ± 0.82	4.05 ± 0.76	-3.532	0.000
认知适应	4.22 ± 0.77	4.31 ± 0.69	-2.913	0.004
积极情绪适应	3.89 ± 0.88	4.00 ± 0.81	-3.226	0.001
人际关系适应	4.03 ± 0.70	4.11 ± 0.67	-2.923	0.003
生活适应	3.70 ± 1.00	3.68 ± 0.97	0.421	0.674
社会适应总分	3.97 ± 0.62	4.05 ± 0.58	-3.340	0.001

表 4-5 表明，①农村留守儿童与非留守儿童在学习适应、认知适应、积极情绪适应、人际关系适应维度及社会适应总分上均存在显著差异($p<0.01$)，表现为农村留守儿童的得分显著低于农村非留守儿童。②在生活适应维度上，农村留守儿童与农村非留守儿童的得分差异不显著。

(二)农村留守儿童社会适应的具体差异分析

1. 农村留守儿童社会适应的性别差异分析

我们采用独立样本 t 检验分析了农村留守儿童在社会适应及其各维度的性别差异，详见表 4-6。

表 4-6 农村留守儿童社会适应的性别差异分析

维度	男童($n=727$)	女童($n=713$)	t	p
学习适应	3.83±0.87	4.05±0.76	−5.020	0.000
认知适应	4.16±0.78	4.28±0.75	−3.066	0.002
积极情绪适应	3.88±0.89	3.89±0.87	−0.054	0.957
人际关系适应	3.98±0.70	4.08±0.68	−2.746	0.006
生活适应	3.54±1.04	3.85±0.93	−5.918	0.000
社会适应总分	3.90±0.63	4.04±0.59	−4.425	0.000

表 4-6 表明，①农村留守儿童在学习适应、认知适应、人际关系适应、生活适应维度及社会适应总分上性别差异显著($p<0.01$)，表现为农村留守女童社会适应各维度得分及社会适应总分显著高于农村留守男童。②农村留守儿童积极情绪适应维度的性别差异不显著($p>0.05$)。

2. 农村留守儿童社会适应的学段差异分析

我们采用独立样本 t 检验分析了小学和初中两个学段的农村留守儿童在社会适应及其各维度的差异，详见表 4-7。

表 4-7 农村留守儿童社会适应的学段差异分析

维度	小学($n=725$)	初中($n=715$)	t	p
学习适应	4.12±0.72	3.75±0.88	8.693	0.000
认知适应	4.14±0.83	4.31±0.69	−4.225	0.000
积极情绪适应	3.86±0.90	3.91±0.87	−1.083	0.279
人际关系适应	4.11±0.65	3.95±0.74	4.322	0.000
生活适应	3.63±1.02	3.77±0.98	−2.612	0.009
社会适应总分	4.03±0.58	3.92±0.65	3.281	0.001

表 4-7 表明，①农村留守儿童在学习适应、认知适应、人际关系适应、生活适应维度及社会适应总分上学段差异显著($p<0.01$)，表现为农村初中留守儿童在认知适应、生活适应维度得分显著高于农村小学留守儿童，农村小学留守儿童

在学习适应、人际关系适应维度得分及社会适应总分上显著高于农村初中留守儿童。②农村留守儿童在积极情绪适应维度上学段差异不显著（$p>0.05$）。

3. 农村留守儿童社会适应的留守类型差异分析

根据对农村留守儿童的调查结果，父亲单独外出务工的有 684 人，母亲单独外出务工的有 96 人，父母均外出务工的有 660 人。由于母亲单独外出务工人数较少，因此将父亲单独外出务工与母亲单独外出务工合并作为单留守家庭，共 780 人。我们采用独立样本 t 检验分析了单留守与双留守儿童的社会适应差异，详见表 4-8。

表 4-8　农村留守儿童社会适应的留守类型差异分析

维度	单留守($n=780$)	双留守($n=660$)	t	p
学习适应	3.98±0.79	3.89±0.86	2.159	0.031
认知适应	4.26±0.75	4.18±0.79	2.038	0.042
积极情绪适应	3.91±0.88	3.86±0.89	1.015	0.310
人际关系适应	4.07±0.69	3.99±0.71	2.213	0.027
生活适应	3.76±0.98	3.63±1.02	2.545	0.011
社会适应总分	4.01±0.59	3.93±0.64	2.477	0.013

表 4-8 表明，①农村留守儿童在学习适应、认知适应、人际关系适应、生活适应维度及社会适应总分上留守类型差异显著（$p<0.05$），表现为单留守儿童社会适应各维度得分及社会适应总分显著高于双留守儿童。②农村留守儿童的积极情绪适应维度的留守类型差异不显著（$p>0.05$）。

4. 农村留守儿童社会适应的父母联系频率差异分析

我们采用单因素方差分析法分析了农村留守儿童社会适应及其各维度在与父母联系频率上的差异，详见表 4-9。

表 4-9　农村留守儿童社会适应的父母联系频率差异分析

维度	经常联系 ($n=958$)	有时联系 ($n=317$)	很少和没有联系($n=165$)	F	p
学习适应	4.03±0.80	3.83±0.78	3.56±0.89	26.556	0.000
认知适应	4.28±0.74	4.12±0.82	4.07±0.80	9.023	0.000
积极情绪适应	4.01±0.82	3.79±0.84	3.34±1.07	44.304	0.000
人际关系适应	4.13±0.66	3.92±0.68	3.62±0.75	43.719	0.000
生活适应	3.78±0.98	3.59±1.00	3.43±1.07	10.894	0.000
社会适应总分	4.07±0.59	3.87±0.60	3.59±0.65	49.577	0.000

表 4-9 表明，与父母联系频率不同的农村留守儿童在社会适应及其各维度上存在显著差异（$p<0.001$）。利用 LSD（最小显著性差异法）进一步检验得到如下结论。

在学习适应、积极情绪适应、人际关系适应维度及社会适应总分上，三种联系类型的农村留守儿童两两差异显著，得分从高到低依次为与父母经常联系的农村留守儿童、有时联系的农村留守儿童、很少或没有联系的农村留守儿童。

在认知适应、生活适应维度得分上，与父母经常联系的农村留守儿童高于有时联系的农村留守儿童，与父母经常联系的农村留守儿童高于很少和没有联系的农村留守儿童。

5. 农村留守儿童社会适应在对父亲外出打工态度上的差异分析

我们采用单因素方差分析法分析了农村留守儿童社会适应及其各维度在对父亲外出打工态度上的差异，详见表 4-10。

表 4-10 农村留守儿童社会适应在对父亲外出打工态度上的差异分析

维度	支持（$n=993$）	无所谓（$n=256$）	不支持（$n=191$）	F	p
学习适应	4.01±0.80	3.58±0.88	3.98±0.73	26.132	0.000
认知适应	4.25±0.77	4.12±0.79	4.19±0.74	2.665	0.070
积极情绪适应	3.93±0.85	3.62±0.98	3.96±0.86	12.697	0.000
人际关系适应	4.09±0.68	3.74±0.76	4.07±0.61	24.461	0.000
生活适应	3.74±0.99	3.52±0.98	3.62±1.01	4.736	0.009
社会适应总分	4.03±0.61	3.70±0.64	3.99±0.54	26.716	0.000

表 4-10 表明，对父亲外出打工持不同态度的农村留守儿童在学习适应、积极情绪适应、人际关系适应、生活适应维度及社会适应总分上存在显著差异（$p<0.05$），在认知适应维度上差异边缘显著（$p=0.07$）。利用 LSD 进一步检验得到如下结论。

在学习适应、积极情绪适应、人际关系适应维度及社会适应总分上，对父亲外出打工持支持态度的农村留守儿童得分显著高于持无所谓态度的农村留守儿童；对父亲外出打工持不支持态度的农村留守儿童得分显著高于持无所谓态度的农村留守儿童。

在认知适应及生活适应维度上，对父亲外出打工持支持态度的农村留守儿童得分显著高于持无所谓态度的农村留守儿童。

6. 农村留守儿童社会适应在对母亲外出打工态度上的差异分析

我们采用单因素方差分析法分析了农村留守儿童社会适应及其各维度在对母亲外出打工态度上的差异，详见表 4-11。

表 4-11　农村留守儿童社会适应在对母亲外出打工态度上的差异分析

维度	支持 ($n=731$)	无所谓 ($n=320$)	不支持 ($n=389$)	F	p
学习适应	3.97 ± 0.82	3.57 ± 0.88	3.96 ± 0.76	21.144	0.000
认知适应	4.19 ± 0.80	4.10 ± 0.78	4.21 ± 0.74	1.442	0.237
积极情绪适应	3.89 ± 0.86	3.59 ± 0.96	4.00 ± 0.82	14.021	0.000
人际关系适应	4.07 ± 0.69	3.67 ± 0.71	4.09 ± 0.63	31.089	0.000
生活适应	3.72 ± 1.00	3.46 ± 1.03	3.72 ± 0.98	5.694	0.003
社会适应总分	3.99 ± 0.62	3.66 ± 0.64	4.02 ± 0.55	28.205	0.000

表 4-11 表明，对母亲外出打工持不同态度的农村留守儿童在学习适应、积极情绪适应、人际关系适应、生活适应维度及社会适应总分上存在显著差异（$p<0.05$），在认知适应维度上差异不显著（$p>0.05$）。

利用 LSD 进一步检验得到如下结论：在学习适应、积极情绪适应、人际关系适应、生活适应及社会适应总分上，对母亲外出打工持支持态度的农村留守儿童得分显著高于持无所谓态度的农村留守儿童；对母亲外出打工持不支持态度的农村留守儿童得分显著高于持无所谓态度的农村留守儿童。

7. 农村留守儿童社会适应在家庭完整度认知上的差异分析

我们采用单因素方差分析法分析了农村留守儿童社会适应及其各维度在家庭完整度认知上的差异，详见表 4-12。

表 4-12　农村留守儿童社会适应在家庭完整度认知上的差异分析

维度	完整 ($n=214$)	无所谓 ($n=183$)	不完整 ($n=1043$)	F	p
学习适应	4.02 ± 0.77	3.51 ± 0.89	4.00 ± 0.80	29.037	0.000
认知适应	4.11 ± 0.90	4.17 ± 0.77	4.25 ± 0.74	3.342	0.036
积极情绪适应	3.86 ± 0.91	3.60 ± 0.93	3.95 ± 0.86	12.077	0.000
人际关系适应	4.11 ± 0.66	3.71 ± 0.74	4.07 ± 0.68	22.427	0.000
生活适应	3.74 ± 0.96	3.40 ± 1.02	3.74 ± 0.99	9.527	0.000
社会适应总分	4.02 ± 0.60	3.66 ± 0.65	4.02 ± 0.60	26.662	0.000

　　表 4-12 表明，对家庭完整度持不同认知的农村留守儿童在学习适应、认知适应、积极情绪适应、人际关系适应、生活适应维度及社会适应总分上均存在显著差异（$p < 0.05$）。利用 LSD 进一步检验得到如下结论。

　　在学习适应、积极情绪适应、人际关系适应、生活适应维度及社会适应总分上，持有家庭完整认知和持有家庭不完整认知的农村留守儿童得分显著高于持无所谓态度的农村留守儿童。

　　在认知适应维度上，持有家庭不完整认知的农村留守儿童得分显著高于持有家庭完整认知的农村留守儿童。

　　8. 农村留守儿童社会适应在对父母想念程度上的差异分析

　　我们采用单因素方差分析法分析了农村留守儿童社会适应及其各维度在对父母想念程度上的差异，详见表 4-13。

表 4-13　农村留守儿童社会适应在对父母想念程度上的差异分析

维度	非常想念 （$n = 932$）	有些想念 （$n = 330$）	偶尔想念 和不想念 （$n = 178$）	F	p
学习适应	4.11±0.75	3.73±0.80	3.41±0.92	72.867	0.000
认知适应	4.27±0.76	4.18±0.73	4.02±0.85	8.715	0.000
积极情绪适应	4.00±0.83	3.78±0.82	3.49±1.09	27.664	0.000
人际关系适应	4.17±0.65	3.88±0.65	3.59±0.78	65.742	0.000
生活适应	3.84±0.97	3.45±0.98	3.41±1.05	27.797	0.000
社会适应总分	4.11±0.58	3.81±0.57	3.56±0.66	77.799	0.000

　　表 4-13 表明，对父母想念程度不同的农村留守儿童在社会适应各维度及社会适应总分上均存在显著差异（$p < 0.001$）。利用 LSD 进一步检验得到如下结论。

　　在学习适应、认知适应、积极情绪适应、人际关系适应维度及社会适应总分上，三种想念类型的农村留守儿童得分两两差异显著，得分从高到低依次为非常想念父母的农村留守儿童、有些想念父母的农村留守儿童、偶尔想念和不想念父母的农村留守儿童。

　　在生活适应维度上，非常想念父母的农村留守儿童得分高于有些想念父母的农村留守儿童，非常想念父母的农村留守儿童得分高于偶尔想念和不想念父母的农村留守儿童。

9. 农村留守儿童社会适应在父母教养类型上的差异分析

我们采用单因素方差分析法分析了农村留守儿童社会适应及其各维度在父母教养类型上的差异，详见表4-14。

表4-14　农村留守儿童社会适应在父母教养类型上的差异分析

维度	忽视型 ($n=139$)	专制型 ($n=317$)	溺爱型 ($n=114$)	权威型 ($n=870$)	F	p
学习适应	3.64±0.84	3.77±0.86	3.92±0.84	4.04±0.77	15.012	0.000
认知适应	3.99±0.81	4.03±0.86	4.04±0.74	4.35±0.71	21.194	0.000
积极情绪适应	3.60±0.97	3.81±0.89	3.76±0.94	3.97±0.85	8.604	0.000
人际关系适应	3.75±0.75	3.90±0.69	3.97±0.71	4.13±0.67	16.094	0.000
生活适应	3.35±1.05	3.63±1.00	3.41±1.13	3.81±0.96	11.947	0.000
社会适应总分	3.68±0.65	3.85±0.61	3.87±0.64	4.07±0.59	22.427	0.000

表4-14表明，农村留守儿童社会适应各维度及社会适应总分在不同教养类型上存在显著差异（$p<0.001$）。

10. 农村留守儿童社会适应在上网时间上的差异分析

我们采用单因素方差分析法分析了农村留守儿童社会适应及其各维度在上网时间上的差异，详见表4-15。

表4-15　农村留守儿童社会适应在上网时间上的差异分析

维度	不上网 ($n=261$)	半小时以内 ($n=411$)	半小时至1小时 ($n=225$)	1～2小时 ($n=276$)	2小时以上 ($n=267$)	F	p
学习适应	0.80±0.04	0.69±0.03	0.70±0.05	0.77±0.05	0.88±0.06	61.584	0.000
认知适应	0.87±0.05	0.78±0.04	0.66±0.04	0.67±0.05	0.75±0.05	3.735	0.005
积极情绪适应	0.98±0.05	0.82±0.04	0.76±0.05	0.86±0.06	0.90±0.06	8.148	0.000
人际关系适应	0.71±0.04	0.66±0.03	0.62±0.04	0.67±0.05	0.71±0.05	23.892	0.000
生活适应	0.99±0.06	0.94±0.05	0.96±0.06	0.99±0.07	1.06±0.07	12.591	0.000
社会适应总分	0.65±0.04	0.58±0.03	0.54±0.04	0.57±0.04	0.60±0.04	33.845	0.000

表4-15表明，农村留守儿童社会适应各维度及社会适应总分在上网时间上存在显著差异（$p<0.01$）。

11. 农村留守儿童社会适应在父亲文化程度上的差异分析

我们采用独立样本 t 检验分析了农村留守儿童社会适应及其各维度在父亲

文化程度上的差异，详见表 4-16。

表 4-16　农村留守儿童社会适应在父亲文化程度上的差异分析

维度	初中及以下($n=866$)	高中及以上($n=574$)	t	p
学习适应	3.89±0.81	4.01±0.83	−2.763	0.006
认知适应	4.24±0.75	4.20±0.79	1.028	0.304
积极情绪适应	3.88±0.86	3.90±0.92	−0.473	0.637
人际关系适应	4.02±0.68	4.05±0.72	−1.026	0.305
生活适应	3.70±0.98	3.70±1.03	0.023	0.981
社会适应总分	3.96±0.60	4.00±0.64	−1.154	0.249

表 4-16 表明，①农村留守儿童的学习适应维度在父亲文化程度上存在显著差异（$p<0.01$），表现为父亲为高中及以上文化程度的农村留守儿童的学习适应得分显著高于父亲为初中及以下文化程度的农村留守儿童得分。②农村留守儿童的认知适应、积极情绪适应、人际关系适应、生活适应维度及社会适应总分在父亲文化程度上差异不显著（$p>0.05$）。

12. 农村留守儿童社会适应在母亲文化程度上的差异分析

我们采用独立样本 t 检验分析了农村留守儿童社会适应及其各维度在母亲文化程度上的差异，详见表 4-17。

表 4-17　农村留守儿童社会适应在母亲文化程度上的差异分析

维度	初中及以下($n=998$)	高中及以上($n=442$)	t	p
学习适应	3.90±0.82	4.03±0.81	−2.726	0.006
认知适应	4.24±0.76	4.19±0.80	1.110	0.267
积极情绪适应	3.87±0.88	3.93±0.90	−1.065	0.287
人际关系适应	4.01±0.70	4.09±0.69	−1.993	0.046
生活适应	3.70±0.99	3.71±1.01	−0.171	0.864
社会适应总分	3.96±0.61	4.02±0.62	−1.730	0.084

表 4-17 表明，①农村留守儿童的学习适应、人际关系适应维度在母亲文化程度上存在显著差异（$p<0.05$），表现为母亲为高中及以上文化程度的农村留守儿童得分显著高于母亲为初中及以下文化程度的农村留守儿童得分。②农村留守儿童的认知适应、积极情绪适应、生活适应维度及社会适应总分在母亲文化程度上差异不显著（$p>0.05$）。

13. 农村留守儿童社会适应在监护人文化程度上的差异分析

我们采用独立样本 t 检验分析了农村留守儿童社会适应及其各维度在监护

人文化程度上的差异，详见表 4-18。

表 4-18　农村留守儿童社会适应在监护人文化程度上的差异分析

维度	初中及以下($n=999$)	高中及以上($n=441$)	t	p
学习适应	3.91±0.83	4.01±0.80	−2.057	0.040
认知适应	4.26±0.73	4.14±0.85	2.807	0.005
积极情绪适应	3.88±0.88	3.93±0.88	−0.990	0.322
人际关系适应	4.02±0.70	4.05±0.69	−0.658	0.510
生活适应	3.69±1.01	3.72±0.99	−0.500	0.617
社会适应总分	3.97±0.61	3.99±0.63	−0.742	0.458

　　表 4-18 表明，①农村留守儿童的学习适应、认知适应维度在监护人文化程度上存在显著差异（$p<0.05$），表现为监护人为高中及以上文化程度的农村留守儿童的学习适应得分显著高于监护人为初中及以下文化程度的留守儿童得分，监护人为高中及以上文化程度的农村留守儿童的认知适应得分显著低于监护人为初中及以下文化程度的留守儿童得分。②农村留守儿童的积极情绪适应、人际关系适应、生活适应维度及社会适应总分在监护人文化程度上差异不显著（$p>0.05$）。

三、研究分析与讨论

(一)农村留守儿童与非留守儿童社会适应的差异分析

　　研究发现，农村留守儿童在学习适应、认知适应、积极情绪适应、人际关系适应维度得分及社会适应总分上均显著低于农村非留守儿童。农村留守儿童得分低于农村非留守儿童，这与以往相关研究结果一致（侯文鹏，李峰，李先宾，等，2017）。具体来说，农村留守儿童在学习适应上得分偏低。这可能与监护人的文化程度及家庭情况有关。研究发现部分祖辈未接受过良好的教育，文化水平不高，无法承担起良好的教育辅导责任。此外，农村家庭农活相对较多。若监护人是父母中的一方，一方的外出使原来两个人共同分担的家务、农活都落到了另一方的肩上，会使农村留守儿童在课余时间无法得到及时、有效的课业辅导，因此在学业适应上得分相对低于非留守儿童。农村留守儿童的自我意识发展处于关键期，容易对自我产生不准确的认知，需要父母及教师的引导。由于父母长期在外务工，时间及空间的限制使父母缺少对孩子认知的了解及引导。班主任负责整个班级，难免会有疏忽。同时，不良的认知会影响农村留守儿童内心的情绪情感，进而影响农村留守儿童的积极情绪适应。由于父母外出务工，空间上的距离阻隔了父母与孩子情感上的沟通与交流。这导致农村留守儿童容易在心理上缺乏安全感，变得自卑、孤僻、沉默寡言，影响农村留守儿童的人际关系。因此，农村留守儿童由于客观及主观上存在的各种因素，其社会适应在总体水平上相对低于农村非留守儿童。

研究发现，农村留守儿童与非留守儿童在生活适应上差异不显著。这可能是因为亲子空间上的距离使农村留守儿童缺少父母生活上的关照，他们在生活上更要独立自主，需要具有较强的家务能力和生活自理能力。虽然农村非留守儿童父母均在家，但学校教师会教导他们帮助父母做力所能及的事情，父母也会给予他们锻炼的机会。因此，留守儿童与非留守儿童在生活适应上差异不显著。

（二）农村留守儿童社会适应的影响因素的差异分析

1. 农村留守儿童社会适应的性别差异分析

研究发现，农村留守儿童在学习适应、认知适应、人际关系适应、生活适应维度及社会适应总分上性别差异显著。女童得分高于男童，与以往相关研究结果一致（张更立，2017）。这可能是因为在学习适应方面，女童相对男童更有耐心，也更勤奋。在认知适应方面，女童相对男童更能听从教师及监护人的教导，在思想上更容易产生正向的认知，对事物有积极的态度。在人际关系适应方面，女童的情感更为细腻，性格相对温和，与同伴之间不容易起争执；男童的性格特点相对女童更为活泼好动，与同伴之间容易出现争执，得分低于女童。在生活适应方面，女童更加勤快，在家务活动上比男童做得多一些。在社会适应总分上，女童也高于男童。从发展心理学的角度看，女童的生理和心理发育相对男童要早且更加成熟。因此女童相对会有更强的心理整合能力，而且为了获得家庭及社会对其女性角色的认同也更努力上进。这也使女童在整体社会适应上相对优于男童。在积极情绪适应方面，无论是男童还是女童，父母外出务工均会对他们的积极情绪产生消极影响，因此两者差异不显著。

2. 农村留守儿童社会适应的学段差异分析

研究发现，在学段方面，农村留守儿童在学习适应、认知适应、人际关系适应、生活适应维度及社会适应总分上存在显著差异。其中，农村小学留守儿童的学习适应、人际关系适应维度得分及社会适应总分相对高于农村初中留守儿童。在认知适应、生活适应得分上，农村初中留守儿童得分要高于农村小学留守儿童。两者在积极情绪适应上差异不显著。这可能是因为小学阶段儿童人际关系相对简单纯粹，有较广泛的同伴关系，在心理发展过程中正处于将教师作为权威的阶段，绝对服从教师的安排，在学习方面的积极性相对较高。研究还发现，低年级的农村留守儿童的学习主观幸福感比高年级的农村留守儿童更高（王燕，2017）。初中阶段的儿童正处于自我同一性整合的阶段，学习压力有所增加。尤其是农村留守儿童父母教育缺位，缺少情感温暖与支持。父母支持作为早期青少年情绪问题的预测指标（Helsen M.，Vollebergh W.，& Meeus W.，2000），对其人际关系有较大影响。初中阶段农村留守儿童的人际关系相对脆弱。有研究发现，由于八年级存在不和谐的同学关系（杨丽丽，刘苓，查贵芳，等，2015），个体也会存在一定的矛盾冲突心理，学校适应以及社会适应相对弱一些，因此农村小学留守儿童的学习适应、人际关系适应维度得分及社会适应总分相对高于农村初中留守儿童。从小学进入初中后，随着年龄的增长，留守儿童在理智上接受父母外出打工；在学校教师教育的基础上开始发展辩证逻辑思维，对不同的事情有不同的认知；在生活方面阅历增加、操作能力提高，可以完成力所能及的事情。因此，在认知适应及生活适应方面，农村初中留守儿童得分要高于农村小学留守儿童。在积极情绪适应方面，无论农村留守儿童处于小学阶段还是初中阶段，父母外出务工均会对他们的积极情绪产生一定影响。因此两者差异不显著。

3. 农村留守儿童社会适应的留守类型差异分析

研究发现，单留守儿童的社会适应总分显著高于双留守儿童，与以往相关研究结果一致（许琪，2018）。单留守儿童的情况主要为父亲外出打工，母亲在家抚养照料。相关研究也发现，在单留守儿童中，母亲在家抚养陪伴的，学业成绩、上网、迟到早退等社会适应问题明显少于双留守儿童，母亲相比父亲能更好地承担起家务劳动和管教子女的责任。父母双方均外出打工的农村留守儿童主要由祖辈或亲戚照料，缺少来自父母的情感陪伴与支持，以及学习、人际、生活等方面的帮助与指导，容易产生焦虑、孤独无助的心理问题。这会影响农村留守儿童的自我认知，使他们容易产生消极情绪，进而影响人际关系，对他们各方面的社会适应产生一定影响。相关研究发现，与单留守儿童相比，双留守儿童的家庭气氛冷清，照料者在学习辅导以及整体家庭抚养环境方面相对较差（范兴华，简晶萍，陈锋菊，等，2018）。双留守儿童更容易受到一些负面影响，如家务劳动时间略有延长，父母联系频率降低，迟到、逃课频率和交到有坏习惯的朋友的可能性有所增加等（许琪，2018）。所以，双留守儿童的学习适应、人际关系适应等各维度得分相对低于单留守儿童。

4. 农村留守儿童社会适应的父母联系频率差异分析

研究发现，农村留守儿童社会适应及其各维度在父母联系频率上存在显著差异。总体来说，与父母经常联系的农村留守儿童的社会适应总分显著高于与父母有时联系及很少或没有联系的农村留守儿童。这说明农村留守儿童与父母联系频率越高，其社会适应性相对越好。已有研究也发现，亲子沟通越频繁、话题越多，儿童的抑郁风险越低（Wang L.，Feng Z.，& Yang G.，et al.，2015），并且生活质量也越好（金婷，戴斌荣，2019）。农村留守儿童与父母经常沟通，便于父母及时了解他们的日常学习、生活状况。农村留守儿童遇到烦心事时，父母耐心倾听，给予他们情感温暖及心理疏导。农村留守儿童遇到困难时，父母给予指导与帮助。联系频率越高，亲子沟通越好，农村留守儿童感知到自己是被爱的，越有助于他们心理及社会适应发展。

5. 农村留守儿童社会适应在对父亲外出打工态度上的差异分析

研究发现，对父亲外出打工持支持态度或者不支持态度的农村留守儿童社会适应总分显著高于持无所谓态度的农村留守儿童。有69.0％的农村留守儿童支持父亲外出打工。研究还发现，在农村留守儿童中，父亲外出打工的比例显著高于母亲外出打工的比例。由于家庭经济情况，对父亲外出打工持不支持态度的农村留守儿童更多从自我感受角度出发，内心渴望家庭完整。对父亲外出打工持支持态度的农村留守儿童更多从现实角度考虑，理解父亲外出打工的行为，也理解父亲的辛苦。不支持与支持父亲外出打工的农村留守儿童都对父亲有更积极正向的情感；对父亲外出打工持有无所谓态度的农村留守儿童通常具有淡漠、不合群、不爱交际的人格特点，与父亲之间的情感联结相对平淡，父子沟通相对较少。因此，与态度淡漠的农村留守儿童相比，有正向认知态度的农村留守儿童在学习及行为上相对更上进，拥有正向的人际关系及积极情绪体验，社会适应水平也相对更高。

6. 农村留守儿童社会适应在对母亲外出打工态度上的差异分析

研究发现，与对父亲外出打工持不同态度的结果一致，农村留守儿童对母亲外出打工持支持或者不支持态度的农村留守儿童社会适应总分显著高于持无所谓态度的农村留守儿童。与支持父亲外出打工的比例不同的是，有50.8％的农村留守儿童支持母亲外出打工，并且母亲外出打工的比例相对偏少。而且与支持父亲外出打工相比，农村留守儿童更不情愿支持母亲外出打工。在我国，孩子与母亲之间的情感联系更为密切，主观上对母亲更为依恋，所以不支持母亲外出打工。也有部分农村留守儿童认识到母亲打工是为了创造更好的家庭经济环境，也会选择支持母亲外出打工。对母亲外出打工持无所谓态度的农村留守儿童的社会适应总分相对较低。这进一步说明了持无所谓态度的农村留守儿童在与母亲间的情感联结上相对较弱。依恋理论认为依恋安全性促进人们对威胁情境进行认知、理解、判断和调整，依恋安全感水平高的人拥有较为稳定的认知结构或机制。这种认知结构或机制在生活事件和心理健康之间起着协调和判断作用，从而有效促进个体的适应和身心发展（Brumbaugh C. C. & Fraley R. C.，2006）。而对母亲外出打工持无所谓态度的农村留守儿童可能与母亲之间有着不安全的依恋，认知结构相对不稳定，心理健康受到影响，进而容易产生各种行为问题，对其社会适应有一定影响。

7. 农村留守儿童社会适应在家庭完整度认知上的差异分析

研究发现，持有家庭完整认知或者家庭不完整认知的农村留守儿童社会适应总分显著高于无所谓家庭是否完整的农村留守儿童。认为家庭完整的农村留守儿童从情感上认识到虽然父母外出打工，但亲子之间可以通过网络视频、电话等方式沟通交流。他们感受到父母是关爱自己的，家庭是完整的，对父母具有正向的情感。不支持父母外出打工的农村留守儿童更多从自我情感角度出发，认为父母不在身边，家庭便不完整，希望父母陪在身边，渴望家庭情感温暖。这两种对父母及家庭有"态度"的农村留守儿童与父母有相对紧密的情感联结，在心理上相对安全。对每个个体来讲，成功地接近和获得安全感是维持和促进心理健康，发挥人际功能，满足密切关系、心理发展需要的重要方面（Bowlby J.，1982），影响农村留守儿童的社会适应。而认为父母在家或不在家都无所谓的农村留守儿童与父母的关系相对冷淡疏远，性格上孤僻，一般对事情持有不在乎的思维，对难题习惯采取回避的做法，不仅心理健康会受到影响，行为适应也会受到影响，不利于自身社会适应性的发展。

8. 农村留守儿童社会适应在对父母想念程度上的差异分析

研究发现，对父母想念程度不同的农村留守儿童的社会适应各维度得分及社会适应总分均存在显著差异。总体来说，非常想念父母的农村留守儿童的社会适应总分显著高于有些想念及偶尔想念和不想念的农村留守儿童。相关研究发现，良好的家庭亲密性对农村留守儿童的心理适应有正向影响（袁宋云，陈锋菊，谢礼，等，2016）。农村留守儿童越想念父母，亲子沟通越频繁，父母对子女在学习、生活中的表现了解越多，子女在遇到问题或困难时就越有可能通过电话向父母倾诉或寻求帮助。经常的沟通与团聚能使儿童更多体会到来自父母的爱、温暖、理解和支持。亲子关系越亲密，家庭氛围越和谐，会使农村留守儿童的自我效能感、被接纳感和自信心、满足感等都得到一定程度的提升，能够进一步促使农村留守儿童调整自我，建立人际信任关系，积极发掘自身潜力。因此，沟通频率越高，沟通质量越好，农村留守儿童的心理越健康，认知及行为问题越少，越有利于形成良好的社会适应能力。

9. 农村留守儿童社会适应在父母教养类型上的差异分析

研究发现，不同教养类型的农村留守儿童的社会适应各维度得分及社会适应总分存在显著差异。总体来说，权威型教养的农村留守儿童的社会适应总分显著高于忽视型、专制型、溺爱型教养的农村留守儿童，忽视型教养的农村留守儿童得分最低。相关研究认为，监控、说理、民主的父母教养类型和良好的同伴关系可以共同影响青少年以后长期的社会适应（赵德刚，侯金芹，江兰，等，2017）。采用权威型教养的监护人积极肯定农村留守儿童，尊重农村留守儿童的意见和观点，会对农村留守儿童不良的行为采取严格的说服教育。这种方式容易使农村留守儿童形成亲切温和、情绪稳定、独立积极的性格，对于农村留守儿童的人际关系、认知、情绪等各方面的发展都有正向的影响。采用忽视型教养的监护人对农村留守儿童缺少爱的情感与积极反应，缺少行为上的要求与控制，容易使他们具有攻击性，对他人缺乏热情与关心，产生心理与行为问题，不利于其社会适应性发展。

10. 农村留守儿童社会适应在上网时间上的差异分析

研究发现，农村留守儿童社会适应各维度得分及社会适应总分在上网时间上存在显著差异。总体来说，农村留守儿童上网主要有三个目的：与家人联系、娱乐(看视频和打游戏)、学习。由于父母外出务工，农村留守儿童可以通过电话、语音及视频聊天等方式与父母联系，交流学习和日常情绪、人际关系等方面的问题，在心理上得到疏导及慰藉。农村留守儿童通过上网查阅资料进行学习，会对自身的学业有正向影响。良好的学业成就对农村留守儿童的情绪适应、认知适应也有正向影响。同时，适当的娱乐休息能够帮助农村留守儿童放松身心，减轻压力，也便于同伴交流，对其情绪、人际关系及认知等方面都有显著的正向影响。因此，适当的娱乐有利于农村留守儿童各方面的发展，但每天要将时间控制在半小时以内，最好不要超过 1 小时。

11. 农村留守儿童社会适应在父亲文化程度上的差异分析

研究发现，父亲为高中及以上文化程度的农村留守儿童的学习适应维度得分显著高于父亲为初中及以下文化程度的农村留守儿童。认知适应、积极情绪适应、人际关系适应、生活适应维度及社会适应总分在父亲文化程度上的差异不显著。这可能是因为在农村主要为父亲外出务工，眼界相对开阔的父亲对教育的重要性认识比较深刻，文化程度相对较高的父亲在与子女的沟通交流中重视向子女说明知识的重要性，督促子女认真学习，对子女的学业适应有正向影响。总体来说，由于父亲长期不在身边照料督促，子女的自控力相对不高。对于父亲的叮嘱，子女有时候不能认真执行。因此，农村留守儿童社会适应总分在父亲文化程度上的差异不显著。

12. 农村留守儿童社会适应在母亲文化程度上的差异分析

研究发现，母亲为高中及以上文化程度的农村留守儿童的学习适应、人际关系适应维度得分显著高于母亲为初中及以下文化程度的农村留守儿童。认知适应、积极情绪适应、生活适应维度及社会适应总分在母亲文化程度上的差异不显著。这可能是由于母亲担负起教育子女的责任。文化程度高的母亲具有相对较高的文化素养，这可能会影响他们的言谈举止、教育方式、对孩子的教育投入等，进而促使孩子形成良好的学习习惯并取得良好的学习成绩；或者母亲对孩子的期望会对孩子的学业产生一定的影响。同时，由于母亲特殊的角色，文化程度高的母亲与子女间具有亲密的情感依恋，懂得如何与子女沟通交流，尤其是在子女遇到人际关系问题或者同伴间私密问题时，能够恰当地帮助指导子女解决问题，对子女的人际关系适应具有重要作用。研究也发现，农村留守儿童社会适应总分在母亲文化程度上差异不显著的原因有两个方面。一是对于双留守儿童来说，由于父母均外出务工，子女主要由祖辈照料，不论母亲文化程度如何，母亲的教育督促都会受到时间及空间的限制，对子女的社会适应性发展影响有限。二是对于单留守儿童来说，母亲在家照料子女，还要承担原本应该由两个人共同完成的工作。在很大程度上，由于日常劳作繁忙，母亲主要关注子女的学业（作业是否完成）及人际关系方面，而对子女的自我认知变化、心理健康、情绪情感等方面关注不够。因此，农村留守儿童社会适应总分在母亲文化程度上差异不显著。

13. 农村留守儿童社会适应在监护人文化程度上的差异分析

研究发现，监护人为高中及以上文化程度的农村留守儿童的学习适应维度得分显著高于监护人为初中及以下文化程度的农村留守儿童。监护人为高中及以上文化程度的农村留守儿童的认知适应维度得分显著低于监护人为初中及以下文化程度的农村留守儿童。积极情绪适应、人际关系适应、生活适应维度及社会适应总分在监护人文化程度上的差异不显著。这可能是因为在学习上，监护人的文化程度越高，越能够帮助孩子解决学习上的疑难问题，也越能够帮助孩子树立正确的学习态度，对孩子的学习适应有积极影响。在认知适应维度上，初中及以下文化程度的监护人可能对孩子的要求并不高，给予孩子一定的空间，使孩子有着相对放松的生活态度，在自我认知上相对豁达。学历程度较高的监护人对孩子的要求相对严格，重视孩子的学业成就，缺乏对孩子的需求和兴趣的关注，缺少鼓励和表扬，使孩子缺乏安全感、自信心，认为自我价值不高。当遇到学习及生活上的问题时，他们可能会怀疑自己的能力。这两种不同的要求使农村留守儿童形成了不同的认知。影响农村留守儿童社会适应的因素相对较多，包括自我意识、人格、情绪情感、人际关系等，监护人的文化程度是其中的一个方面。并且农村留守儿童的监护人主要以祖辈及母亲为主。劳作繁忙使监护人的文化程度不能很好地发挥效用。因此，社会适应总分在监护人文化程度上的差异不显著。

四、研究结论

总体来说，农村留守儿童学习适应、认知适应、人际关系适应、生活适应维度得分及社会适应总分显著低于农村非留守儿童，在积极情绪适应维度上差异不显著。

农村留守儿童的社会适应差异表现为如下几方面。

农村留守女童的学习适应、认知适应、人际关系适应、生活适应维度得分及社会适应总分显著高于农村留守男童，在积极情绪适应维度上两者差异不显著。

农村初中留守儿童的认知适应、生活适应维度得分显著高于农村小学留守儿童，农村小学留守儿童的学习适应、人际关系适应维度得分及社会适应总分显著高于农村初中留守儿童，在积极情绪适应维度上学段差异不显著。

单留守儿童的学习适应、认知适应、人际关系适应、生活适应维度得分及社会适应总分显著高于双留守儿童，在积极情绪适应维度上两者差异不显著。

与父母经常联系的农村留守儿童社会适应总分显著高于与父母有时联系及很少或没有联系的农村留守儿童。

除认知适应外，对父亲、母亲外出打工持支持或不支持态度的农村留守儿童社会适应各维度得分及社会适应总分显著高于持无所谓态度的农村留守儿童。

持有家庭完整或不完整认知的农村留守儿童社会适应各维度得分及社会适应总分与持无所谓态度的农村留守儿童差异显著。

非常想念外出打工父母的农村留守儿童的社会适应总分显著高于有些想念及偶尔想念和不想念父母的农村留守儿童。

权威型教养的农村留守儿童的社会适应总分显著高于忽视型、专制型、溺爱型教养的农村留守儿童。忽视型教养的农村留守儿童社会适应总分最低。

农村留守儿童社会适应各维度得分及社会适应总分在上网时间上存在显著差异。

父母或监护人为高中及以上文化程度的农村留守儿童的学习适应维度得分显著高于父母或监护人为初中及以下文化程度的农村留守儿童。同时，母亲为高中及以上文化程度的农村留守儿童的人际关系适应维度得分显著高于母亲为初中及以下文化程度的农村留守儿童。监护人为高中及以上文化程度的农村留守儿童的认知适应维度得分显著低于监护人为初中及以下文化程度的农村留守儿童。在社会适应总分上，父母或监护人文化程度差异不显著。

五、研究对策与建议

(一)以个体发展为关键，关注农村留守儿童的社会适应

研究发现，农村留守儿童社会适应得分显著低于农村非留守儿童。因此，

要重点关注农村留守儿童的社会适应。农村留守男童在学习适应、认知适应、人际关系适应、生活适应维度得分及社会适应总分上低于农村留守女童。这说明在亲子互动中应适当督促并引导子女认真学习，关注男童的学习、认知、人际交往及生活状况，与监护人、教师保持密切联系，发现问题并及时解决问题，共同提高子女的社会适应性。此外，要关注农村初中留守儿童的学习及人际关系。有些农村留守儿童会因为教师本身而讨厌一门课程。因此，各科教师要尊重、关爱农村留守儿童，展现正向的人格魅力，帮助农村留守儿童提高学习兴趣。此外，教师与父母要引导他们发展良好的人际关系，待人真诚，相互尊重，相互帮助，积极参与校园活动。研究也发现，双留守儿童社会适应总分低于单留守儿童。这说明父母在考虑家庭经济的同时要考虑留一位家长在家抚养照料子女。这样子女在心理上会相对有安全感，在学习上有家长的监督与指导，在生活上得到更好的照料，遇事可以向家长倾诉，及时得到家长的指导与帮助。这对于他们整体的社会适应性发展有重要作用。

(二)以沟通互动为纽带，满足农村留守儿童的情感需求

情感需求特别是来自父母的关爱是农村留守儿童内心渴望得到的，并不会因父母外出打工而减少。亲子经常联系可以加强情感联结，满足农村留守儿童对父母关爱的需求。父母要经常与农村留守儿童保持联系，关注他们日常生活、学习等方面。这些看似日常的沟通虽然不是面对面的，但是同样可以起到亲子互动的效果。就监护人而言，任何方面的关注都是增加与农村留守儿童的互动与沟通，同样有利于他们的社会适应。此外，这也给予政府和社会就如何关爱农村留守儿童启示。我们可以通过举办关爱农村留守儿童的活动，让他们感受到即使父母不在身边，也有人在关注和关爱他们，感受到他们并不是孤独的。这样有利于他们社会适应性的培养。

(三)以认知疏导为方法，端正农村留守儿童的认知

农村留守儿童感觉到家庭结构不完整者占70%以上。对于这种不完整持无所谓态度的农村留守儿童的社会适应性最低。这类儿童由于长期与父母分离，对父母的陪伴已不再奢望。他们对父母在家与否感到无所谓，甚至有的会认为父母外出打工是为了父母自身。这种认知无益于农村留守儿童的社会适应性发展。因此，家长、学校和社会都需要了解农村留守儿童的认知需求，帮助他们认识到即使父母在家庭中缺位，父母仍是爱他们的，要跟父母沟通；指导父母经常和子女进行沟通交流，表达对子女的想念和爱护之情，构建良好的亲子关系。我们要让农村留守儿童认识到，父母是家庭中最关爱他们的人，即使不在身边，父母心中最爱的仍是他们。

(四)以科学上网为途径，引导农村留守儿童合理使用网络

研究发现，农村留守儿童社会适应各维度及社会适应总分在上网时间上存在显著差异。上网时间越长对农村留守儿童的负面影响越大。我们可以通过宣传教育，引导农村留守儿童适当上网，科学上网，缩短网络的使用时间，将每天上网时间控制在半小时以内；引导他们利用网络搜索学习资料和获取知识，使其服务于学习。教师也可以通过布置网络学习或网络阅读等任务引导农村留守儿童科学上网，促进农村留守儿童的身心健康发展。

第五章 农村留守儿童父母教养方式、亲子沟通与社会适应

一、概述

　　家庭是个体行为习得过程的重要场域。个体一旦进入某一场域，即获得这个场域所特有的行为和表达的特殊代码。这是一个充满意义的世界。从分析的角度来看，一个场域可以被定义在各种位置之间存在的客观关系的一个网络或一个构架。这些位置依赖一定的权力关系，每个进入场域的个体必然需要认同场域的逻辑与规则。家庭是儿童出生后的初始场域，建构各种社会关系的过程就是儿童社会适应性的最初发展过程。在家庭中，父母通过与子女的日常互动，建构一种关系场域，培养他们的社会化习惯，帮助他们习得各种符号所表征的社会意义，并内化为社会行动规范。《国家中长期教育改革和发展规划纲要(2010—2020 年)》明确提出家庭教育在教育改革和发展中的地位和作用，特别指出充分发挥家庭教育在儿童青少年成长过程中的作用。各国政府都十分重视家庭教育。20 世纪60 年代，美国教育家科尔曼对美国 60 万名儿童的研究结果表明，影响儿童学业成就的主要因素是家庭。日本、法国、德国、英国、新加坡等国家都强调家庭教育的地位，强调家长在教育儿童方面的责任和要求。在我国，家校合作是儿童教育的重要环节，家庭教育影响儿童的学业成就和身心发展。以往研究表明，教育投入、家庭结构、父母的文化程度等均是影响儿童在学校学习表现的重要因素。本章主要探讨父母教养方式和亲子沟通等家庭因素对农村留守儿童社会适应的影响。

二、农村留守儿童与非留守儿童父母教养方式、亲子沟通的差异分析

(一)农村留守儿童与非留守儿童父母教养方式的差异分析

我们采用独立样本 t 检验分析了农村留守儿童与非留守儿童在父母教养方式各维度上的差异，详见表 5-1。

表 5-1　农村留守儿童与非留守儿童父母教养方式的差异分析

维度	留守儿童($n=1440$)	非留守儿童($n=1084$)	t	p
父亲拒绝	1.61 ± 0.66	1.64 ± 0.67	-1.304	0.192
母亲拒绝	1.64 ± 0.68	1.65 ± 0.68	-0.158	0.875
父亲情感温暖	2.82 ± 0.84	2.84 ± 0.84	-0.538	0.591
母亲情感温暖	2.89 ± 0.83	2.91 ± 0.87	-0.549	0.583
父亲过度保护	2.24 ± 0.62	2.28 ± 0.61	-1.594	0.111
母亲过度保护	2.28 ± 0.67	2.29 ± 0.68	-0.558	0.577

由表 5-1 可见，农村留守儿童与非留守儿童在父母教养方式各维度上均不存在显著差异($p>0.05$)。

(二)农村留守儿童与非留守儿童亲子沟通的差异分析

我们采用独立样本 t 检验分析了农村留守儿童与非留守儿童在亲子沟通各维度上的差异，详见表 5-2。

表 5-2　农村留守儿童与非留守儿童亲子沟通的差异分析

类别	维度	留守儿童($n=1440$)	非留守儿童($n=1084$)	t	p
开放性	父亲沟通的开放性	3.46 ± 1.07	3.42 ± 1.09	0.789	0.430
	母亲沟通的开放性	3.48 ± 1.10	3.46 ± 1.16	0.358	0.721
问题	父亲沟通问题	3.33 ± 0.87	3.29 ± 0.83	1.206	0.228
	母亲沟通问题	3.32 ± 0.90	3.32 ± 0.91	0.013	0.989
亲子沟通	父亲亲子沟通	3.46 ± 0.79	3.42 ± 0.79	1.106	0.269
	母亲亲子沟通	3.48 ± 0.82	3.51 ± 0.84	-0.785	0.433

由表 5-2 可知，农村留守儿童与非留守儿童在亲子沟通各维度上均不存在显著差异（$p > 0.05$）。

三、农村留守儿童父母教养方式、亲子沟通的差异分析

（一）农村留守儿童父母教养方式的差异分析

我们分别对农村留守儿童父母教养方式在性别、学段、留守类型、父母联系频率、上网时间、对父亲外出打工的态度、对母亲外出打工的态度、家庭完整度认知、对父母想念程度、父亲文化程度、母亲文化程度和监护人文化程度层面进行了差异检验。

1. 农村留守儿童父母教养方式的性别差异分析

我们采用独立样本 t 检验分析了农村留守儿童在父母教养方式各维度上的性别差异，详见表 5-3。

表 5-3　农村留守儿童父母教养方式的性别差异分析

维度	男童（$n = 727$）	女童（$n = 713$）	t	p
父亲拒绝	1.63 ± 0.68	1.58 ± 0.65	1.605	0.109
母亲拒绝	1.69 ± 0.69	1.59 ± 0.66	3.031	0.002
父亲情感温暖	2.83 ± 0.84	2.82 ± 0.84	0.323	0.747
母亲情感温暖	2.93 ± 0.81	2.85 ± 0.86	1.667	0.096
父亲过度保护	2.27 ± 0.63	2.20 ± 0.62	2.175	0.030
母亲过度保护	2.35 ± 0.66	2.20 ± 0.67	4.231	0.000

由表 5-3 可知，①在农村留守儿童的父母教养方式中，母亲拒绝、父亲过度保护和母亲过度保护维度均存在显著的性别差异（$p < 0.05$），且男童得分高于女童。在农村家庭中，男童比女童更能得到父母的关爱。②父亲拒绝、父亲情感温暖、母亲情感温暖维度不存在显著的性别差异（$p > 0.05$）。

2. 农村留守儿童父母教养方式的学段差异分析

我们采用独立样本 t 检验分析了小学和初中两个学龄阶段的农村留守儿童在父母教养方式各维度上的差异，详见表 5-4。

表 5-4　农村留守儿童父母教养方式的学段差异分析

维度	小学（$n = 725$）	初中（$n = 715$）	t	p
父亲拒绝	1.64 ± 0.68	1.57 ± 0.65	2.128	0.034
母亲拒绝	1.71 ± 0.67	1.57 ± 0.67	3.898	0.000

续表

维度	小学($n=725$)	初中($n=715$)	t	p
父亲情感温暖	2.86±0.82	2.78±0.85	1.871	0.062
母亲情感温暖	2.95±0.76	2.82±0.90	2.972	0.003
父亲过度保护	2.28±0.64	2.20±0.60	2.488	0.013
母亲过度保护	2.34±0.62	2.21±0.70	3.572	0.000

由表 5-4 可知，①农村留守儿童的父亲拒绝、母亲拒绝、母亲情感温暖、父亲过度保护、母亲过度保护维度存在显著的学段差异（$p<0.05$），且农村小学留守儿童得分均显著高于农村初中留守儿童。②父亲情感温暖在学段上的差异为边缘显著（$p=0.062$）。

3. 农村留守儿童父母教养方式的留守类型差异分析

我们采用独立样本 t 检验分析了不同留守类型儿童父母教养方式的差异，详见表 5-5。

表 5-5　农村留守儿童父母教养方式的留守类型差异分析

维度	单留守($n=780$)	双留守($n=660$)	t	p
父亲拒绝	1.62±0.67	1.59±0.66	0.830	0.406
母亲拒绝	1.73±0.72	1.54±0.61	5.367	0.000
父亲情感温暖	2.84±0.85	2.80±0.83	0.845	0.398
母亲情感温暖	2.89±0.85	2.89±0.81	0.022	0.982
父亲过度保护	2.24±0.62	2.23±0.62	0.169	0.866
母亲过度保护	2.30±0.67	2.26±0.67	1.141	0.254

由表 5-5 可知，①农村留守儿童父母教养方式只在母亲拒绝维度存在留守类型显著差异（$p<0.05$），表现为单留守儿童得分显著高于双留守儿童。②在父亲拒绝、父亲情感温暖、母亲情感温暖、父亲过度保护和母亲过度保护上不存在留守类型显著差异（$p>0.05$）。

4. 农村留守儿童父母教养方式在父母联系频率上的差异分析

我们采用单因素方差分析法分析了农村留守儿童父母教养方式在父母联系频率上的差异，详见表 5-6。

表 5-6 农村留守儿童父母教养方式在父母联系频率上的差异分析

维度	经常联系 ($n=958$)	有时联系 ($n=317$)	很少联系 ($n=143$)	没有联系 ($n=22$)	F	p
父亲拒绝	1.58±0.66	1.66±0.69	1.68±0.60	1.62±0.91	1.956	0.119
母亲拒绝	1.60±0.65	1.68±0.68	1.81±0.77	1.88±1.01	5.711	0.001
父亲情感温暖	2.87±0.84	2.77±0.79	2.64±0.86	3.02±0.77	3.966	0.008
母亲情感温暖	3.01±0.80	2.76±0.80	2.45±0.89	2.17±1.04	28.343	0.000
父亲过度保护	2.23±0.63	2.28±0.60	2.24±0.59	2.35±0.58	0.694	0.556
母亲过度保护	2.27±0.67	2.31±0.66	2.27±0.67	2.18±0.79	0.353	0.787

由表 5-6 可知，①农村留守儿童父母教养方式在母亲拒绝、父亲情感温暖、母亲情感温暖维度存在父母联系频率的显著差异（$p<0.01$）。利用 LSD 进一步检验得到如下结论。在母亲拒绝维度，与父母经常联系的农村留守儿童得分显著低于其他三类儿童；在父亲情感温暖维度，与父母经常联系的农村留守儿童得分显著高于与父母很少联系的农村留守儿童；在母亲情感温暖维度，与父母经常联系和有时联系的农村留守儿童得分显著高于与父母很少联系和没有联系的农村留守儿童，与父母经常联系的农村留守儿童得分又显著高于和父母有时联系的农村留守儿童。②在父亲拒绝、父亲过度保护、母亲过度保护维度不存在父母联系频率的显著差异（$p>0.05$）。

5. 农村留守儿童父母教养方式在上网时间上的差异分析

我们采用单因素方差分析法分析了农村留守儿童父母教养方式在上网时间上的差异，详见表 5-7。

表 5-7 农村留守儿童父母教养方式在上网时间上的差异分析

维度	不上网 ($n=261$)	半小时以内 ($n=411$)	半小时至 1 小时 ($n=225$)	1～2 小时 ($n=276$)	2 小时以上 ($n=267$)	F	p
父亲拒绝	1.65±0.65	1.57±0.64	1.63±0.71	1.60±0.66	1.61±0.67	0.801	0.524
母亲拒绝	1.70±0.69	1.64±0.70	1.59±0.62	1.56±0.64	1.68±0.69	1.917	0.105
父亲情感温暖	2.84±0.84	2.92±0.81	2.80±0.82	2.79±0.84	2.63±0.85	4.606	0.001
母亲情感温暖	2.83±0.88	3.00±0.80	3.01±0.73	2.79±0.88	2.71±0.84	7.239	0.000
父亲过度保护	2.28±0.63	2.26±0.62	2.24±0.59	2.22±0.65	2.14±0.61	1.848	0.117
母亲过度保护	2.28±0.70	2.28±0.65	2.31±0.69	2.25±0.66	2.26±0.64	0.304	0.875

　　由表 5-7 可知，①农村留守儿童在父亲情感温暖、母亲情感温暖两个维度上存在显著差异($p<0.01$)。利用 LSD 进一步检验得到如下结论。在父亲情感温暖维度，上网时间 1 小时以下的农村留守儿童得分要高于 2 小时以上的农村留守儿童；在母亲情感温暖维度，上网时间 2 小时以下的农村留守儿童得分要高于 2 小时以上的农村留守儿童。简言之，与上网时间少的农村留守儿童相比(1 小时及以下)，上网时间多的农村留守儿童(2 小时以上)的父亲情感温暖、母亲情感温暖得分更低。②农村留守儿童在父亲拒绝、母亲拒绝、父亲过度保护、母亲过度保护维度不存在显著差异($p>0.05$)。

　　6. 农村留守儿童父母教养方式在对父亲外出打工态度上的差异分析

　　我们采用单因素方差分析法分析了农村留守儿童父母教养方式在对父亲外出打工态度上的差异，详见表 5-8。

表 5-8　农村留守儿童父母教养方式在对父亲外出打工态度上的差异分析

维度	支持 ($n=993$)	无所谓 ($n=256$)	不支持 ($n=191$)	F	p
父亲拒绝	1.61 ± 0.67	1.56 ± 0.66	1.65 ± 0.62	0.884	0.413
母亲拒绝	1.63 ± 0.66	1.71 ± 0.72	1.67 ± 0.69	1.417	0.243
父亲情感温暖	2.82 ± 0.84	2.78 ± 0.81	2.95 ± 0.77	2.071	0.126
母亲情感温暖	2.94 ± 0.82	2.64 ± 0.82	3.05 ± 0.74	16.093	0.000
父亲过度保护	2.22 ± 0.63	2.25 ± 0.59	2.36 ± 0.56	3.388	0.034
母亲过度保护	2.25 ± 0.68	2.38 ± 0.61	2.36 ± 0.63	4.207	0.015

　　由表 5-8 可知，①农村留守儿童感知到的母亲情感温暖、父亲过度保护、母亲过度保护在对父亲外出打工态度上存在显著差异($p<0.05$)。利用 LSD 进一步检验得到如下结论。在母亲情感温暖维度，支持父亲外出打工和不支持父亲外出打工的农村留守儿童得分都高于对父亲外出打工持无所谓态度的农村留守儿童；在父亲过度保护维度，不支持父亲外出打工的农村留守儿童得分高于支持父亲外出打工的农村留守儿童；在母亲过度保护维度，对父亲外出打工持无所谓态度的农村留守儿童得分高于支持父亲外出打工的农村留守儿童。简言之，与支持父亲外出打工的农村留守儿童相比，不支持父亲外出打工的农村留守儿童感知到更多的母亲情感温暖和父亲过度保护。②农村留守儿童感知到的父亲拒绝、母亲拒绝、父亲情感温暖在对父亲外出打工态度上不存在显著差异($p>0.05$)。

　　7. 农村留守儿童父母教养方式在对母亲外出打工态度上的差异分析

　　我们采用单因素方差分析法分析了农村留守儿童父母教养方式在对母亲外

出打工态度上的差异，详见表 5-9。

表 5-9　农村留守儿童父母教养方式在对母亲外出打工态度上的差异分析

维度	支持 （$n=731$）	无所谓 （$n=320$）	不支持 （$n=389$）	F	p
父亲拒绝	1.61±0.67	1.67±0.72	1.67±0.65	1.153	0.316
母亲拒绝	1.63±0.64	1.73±0.79	1.67±0.68	1.831	0.161
父亲情感温暖	2.83±0.83	2.72±0.82	2.87±0.82	2.175	0.114
母亲情感温暖	2.93±0.79	2.50±0.92	2.97±0.77	25.273	0.000
父亲过度保护	2.24±0.64	2.29±0.61	2.32±0.58	1.643	0.194
母亲过度保护	2.28±0.68	2.28±0.72	2.35±0.66	1.006	0.366

由表 5-9 可知，①农村留守儿童感知到的母亲情感温暖在对母亲外出打工态度上存在显著差异（$p<0.001$）。利用 LSD 进一步检验得到如下结论。与支持母亲外出打工的农村留守儿童和不支持母亲外出打工的农村留守儿童相比，持有无所谓态度的农村留守儿童所感知到的母亲情感温暖更少。②农村留守儿童感知到的父亲拒绝、母亲拒绝、父亲情感温暖、父亲过度保护、母亲过度保护在对母亲外出打工态度上不存在显著差异（$p>0.05$）。

8. 农村留守儿童父母教养方式在家庭完整度认知上的差异分析

我们采用单因素方差分析法分析了农村留守儿童父母教养方式在家庭完整度认知上的差异，详见表 5-10。

表 5-10　农村留守儿童父母教养方式在家庭完整度认知上的差异分析

维度	完整 （$n=214$）	无所谓 （$n=183$）	不完整 （$n=1043$）	F	p
父亲拒绝	1.64±0.67	1.57±0.68	1.61±0.66	0.544	0.581
母亲拒绝	1.67±0.72	1.73±0.70	1.62±0.66	2.123	0.120
父亲情感温暖	2.82±0.81	2.68±0.86	2.85±0.84	3.328	0.036
母亲情感温暖	2.92±0.83	2.49±0.86	2.95±0.82	23.984	0.000
父亲过度保护	2.26±0.61	2.20±0.64	2.24±0.63	0.432	0.650
母亲过度保护	2.25±0.65	2.31±0.69	2.28±0.67	0.345	0.708

由表 5-10 可知，①农村留守儿童感知到的父亲情感温暖和母亲情感温暖在家庭完整度认知上存在显著差异（$p<0.05$）。利用 LSD 进一步检验得到如下结论。在父亲情感温暖维度，持家庭完整态度的农村留守儿童得分高于持无所谓态度的农村留守儿童；在母亲情感温暖维度，持家庭不完整态度的农村留守

儿童得分高于持无所谓态度和完整态度的农村留守儿童。值得注意的是，与其他农村留守儿童相比，对父母外出后家庭是否完整抱有无所谓态度的农村留守儿童所感知到的父亲情感温暖和母亲情感温暖更少。②农村留守儿童感知到的父亲拒绝、母亲拒绝、父亲过度保护和母亲过度保护在家庭完整度认知上不存在显著差异（$p>0.05$）。

9. 农村留守儿童父母教养方式在对父母想念程度上的差异分析

我们采用单因素方差分析法分析了农村留守儿童父母教养方式在对父母想念程度上的差异，详见表5-11。

表 5-11　农村留守儿童父母教养方式在对父母想念程度上的差异分析

维度	非常想念 （$n=932$）	有些想念 （$n=330$）	偶尔想念 （$n=142$）	不想念 （$n=36$）	F	p
父亲拒绝	1.60 ± 0.65	1.58 ± 0.67	1.69 ± 0.76	1.63 ± 0.69	0.923	0.429
母亲拒绝	1.61 ± 0.64	1.62 ± 0.69	1.84 ± 0.78	1.96 ± 0.85	7.456	0.000
父亲情感温暖	2.91 ± 0.82	2.69 ± 0.85	2.60 ± 0.82	2.56 ± 1.03	10.719	0.000
母亲情感温暖	3.08 ± 0.76	2.66 ± 0.84	2.40 ± 0.83	2.10 ± 0.88	55.189	0.000
父亲过度保护	2.26 ± 0.62	2.18 ± 0.63	2.22 ± 0.66	2.24 ± 0.64	1.334	0.262
母亲过度保护	2.28 ± 0.65	2.23 ± 0.68	2.36 ± 0.73	2.40 ± 0.75	1.458	0.224

由表5-11可知，①农村留守儿童感知到的母亲拒绝、父亲情感温暖、母亲情感温暖在对父母想念程度上存在显著差异（$p<0.001$）。利用LSD进一步检验得到如下结论。在母亲拒绝维度，偶尔想念和不想念父母的农村留守儿童得分高于非常想念和有些想念父母的农村留守儿童；在父亲情感温暖维度，非常想念父母的农村留守儿童得分高于其他三类农村留守儿童；在母亲情感温暖维度，非常想念父母的农村留守儿童得分最高，不想念父母的农村留守儿童得分最低。简言之，与非常想念父母的农村留守儿童相比，不想念父母的农村留守儿童所感知到的母亲拒绝更多，同时所感知到的父亲情感温暖和母亲情感温暖更少。②农村留守儿童感知到的父亲拒绝、父亲过度保护和母亲过度保护在对父母想念程度上不存在显著差异（$p>0.05$）。

10. 农村留守儿童父母教养方式在父亲文化程度上的差异分析

我们采用独立样本 t 检验分析了农村留守儿童父母教养方式在父亲文化程度上的差异，详见表5-12。

表 5-12　农村留守儿童父母教养方式在父亲文化程度上的差异分析

维度	初中及以下($n=866$)	高中及以上($n=574$)	t	p
父亲拒绝	1.61 ± 0.66	1.60 ± 0.67	0.203	0.839
母亲拒绝	1.65 ± 0.67	1.63 ± 0.69	0.388	0.698
父亲情感温暖	2.79 ± 0.83	2.87 ± 0.85	-1.643	0.101
母亲情感温暖	2.85 ± 0.83	2.95 ± 0.83	-2.302	0.021
父亲过度保护	2.23 ± 0.62	2.25 ± 0.63	-0.576	0.565
母亲过度保护	2.28 ± 0.65	2.28 ± 0.70	-0.010	0.992

由表 5-12 可知，①农村留守儿童所感知到的母亲情感温暖在父亲文化程度上存在显著差异（$p<0.05$）。与父亲为高中及以上文化程度的农村留守儿童相比，父亲文化程度为初中及以下的农村留守儿童所感知到的母亲情感温暖更少。②农村留守儿童所感知到的父亲拒绝、母亲拒绝、父亲情感温暖、父亲过度保护和母亲过度保护在父亲文化程度上不存在显著差异（$p>0.05$）。

11. 农村留守儿童父母教养方式在母亲文化程度上的差异分析

我们采用独立样本 t 检验分析了农村留守儿童父母教养方式在母亲文化程度上的差异，详见表 5-13。

表 5-13　农村留守儿童父母教养方式在母亲文化程度上的差异分析

维度	初中及以下($n=998$)	高中及以上($n=442$)	t	p
父亲拒绝	1.61 ± 0.68	1.60 ± 0.64	0.098	0.922
母亲拒绝	1.66 ± 0.68	1.61 ± 0.66	1.437	0.151
父亲情感温暖	2.80 ± 0.85	2.89 ± 0.80	-2.046	0.041
母亲情感温暖	2.88 ± 0.83	2.95 ± 0.82	-1.488	0.137
父亲过度保护	2.23 ± 0.63	2.26 ± 0.60	-0.818	0.413
母亲过度保护	2.29 ± 0.67	2.27 ± 0.65	0.385	0.700

由表 5-13 可知，①农村留守儿童所感知到的父亲情感温暖在母亲文化程度上存在显著差异（$p<0.05$）。与母亲为高中及以上文化程度的农村留守儿童相比，母亲文化程度为初中及以下的农村留守儿童所感知到的父亲情感温暖更少。②农村留守儿童所感知到的父亲拒绝、母亲拒绝、母亲情感温暖、父亲过度保护和母亲过度保护在母亲文化程度上不存在显著差异（$p>0.05$）。

12. 农村留守儿童父母教养方式在监护人文化程度上的差异分析

我们采用独立样本 t 检验分析了农村留守儿童父母教养方式在监护人文化程度上的差异，详见表 5-14。

表 5-14　农村留守儿童父母教养方式在监护人文化程度上的差异分析

维度	初中及以下($n=999$)	高中及以上($n=441$)	t	p
父亲拒绝	1.60 ± 0.65	1.63 ± 0.69	-0.837	0.403
母亲拒绝	1.62 ± 0.67	1.67 ± 0.68	-1.240	0.215
父亲情感温暖	2.83 ± 0.82	2.82 ± 0.86	0.340	0.734
母亲情感温暖	2.89 ± 0.84	2.90 ± 0.82	-0.298	0.766
父亲过度保护	2.23 ± 0.61	2.25 ± 0.65	-0.342	0.732
母亲过度保护	2.27 ± 0.65	2.29 ± 0.70	-0.583	0.560

由表 5-14 可知，农村留守儿童所感知到的父母教养方式在监护人文化程度上不存在显著差异（$p>0.05$）。

(二)农村留守儿童亲子沟通的差异分析

我们分别对农村留守儿童亲子沟通在性别、学段、留守类型、上网时间、对父亲外出打工的态度、对母亲外出打工的态度、家庭完整度认知、对父母想念程度、父母教养类型、父亲文化程度、母亲文化程度和监护人文化程度层面进行了差异检验。

1. 农村留守儿童亲子沟通的性别差异分析

我们采用独立样本 t 检验分析了农村留守儿童在亲子沟通各维度上的性别差异，详见表 5-15。

表 5-15　农村留守儿童亲子沟通的性别差异分析

维度	男童($n=727$)	女童($n=713$)	t	p
父亲沟通的开放性	3.44 ± 1.06	3.47 ± 1.09	-0.405	0.685
母亲沟通的开放性	3.47 ± 1.08	3.49 ± 1.13	-0.434	0.665
父亲沟通问题	3.25 ± 0.89	3.40 ± 0.84	-3.346	0.001
母亲沟通问题	3.27 ± 0.92	3.37 ± 0.89	-2.161	0.031
父亲亲子沟通	3.41 ± 0.79	3.51 ± 0.80	-2.245	0.025
母亲亲子沟通	3.45 ± 0.80	3.52 ± 0.84	-1.536	0.125

由表 5-15 可知，①农村留守儿童在父亲沟通问题、母亲沟通问题及父亲亲子沟通维度存在显著的性别差异（$p<0.05$）。与农村留守男童相比，农村留守女童在父亲沟通问题、母亲沟通问题、父亲亲子沟通维度得分更高，意味着农村留守女童与父母的沟通状况更好。这或许与农村留守女童更善于语言表达，父母对她们更为关心有一定的关系。②农村留守儿童在父亲沟通的开放

性、母亲沟通的开放性及母亲亲子沟通维度不存在显著的性别差异（$p >$ 0.05）。

2. 农村留守儿童亲子沟通的学段差异分析

我们采用独立样本 t 检验分析了小学和初中两个学龄阶段的农村留守儿童在亲子沟通各维度上的差异，详见表 5-16。

表 5-16　农村留守儿童亲子沟通的学段差异分析

维度	小学（$n = 725$）	初中（$n = 715$）	t	p
父亲沟通的开放性	3.57±1.01	3.34±1.12	4.221	0.000
母亲沟通的开放性	3.61±1.01	3.35±1.18	4.473	0.000
父亲沟通问题	3.32±0.87	3.33±0.86	−0.134	0.893
母亲沟通问题	3.30±0.88	3.33±0.93	−0.584	0.559
父亲亲子沟通	3.50±0.73	3.41±0.85	2.255	0.024
母亲亲子沟通	3.51±0.74	3.45±0.89	1.322	0.186

由表 5-16 可知，①农村留守儿童在父亲沟通的开放性、母亲沟通的开放性和父亲亲子沟通维度上存在显著的学段差异（$p < 0.05$），表现为农村小学留守儿童得分高于农村初中留守儿童。这意味着与农村初中留守儿童相比，农村小学留守儿童亲子沟通的开放性和整体状况更好。②农村留守儿童在父亲沟通问题、母亲沟通问题和母亲亲子沟通维度不存在显著的学段差异（$p > 0.05$）。

3. 农村留守儿童亲子沟通的留守类型差异分析

我们采用独立样本 t 检验分析了农村留守儿童亲子沟通的留守类型差异，详见表 5-17。

表 5-17　农村留守儿童亲子沟通的留守类型差异分析

维度	单留守 （$n = 780$）	双留守 （$n = 660$）	t	p
父亲沟通的开放性	3.44±1.09	3.47±1.05	−0.525	0.599
母亲沟通的开放性	3.47±1.13	3.49±1.07	−0.394	0.694
父亲沟通问题	3.35±0.87	3.30±0.87	1.001	0.317
母亲沟通问题	3.30±0.93	3.34±0.87	−0.830	0.407
父亲亲子沟通	3.47±0.80	3.44±0.78	0.829	0.407
母亲亲子沟通	3.47±0.85	3.49±0.78	−0.351	0.725

由表 5-17 可知，农村留守儿童在父亲沟通的开放性、母亲沟通的开放性、母亲亲子沟通维度上不存在显著的留守类型差异($p > 0.05$)。

4. 农村留守儿童亲子沟通在上网时间上的差异分析

我们采用单因素方差分析法分析了农村留守儿童亲子沟通在上网时间上的差异，详见表 5-18。

表 5-18　农村留守儿童亲子沟通在上网时间上的差异分析

维度	不上网 （$n = 261$）	半小时以内 （$n = 411$）	半小时至 1 小时 （$n = 225$）	1～2 小时 （$n = 276$）	2 小时以上 （$n = 267$）	F	p
父亲沟通的开放性	3.50±1.05	3.66±1.01	3.50±1.07	3.35±1.10	3.03±1.11	13.862	0.000
母亲沟通的开放性	3.48±1.10	3.73±0.99	3.56±1.07	3.32±1.17	3.04±1.16	16.497	0.000
父亲沟通问题	3.32±0.84	3.37±0.91	3.37±0.81	3.29±0.89	3.24±0.87	1.082	0.364
母亲沟通问题	3.31±0.89	3.32±0.88	3.35±0.79	3.33±0.97	3.26±1.01	0.274	0.895
父亲亲子沟通	3.46±0.74	3.57±0.80	3.50±0.81	3.41±0.79	3.24±0.83	6.717	0.000
母亲亲子沟通	3.48±0.78	3.56±0.79	3.50±0.77	3.46±0.87	3.31±0.91	3.443	0.008

由表 5-18 可知，农村留守儿童在父亲沟通的开放性、母亲沟通的开放性、父亲亲子沟通和母亲亲子沟通维度存在显著差异($p < 0.01$)。利用 LSD 进一步检验得到如下结论。

①在父亲沟通的开放性维度，上网在半小时以内的农村留守儿童得分显著高于其他的农村留守儿童，上网在 2 小时以上的农村留守儿童得分显著低于其他的农村留守儿童。②在母亲沟通的开放性维度，上网在 2 小时以上的农村留守儿童得分显著低于其他的农村留守儿童。③在父亲亲子沟通维度，上网在半小时以内的农村留守儿童得分显著高于上网在 1～2 小时和 2 小时以上的农村留守儿童，上网在 2 小时以上的农村留守儿童得分显著低于其他的农村留守儿童。④在母亲亲子沟通维度，上网在 2 小时以上的农村留守儿童得分显著低于不上网和上网在 1 小时以下的农村留守儿童。简言之，与上网时间少的农村留守儿童相比(1 小时及以下)，上网时间长的农村留守儿童(2 小时以上)的父亲

沟通的开放性、母亲沟通的开放性、父亲亲子沟通和母亲亲子沟通的得分更低。这意味着父母沟通的开放性有利于减少农村留守儿童的上网时间。⑤农村留守儿童在父亲沟通问题和母亲沟通问题维度不存在显著差异($p>0.05$)。

5. 农村留守儿童亲子沟通在对父亲外出打工态度上的差异分析

我们采用单因素方差分析法分析了农村留守儿童亲子沟通在对父亲外出打工态度上的差异，详见表5-19。

表5-19　农村留守儿童亲子沟通在对父亲外出打工态度上的差异分析

维度	支持 ($n=993$)	无所谓 ($n=256$)	不支持 ($n=191$)	F	p
父亲沟通的开放性	3.56 ± 1.04	2.93 ± 1.07	3.62 ± 0.96	36.440	0.000
母亲沟通的开放性	3.58 ± 1.09	3.10 ± 1.04	3.56 ± 1.02	18.573	0.000
父亲沟通问题	3.35 ± 0.85	3.19 ± 0.88	3.24 ± 0.89	3.650	0.026
母亲沟通问题	3.33 ± 0.90	3.18 ± 0.87	3.26 ± 0.90	2.608	0.074
父亲亲子沟通	3.52 ± 0.75	3.16 ± 0.83	3.42 ± 0.83	20.596	0.000
母亲亲子沟通	3.54 ± 0.79	3.21 ± 0.81	3.45 ± 0.83	15.595	0.000

由表5-19可知，①农村留守儿童的父亲沟通的开放性、母亲沟通的开放性、父亲沟通问题、父亲亲子沟通和母亲亲子沟通维度在对父亲外出打工态度上存在显著差异($p<0.05$)。利用LSD进一步检验得到如下结论。在父亲沟通的开放性、母亲沟通的开放性、父亲亲子沟通和母亲亲子沟通维度，支持父亲外出打工和不支持父亲外出打工的农村留守儿童得分显著高于对父亲外出打工持无所谓态度的农村留守儿童。在父亲沟通问题维度，支持父亲外出打工的农村留守儿童得分显著高于对父亲外出打工持无所谓态度的农村留守儿童。②农村留守儿童的母亲沟通问题维度在对父亲外出打工态度上不存在显著差异($p>0.05$)。

6. 农村留守儿童亲子沟通在对母亲外出打工态度上的差异分析

我们采用单因素方差分析法分析了农村留守儿童亲子沟通在对母亲外出打工态度上的差异，详见表5-20。

表5-20　农村留守儿童亲子沟通在对母亲外出打工态度上的差异分析

维度	支持 ($n=731$)	无所谓 ($n=320$)	不支持 ($n=389$)	F	p
父亲沟通的开放性	3.54 ± 1.02	2.98 ± 1.07	3.53 ± 1.01	25.412	0.000
母亲沟通的开放性	3.54 ± 1.06	2.99 ± 1.12	3.48 ± 1.09	21.874	0.000
父亲沟通问题	3.31 ± 0.85	3.23 ± 0.90	3.28 ± 0.82	0.614	0.541

续表

维度	支持 （$n=731$）	无所谓 （$n=320$）	不支持 （$n=389$）	F	p
母亲沟通问题	3.32±0.85	3.24±0.98	3.30±0.89	0.752	0.472
父亲亲子沟通	3.48±0.73	3.22±0.85	3.44±0.76	9.727	0.000
母亲亲子沟通	3.50±0.75	3.23±0.92	3.49±0.80	9.848	0.000

由表 5-20 可知，①农村留守儿童感知到的父亲沟通的开放性、母亲沟通的开放性、父亲亲子沟通、母亲亲子沟通维度在对母亲外出打工态度上存在显著差异（$p<0.001$）。利用 LSD 进一步检验发现如下结论。在父亲沟通的开放性、母亲沟通的开放性、父亲亲子沟通和母亲亲子沟通方面，支持母亲外出打工和不支持母亲外出打工的农村留守儿童得分显著高于对母亲外出打工持无所谓态度的农村留守儿童。简言之，与支持或反对母亲外出打工的农村留守儿童相比，那些对母亲外出打工持无所谓态度的农村留守儿童在亲子沟通维度的得分更低。②农村留守儿童感知到的父亲沟通问题和母亲沟通问题在对母亲外出打工态度上不存在显著差异（$p>0.05$）。

7. 农村留守儿童亲子沟通在家庭完整度认知上的差异分析

我们采用单因素方差分析法分析了农村留守儿童亲子沟通在对家庭完整度认知上的差异，详见表 5-21。

表 5-21　农村留守儿童亲子沟通在家庭完整度认知上的差异分析

维度	完整 （$n=214$）	无所谓 （$n=183$）	不完整 （$n=1043$）	F	p
父亲沟通的开放性	3.63±0.96	2.83±1.08	3.52±1.07	36.288	0.000
母亲沟通的开放性	3.61±1.03	2.91±1.15	3.55±1.09	28.205	0.000
父亲沟通问题	3.27±0.86	3.16±0.86	3.37±0.87	5.113	0.006
母亲沟通问题	3.29±0.90	3.18±0.92	3.35±0.90	2.635	0.072
父亲亲子沟通	3.48±0.75	3.08±0.82	3.52±0.78	23.904	0.000
母亲亲子沟通	3.51±0.81	3.14±0.88	3.54±0.79	18.061	0.000

由表 5-21 可知，农村留守儿童感知到的父亲沟通的开放性、母亲沟通的开放性、父亲沟通问题、父亲亲子沟通、母亲亲子沟通维度在对家庭完整度认知上存在显著差异（$p<0.01$）。利用 LSD 进一步检验得到如下结论。①在父亲沟通的开放性、母亲沟通的开放性、父亲亲子沟通和母亲亲子沟通维度，认为家庭完整和不完整的农村留守儿童得分显著高于对家庭完整度持无所谓态度的

农村留守儿童。②在父亲沟通问题维度，认为家庭不完整的农村留守儿童得分显著高于对家庭完整度持无所谓态度的农村留守儿童。值得注意的是，与其他农村留守儿童相比，对父母外出打工家庭是否完整抱有无所谓态度的农村留守儿童与父母沟通时的开放性更低，沟通中存在的问题更多。③农村留守儿童的母亲沟通问题维度在对家庭完整度认知上不存在显著差异（$p > 0.05$）。

8. 农村留守儿童亲子沟通在对父母想念程度上的差异分析

我们采用单因素方差分析法分析了农村留守儿童亲子沟通在对父母想念程度上的差异，详见表5-22。

表 5-22　农村留守儿童亲子沟通在对父母想念程度上的差异分析

维度	非常想念 （$n = 932$）	有些想念 （$n = 330$）	偶尔想念 （$n = 142$）	不想念 （$n = 36$）	F	p
父亲沟通的开放性	3.68 ± 1.05	3.20 ± 0.95	2.86 ± 0.97	2.29 ± 1.09	51.817	0.000
母亲沟通的开放性	3.75 ± 1.01	3.12 ± 1.07	2.83 ± 1.08	2.23 ± 1.12	68.192	0.000
父亲沟通问题	3.39 ± 0.89	3.31 ± 0.78	3.04 ± 0.84	2.83 ± 0.87	10.596	0.000
母亲沟通问题	3.35 ± 0.89	3.34 ± 0.87	3.10 ± 0.97	3.14 ± 1.07	3.663	0.012
父亲亲子沟通	3.60 ± 0.78	3.32 ± 0.70	3.02 ± 0.77	2.56 ± 0.70	45.458	0.000
母亲亲子沟通	3.60 ± 0.76	3.38 ± 0.81	3.08 ± 0.89	2.87 ± 1.01	27.673	0.000

由表5-22可知，农村留守儿童的父亲沟通的开放性、母亲沟通的开放性、父亲沟通问题、母亲沟通问题、父亲亲子沟通和母亲亲子沟通维度在对父母想念程度上存在显著差异（$p < 0.05$）。利用LSD进一步检验得出如下结论。①在父亲沟通的开放性和父亲亲子沟通维度，非常想念父母的农村留守儿童得分最高，不想念父母的农村留守儿童得分最低。②在母亲沟通的开放性和父亲沟通问题维度，非常想念和有些想念父母的农村留守儿童得分显著高于偶尔想念和不想念父母的农村留守儿童。③在母亲沟通问题维度，非常想念和有些想念父母的农村留守儿童得分显著高于偶尔想念父母的农村留守儿童。④在母亲亲子沟通维度，非常想念父母的农村留守儿童得分显著高于其他的农村留守儿童，有些想念父母的农村留守儿童得分显著高于偶尔想念和不想念父母的农村留守儿童。简言之，与非常想念父母的农村留守儿童相比，不想念父母的农村留守儿童在亲子沟通中的开放性更低，沟通中存在的问题更多。

9. 农村留守儿童亲子沟通在父母教养类型上的差异分析

我们采用单因素方差分析法分析了农村留守儿童亲子沟通在父母教养类型上的差异，详见表5-23。

表 5-23　农村留守儿童亲子沟通在父母教养类型上的差异分析

维度	忽视型 (n=139)	专制型 (n=317)	溺爱型 (n=114)	权威型 (n=870)	F	p
父亲沟通的开放性	3.14±0.91	3.38±0.99	3.49±1.04	3.52±1.13	5.171	0.001
母亲沟通的开放性	3.19±0.92	3.27±1.16	3.46±1.09	3.60±1.10	9.690	0.000
父亲沟通问题	3.11±0.82	3.13±0.80	3.29±0.87	3.44±0.87	12.875	0.000
母亲沟通问题	3.11±0.87	3.19±0.96	3.34±0.82	3.39±0.90	6.019	0.000
父亲亲子沟通	3.16±0.60	3.26±0.72	3.41±0.79	3.58±0.81	20.458	0.000
母亲亲子沟通	3.19±0.63	3.34±0.88	3.47±0.76	3.58±0.82	12.417	0.000

由表 5-23 可知，农村留守儿童亲子沟通各维度在父母教养类型上存在显著差异（$p<0.01$）。利用 LSD 进一步检验得到如下结论。①在父亲沟通的开放性维度，忽视型教养的农村留守儿童得分显著低于专制型、溺爱型和权威型教养的农村留守儿童。②在母亲沟通的开放性、父亲沟通问题、母亲沟通问题维度，忽视型和专制型教养的农村留守儿童得分显著低于权威型教养的农村留守儿童。③在父亲亲子沟通维度，忽视型教养的农村留守儿童得分显著低于溺爱型和权威型教养的农村留守儿童。④在母亲亲子沟通维度，忽视型教养的农村留守儿童得分显著低于溺爱型和权威型教养的农村留守儿童，专制型教养的农村留守儿童得分显著低于权威型教养的农村留守儿童。简言之，来自权威型家庭的农村留守儿童感知到的父母沟通的开放性更高，沟通中存在的问题更少。相反，忽视型家庭的农村留守儿童感知到的父母沟通的开放性更低，沟通中存在的问题更多。

10. 农村留守儿童亲子沟通在父亲文化程度上的差异分析

我们采用独立样本 t 检验分析了农村留守儿童的亲子沟通在父亲文化程度上的差异，详见表 5-24。

表 5-24　农村留守儿童亲子沟通在父亲文化程度上的差异分析

维度	初中及以下(n=866)	高中及以上(n=574)	t	p
父亲沟通的开放性	3.41±1.07	3.53±1.08	−2.153	0.032
母亲沟通的开放性	3.42±1.11	3.56±1.10	−2.339	0.019
父亲沟通问题	3.33±0.84	3.32±0.90	0.161	0.872
母亲沟通问题	3.32±0.89	3.32±0.93	−0.005	0.996
父亲亲子沟通	3.43±0.79	3.49±0.80	−1.292	0.196
母亲亲子沟通	3.46±0.82	3.51±0.83	−1.164	0.245

　　由表5-24可知，①农村留守儿童的父亲沟通的开放性和母亲沟通的开放性在父亲文化程度上存在显著差异（$p<0.05$）。与父亲为高中及以上文化程度的农村留守儿童相比，父亲为初中及以下文化程度的农村留守儿童所感知到的母亲沟通的开放性更低。②农村留守儿童的父亲沟通问题、母亲沟通问题、父亲亲子沟通和母亲亲子沟通维度在父亲文化程度上不存在显著差异（$p>0.05$）。

　　11. 农村留守儿童亲子沟通在母亲文化程度上的差异分析

　　我们采用独立样本t检验分析了农村留守儿童亲子沟通在母亲文化程度上的差异，详见表5-25。

表 5-25　农村留守儿童亲子沟通在母亲文化程度上的差异分析

维度	初中及以下（$n=998$）	高中及以上（$n=442$）	t	p
父亲沟通的开放性	3.42 ± 1.06	3.55 ± 1.08	-2.164	0.031
母亲沟通的开放性	3.44 ± 1.09	3.59 ± 1.10	-2.455	0.014
父亲沟通问题	3.33 ± 0.83	3.32 ± 0.93	0.272	0.786
母亲沟通问题	3.32 ± 0.87	3.30 ± 0.95	0.273	0.785
父亲亲子沟通	3.44 ± 0.79	3.50 ± 0.79	-1.462	0.144
母亲亲子沟通	3.46 ± 0.81	3.52 ± 0.82	-1.428	0.154

　　由表5-25可知，①农村留守儿童的父亲沟通的开放性和母亲沟通的开放性在母亲文化程度上存在显著差异（$p<0.05$）。与母亲为高中及以上文化程度的农村留守儿童相比，母亲为初中及以下文化程度的农村留守儿童所感知到的父母沟通的开放性更低。②农村留守儿童的父亲沟通问题、母亲沟通问题、父亲亲子沟通和母亲亲子沟通维度在母亲文化程度上不存在显著差异（$p>0.05$）。

　　12. 农村留守儿童亲子沟通在监护人文化程度上的差异分析

　　我们采用独立样本t检验分析了农村留守儿童亲子沟通在监护人文化程度上的差异，详见表5-26。

表 5-26　农村留守儿童亲子沟通在监护人文化程度上的差异分析

维度	初中及以下（$n=999$）	高中及以上（$n=441$）	t	p
父亲沟通的开放性	3.46 ± 1.08	3.47 ± 1.06	-0.170	0.865
母亲沟通的开放性	3.48 ± 1.10	3.51 ± 1.10	-0.421	0.674
父亲沟通问题	3.34 ± 0.84	3.30 ± 0.91	0.850	0.396
母亲沟通问题	3.33 ± 0.89	3.29 ± 0.92	0.766	0.444
父亲亲子沟通	3.47 ± 0.78	3.44 ± 0.80	0.720	0.472
母亲亲子沟通	3.49 ± 0.80	3.47 ± 0.84	0.394	0.693

由表5-26可知，农村留守儿童亲子沟通各维度在监护人文化程度上的差异均不显著（$p>0.05$）。

四、农村留守儿童父母教养方式、亲子沟通与社会适应的相关分析

（一）农村留守儿童父母教养方式与社会适应的相关分析

我们将父母教养方式与农村留守儿童社会适应各维度分别进行了相关分析，如表5-27所示。

表5-27 农村留守儿童父母教养方式与社会适应的相关分析

维度	学习适应	认知适应	积极情绪适应	人际关系适应	生活适应	社会适应总分
父亲拒绝	-0.06^*	-0.08^{**}	-0.08^{**}	-0.10^{***}	-0.04	-0.10^{***}
母亲拒绝	-0.10^{***}	-0.08^{**}	-0.14^{***}	-0.18^{***}	-0.06^*	-0.16^{***}
父亲情感温暖	0.18^{***}	0.07^{**}	0.13^{***}	0.17^{***}	0.09^{**}	0.18^{***}
母亲情感温暖	0.30^{***}	0.16^{***}	0.26^{***}	0.30^{***}	0.14^{***}	0.32^{***}
父亲过度保护	0.03	-0.03	0.02	0.01	0.03	0.02
母亲过度保护	-0.01	-0.03	-0.04	-0.05^*	-0.02	-0.04

由表5-27可知，①农村留守儿童父母教养方式的父亲情感温暖、母亲情感温暖两个维度与农村留守儿童的社会适应各维度及社会适应总分呈显著的正相关（$p<0.001$），即父母给予的情感温暖越多，农村留守儿童的社会适应性越高。②除了父亲拒绝与生活适应相关不显著外（$p>0.05$），农村留守儿童父母教养方式的父亲拒绝、母亲拒绝两个维度与农村留守儿童的社会适应各维度及社会适应总分均呈显著的负相关（$p<0.01$），即父亲拒绝和母亲拒绝得分越高，其社会适应性得分越低。③除了母亲过度保护与人际关系适应这一维度存在显著负相关之外（$p<0.05$），父亲过度保护、母亲过度保护与农村留守儿童的社会适应各维度及社会适应总分均不显著（$p>0.05$）。由此可见，父母拒绝对农村留守儿童社会适应的影响是负向的，父母情感温暖的影响是正向的，父

母过度保护的影响不显著。

(二)农村留守儿童亲子沟通与社会适应的相关分析

我们将农村留守儿童亲子沟通与社会适应各维度分别进行了相关分析，如表 5-28 所示。

表 5-28　农村留守儿童亲子沟通与社会适应的相关分析

维度	学习适应	认知适应	积极情绪适应	人际关系适应	生活适应	社会适应总分
父亲沟通的开放性	0.36***	0.15***	0.32***	0.37***	0.21***	0.40***
母亲沟通的开放性	0.35***	0.16***	0.30***	0.37***	0.22***	0.40***
父亲沟通问题	0.09**	0.04	0.06*	0.13***	0.05	0.10***
母亲沟通问题	0.08**	0.01	0.07**	0.11***	0.08**	0.10***
父亲亲子沟通	0.27***	0.15***	0.24***	0.32***	0.17***	0.33***
母亲亲子沟通	0.26***	0.11***	0.23***	0.30***	0.20***	0.31***
亲子沟通总分	0.27***	0.13***	0.23***	0.32***	0.20***	0.33***

由表 5-28 可知，①父亲沟通的开放性、母亲沟通的开放性、父亲亲子沟通、母亲亲子沟通与农村留守儿童社会适应各维度及社会适应总分均呈现显著的正相关（$p < 0.001$），亲子沟通的开放性越高，儿童社会适应性越强。②父亲沟通问题维度与农村留守儿童的学习适应、积极情绪适应、人际关系适应维度及社会适应总分呈现显著正相关（$p < 0.05$），与农村留守儿童的认知适应和生活适应维度相关不显著（$p > 0.05$）。③母亲沟通问题维度与学习适应、积极情绪适应、人际关系适应、生活适应维度及社会适应总分呈现显著正相关（$p < 0.05$），与农村留守儿童的认知适应维度相关不显著（$p > 0.05$）。

五、农村留守儿童父母教养方式、亲子沟通对社会适应的回归分析

我们分别以父母教养方式各维度及亲子沟通各维度为自变量，以社会适应为因变量，进行回归分析，见表5-29。

表 5-29　父母教养方式与亲子沟通对社会适应的回归分析

维度		模型 1		模型 2		ΔR^2	ΔF
		β_1	t_1	β_2	t_2		
第一层	父亲拒绝	−0.09	−2.58*	−0.08	−2.34*	0.142	40.634
	母亲拒绝	−0.06	−2.02*	−0.02	−0.51		
	母亲情感温暖	0.25	11.84***	0.08	2.98**		
	母亲过度保护	−0.11	−3.37**	−0.06	−1.97*		
第二层	父亲沟通的开放性			0.13	6.18***	0.214	40.227
	母亲沟通的开放性			0.10	3.86***		

由表5-29可知，第一层进入父母教养方式各维度，第二层进入亲子沟通各维度。在第一层中，母亲情感温暖对社会适应具有显著的正向预测作用，而父亲拒绝、母亲拒绝、母亲过度保护具有显著的负向预测作用，父亲情感温暖、父亲过度保护没有进入方程。在第二层中，父亲沟通的开放性和母亲沟通的开放性具有显著的正向预测作用，亲子沟通的其他维度则没有进入方程。可见，父亲沟通的开放性和母亲沟通的开放性在父母教养方式和农村留守儿童的社会适应之间起到了中介作用。

六、研究分析与讨论

(一)农村留守儿童与非留守儿童父母教养方式、亲子沟通的分析讨论

通过比较发现，农村留守儿童与非留守儿童的父母教养方式不存在显著差异($p > 0.05$)。这与以往研究结论并不一致。周春燕等人在对401名农村留守儿童和527名农村非留守儿童进行调查后发现，与农村非留守儿童相比，在父母拒绝维度上农村留守儿童得分较高，在父母情感温暖维度上农村留守儿童得分较低(周春燕，吕紫嫣，邢海燕，等，2019)。黄艳苹发现农村留守儿童的父亲情感温暖得分显著低于农村非留守儿童(黄艳苹，2006)。之所以出现这样的

不一致结果，可能是因为近年来随着党和国家对农村留守儿童问题的重视，学校和社区关注农村留守儿童也成为常态，农村留守儿童的父母也会对自身的教养方式进行改进，从而缩小了与农村非留守儿童父母教养方式上的差距。此外，这也与农村留守儿童不同群组间的差异、取样群体、取样地区和所用父母教养方式的测量工具存在一些关联。

关于农村留守儿童与非留守儿童的亲子沟通差异，与以往研究的结论并不一致。高华英发现与父亲沟通、与母亲沟通以及总亲子沟通在留守情况上均未表现出显著差异(高华英，2019)。但是张艳等人发现留守儿童的父子沟通得分显著低于非留守儿童(张艳，何成森，2013)。这可能与研究工具和研究取样存在差异有关系。究其原因，这与近年来社会各界和家庭对农村留守儿童问题的宣传引导分不开，家长越来越注重与农村留守儿童沟通时的技巧，减小了与农村非留守儿童家长亲子沟通的差距。

(二)农村留守儿童父母教养方式、亲子沟通现状的分析讨论

1. 不同类型农村留守儿童的父母教养方式分析讨论

在农村留守儿童的性别与父母教养方式的关系方面，研究发现农村留守男童的父亲过度保护和母亲过度保护维度得分显著高于农村留守女童。这与以往研究结论是一致的。余永芳发现，父母对留守男童的过度保护高于留守女童(余永芳，2015)。

农村小学留守儿童的父亲拒绝、母亲拒绝、父亲情感温暖、母亲情感温暖、母亲过度保护、父亲过度保护维度得分均显著高于农村初中留守儿童。在小学阶段，即使不在身边，父母也会经常与留守的子女通过视频、电话等方式进行沟通交流。但是，当子女进入初中后，不在身边的父母会认为子女长大了，不需要经常通过视频、电话来嘘寒问暖了。渐渐地，农村留守儿童会发现，他们与父母之间的共同语言越来越少了。

在留守类型方面，单留守儿童的母亲拒绝维度得分显著高于双留守儿童。这可能是由于在父亲外出的时候，生活起居、照料孩子的担子全部落在母亲身上，因此她们表现出更多的拒绝。

与父母联系频率较低的农村留守儿童在母亲拒绝维度的得分相对更高，在母亲情感温暖上的得分相对更低。这意味着当与父母联系频率低的时候，农村留守儿童更难以感受到来自父母的情感温暖。

在上网时间方面，上网时间长的农村留守儿童的父亲情感温暖、母亲情感温暖维度得分更低。这意味着当农村留守儿童难以感受到来自父母的情感温暖时，情感饥渴会将他们吸引到虚拟的网络中去，更容易让他们通过延长上网时间来打发时间。

　　对父母外出打工的态度也会影响农村留守儿童所感知到的父母情感温暖和父母过度保护。值得注意的是，与支持母亲外出打工的农村留守儿童和不支持母亲外出打工的农村留守儿童相比，持有无所谓态度的农村留守儿童所感知到的母亲情感温暖更少。然而，要不要出去打工，部分家庭不太会去征求农村留守儿童的意见。因此，他们是怎样看待父母外出打工这件事的？我们发现，多数农村留守儿童支持父亲外出打工，少数农村留守儿童不支持父亲外出打工，其他的则对父亲外出打工持无所谓态度。恰恰这部分持无所谓态度的农村留守儿童的社会适应性显著低于其他两类儿童。由此可见，更容易出现社会问题的是那些持无所谓态度的农村留守儿童。这可能是因为支持父母外出打工的农村留守儿童对父母不在身边的认同感较高，依赖性较小，能管理好自己；而不支持者的父母有可能一方在家而另一方外出打工，亲情的陪护程度要高于无所谓者，因此不支持者的社会适应性相对较高。在对父母外出打工目的的感知中，多数农村留守儿童认为是为家庭创造更好的生活条件，部分认为是生活所迫的无奈选择，部分认为父母是因为更爱自己才打工。那些认为父母外出打工是为父母自己的农村留守儿童的社会适应性显著低于其他两类儿童。亲子关系建构是一个相互接受、相互爱护的过程，亲子关系越好越有助于农村留守儿童的社会适应性发展。当农村留守儿童认为父母外出打工是父母更爱自己时，他们会形成一种严重的亲子关系不信任感，产生被父母抛弃的感觉，很难发展较好的社会适应性。

　　对父母外出后家庭是否完整持无所谓态度的农村留守儿童所感知到的父亲情感温暖和母亲情感温暖更少。研究表明，家庭功能特别是家庭结构功能是影响农村留守儿童情绪健康的重要因素（向伟，肖汉仕，2018）。对家庭结构完整度持无所谓态度的农村留守儿童在日常亲子关系中更容易产生情绪化问题。他们对父母外出打工表现出无所谓的态度，在父母教育缺位的情况下也不太容易表现出积极的行为，从而不能很好地感知到来自父母的情感温暖。

　　农村留守儿童感知到的母亲拒绝、父亲情感温暖和母亲情感温暖在对父母想念程度上存在显著差异。不想念父母的农村留守儿童所感知到的母亲拒绝更多，同时所感知到的父亲情感温暖和母亲情感温暖更少。对父母不想念，或许是与父母的亲子依恋关系没有很好地建立起来。

　　父母文化程度只对农村留守儿童所感知到的情感温暖有所影响。父母文化程度为初中及以下的农村留守儿童所感知到的父母情感温暖相对更少。这与以往的研究结论是一致的（杨美芹，2016）。受教育程度越高的父母越关注子女的身心健康，越容易给予积极的有利于子女成长的情感温暖。

　　监护人的文化程度对农村留守儿童所感知到的父母教养方式不存在显著影响。由于此处关注的是农村留守儿童所感知到的父母教养方式，主要涉及的是农村留守儿童和父母双方，可能与监护人没有太多关系。

2. 不同类型农村留守儿童的亲子沟通分析讨论

不同性别的农村留守儿童在父亲沟通问题、母亲沟通问题及父亲亲子沟通维度存在显著差异。农村留守女童在父亲沟通问题、母亲沟通问题及父亲亲子沟通维度得分更高，意味着农村留守女童与父母的沟通状况更好。这与高华英的研究结果基本一致（高华英，2019）。这或许与农村留守女童更善于语言表达和沟通，父母对她们更为关心有一定的关系。

在学段方面，农村小学留守儿童父母沟通的开放性和整体状况优于农村中学留守儿童。这一结果可以从初中生所面临的身心变化、压力变化和长期留守的累积效应等方面进行解释。从发展心理学和精神病理学的视角来看，初中阶段是一个关键的发展阶段。这个时期女生会遭遇月经初潮，男生会首次遗精，他们遇到这些问题时通常羞于表达。如果父母不在身边，他们更是难以获得有效的信息，其对生理变化的疑惑就不容易得到解答。此外，当步入初中后，农村留守儿童会发现他们与父母之间的共同语言越来越少。加上农村留守儿童有了自己不同的看法，就渐渐降低了与父母沟通的欲望，从而在父母沟通方面得分较低。

在上网时间与亲子沟通的关系方面，上网时间少的农村留守儿童的父亲沟通的开放性、母亲沟通的开放性、父亲亲子沟通和母亲亲子沟通维度得分更高。这意味着与父母沟通的开放性是一个保护性因素，有利于减少农村留守儿童的网络使用时间。农村留守儿童亲子沟通在对父母外出打工的态度、对父母想念程度上均存在显著差异。那些对父母外出打工持无所谓态度、不想念父母、忽视型教养的农村留守儿童在与父母沟通中更为不畅。这或许与其不安全的依恋方式有一定关系。

农村留守儿童亲子沟通在父母文化程度上存在显著差异。父母为高中以上文化程度的农村留守儿童父母沟通的开放性更高。正如前面所分析的那样，文化程度越高的父母越开明，与子女互动时更民主，更注意沟通方式。农村留守儿童亲子沟通在留守类型、监护人文化程度上不存在显著差异。

(三)农村留守儿童父母教养方式、亲子沟通与社会适应关系的讨论

父母教养方式与农村留守儿童社会适应各维度显著相关，父母拒绝对农村留守儿童社会适应的影响是负向的，父母情感温暖的影响是正向的，父母过度保护的影响不显著。这与以往研究结果是一致的。父母情感温暖传递给农村留守儿童积极的信息，让他们感觉到自己是被重视、有价值的，从而增强其自我的力量，社会适应性更好。而父母拒绝则有损农村留守儿童的自尊和自信，使他们容易胆小、怯懦、畏缩，从而不利于其社会适应性发展。

父亲沟通的开放性和母亲沟通的开放性与农村留守儿童社会适应各维度均呈显著的正相关。父母沟通的开放性越高，农村留守儿童的社会适应性越强。这与已有研究结果一致。家庭交流互动对农村留守儿童的社会适应性具有显著的积极效应(Son Seung-Hee & Morrison F. J.，2010)。研究表明，家庭环境比家庭经济收入对儿童学习适应影响更大(雷万鹏，向蓉，2018)。家庭功能理论认为，农村留守儿童父母的缺位可能直接影响他们的情绪调控能力(向伟，肖汉仕，2018)。这与以往研究结果一致，亲子间的良好沟通与交流有利于农村留守儿童的社会适应性发展。亲子间的良好沟通不仅增加了农村留守儿童的愉悦体验，而且有助于他们社会适应性的提高。

父亲沟通的开放性和母亲沟通的开放性在父母教养类型和农村留守儿童社会适应之间起到了中介作用。这进一步表明虽然父母不在农村留守儿童身边照料，但可以通过远程沟通教育他们。在远程教育与沟通中父母教养方式和亲子沟通都显著影响农村留守儿童的社会适应性。这与以往研究结果一致。柯林斯等人指出，亲子沟通与青少年的社会适应性相联系(Collins W. E.，Newman B. M.，&McKenry P. C.，1995)。有研究者通过深度访谈等质性研究探讨农村留守家庭父母和子女远距离沟通对日常亲密关系建立的影响，发现其有助于家庭功能的正常发挥(胡春阳，毛荻秋，2019)。与父母经常联系的农村留守儿童社会适应性显著高于与父母较少联系的农村留守儿童。这进一步表明在与父母联系时，农村留守儿童可能通过沟通与交流接受教育与建立亲密关系。在儿童的发展过程中，和父母有更频繁、更高效交流的儿童会有更好的学习适应性。在与父母经常联系的过程中，儿童可以获得更多的机会建构与父母的亲密关系，培养亲子感情。父母也可以在经常联系中教育儿童，教会他们什么该做、什么不该做，培养他们的社会化能力，包括学习、生活、与他人交往、情感调控、心理与行为等方面。也有研究表明，父母与农村留守儿童沟通时更多关注其学习、生活、安全、心理与行为方面，这有助于农村留守儿童的社会适应性发展。虽然父母不在农村留守儿童身边进行面对面的教育，但只要经常联系，父母同样可以与农村留守儿童建构良好的关系，实现家庭教育的目的，促进农村留守儿童的社会适应性发展。

七、研究结论

第一，农村留守儿童与非留守儿童的父母教养方式不存在显著差异，但是不同类型农村留守儿童的父母教养方式存在显著差异。

在性别方面，农村留守男童在母亲拒绝、父亲过度保护和母亲过度保护维度得分显著高于农村留守女童。

在学段方面，农村小学留守儿童在父亲拒绝、母亲拒绝、父亲情感温暖、母亲情感温暖、母亲过度保护、父亲过度保护维度得分均显著高于农村初中留守儿童。

在留守类型方面，单留守儿童感知到的母亲拒绝显著多于双留守儿童。

在父母联系频率方面，父母联系频率低的农村留守儿童在母亲拒绝维度得分更高，在母亲情感温暖维度得分更低。

在上网时间方面，与上网时间少的农村留守儿童相比，上网时间多的农村留守儿童的父亲情感温暖、母亲情感温暖维度得分更低。

在对父亲外出打工态度方面，与支持父亲外出打工的农村留守儿童相比，不支持父亲外出打工的农村留守儿童感知到更多的父亲情感温暖、父亲过度保护。

在对母亲外出打工态度方面，与支持母亲外出打工和不支持母亲外出打工的农村留守儿童相比，持有无所谓态度的农村留守儿童所感知到的母亲情感温暖更少。

在家庭完整度认知方面，持无所谓态度的农村留守儿童所感知到的父亲情感温暖和母亲情感温暖更少。

在对父母想念程度方面，不想念父母的农村留守儿童所感知到的母亲拒绝更多，感知到的父亲情感温暖和母亲情感温暖更少。

在父亲文化程度方面，父亲为初中及以下文化程度的农村留守儿童感知到的母亲情感温暖更少。

在母亲文化程度方面，母亲为初中及以下文化程度的农村留守儿童感知到的父亲情感温暖更少。

在监护人文化程度方面，不同文化程度监护人的农村留守儿童感知到的父母教养方式不存在显著差异。

第二，农村留守儿童与非留守儿童在亲子沟通各维度均不存在显著差异，但是不同类型农村留守儿童之间的亲子沟通存在显著差异。

在性别方面，农村留守男童在父亲沟通问题、母亲沟通问题及父亲亲子沟通、母亲亲子沟通维度得分更低。

在学段方面，农村初中留守儿童父母沟通的开放性和整体状况得分更低。

在留守类型方面，农村留守儿童亲子沟通不存在显著的留守类型差异。

在上网时间方面，上网时间多的农村留守儿童的父亲沟通的开放性、母亲沟通的开放性、父亲亲子沟通和母亲亲子沟通维度得分更低。

在对父亲外出打工态度方面，对父亲外出打工持无所谓态度的农村留守儿童在与父母沟通中更为不畅。

在对母亲外出打工态度方面，对母亲外出打工持无所谓态度的农村留守儿童在父母沟通中更为不畅。

在家庭完整度认知方面，对父母外出后家庭是否完整持无所谓态度的农村留守儿童与父母沟通的开放性更低，沟通中存在的问题更多。

在对父母想念程度方面，不想念父母的农村留守儿童与父母沟通的开放性更低，沟通中存在的问题更多。

在父母教养类型方面，忽视型教养的农村留守儿童感知到的父母沟通的开放性更低，沟通中存在的问题更多。

在父亲文化程度方面，父亲为初中及以下文化程度的农村留守儿童所感知到的父母沟通的开放性更低。

在母亲文化程度方面，母亲为初中及以下文化程度的农村留守儿童所感知到的父母沟通的开放性更低。

在监护人文化程度方面，农村留守儿童亲子沟通不存在显著差异。

第三，父母教养方式与农村留守儿童的社会适应各维度显著相关，父母拒绝对农村留守儿童社会适应性的影响是负向的，父母情感温暖的影响是正向的，父母过度保护的影响不显著。亲子沟通与农村留守儿童社会适应各维度均呈显著的正相关。其中，父亲沟通的开放性和母亲沟通的开放性在父母教养方式和农村留守儿童社会适应之间起中介作用。

八、研究对策与建议

基于农村留守儿童的父母教养方式、亲子沟通及对其社会适应的影响研究，我们获得了一些有意义的结论，提出了如下建议。

（一）以积极关注为切入点，提升农村留守儿童的社会适应性

研究表明，不管是监护人还是父母与农村留守儿童沟通，关注农村留守儿童的学习、生活、安全、心理与行为等方面都有助于提升农村留守儿童的社会适应性。农村留守儿童的学习、生活、安全是监护人和父母关注的重点方面，也是农村留守儿童生活的主要方面。积极的关注有助于提升农村留守儿童的社会适应性。同时，关注农村留守儿童的心理与行为也可以提高他们的社会适应性，这常常是被忽略的。对于农村留守儿童而言，其父母和监护人可能难以全方位地关注他们。这就需要更多的社会力量参与其中，替代父母进行补偿性指导与帮助。这种帮助既有利于农村留守儿童实际问题的解决，也有利于他们情感需要的补偿，从而提高其社会适应性（伏干，2019）。

(二)以社会服务为补偿，关爱农村留守儿童的成长发展

由于与父母分离，农村留守儿童最需要的是情感满足。父母在学习、生活、安全等方面与农村留守儿童的沟通交流也能给予农村留守儿童情感满足。农村留守儿童父母的日常交流一般需要通过电话、网络来实现。因此，监护人与农村留守儿童充分交流显得非常必要。由于监护人多为祖辈，他们一方面年老体弱，另一方面对农村留守儿童的照料更多表现在生活方面。因此，开展关爱农村留守儿童社会服务工作显得尤为重要。在关爱农村留守儿童的过程中，我们可以通过政府购买社会服务，为农村留守儿童创设机会、搭建平台，满足他们的情感需求。我们应积极主动，系统安排，定期与农村留守儿童进行交流与沟通，以农村留守儿童的学习、生活、安全、心理和行为为切入点，促进农村留守儿童的社会适应性发展。

第六章　农村留守儿童师生关系、友谊质量与社会适应

一、概述

生态学理论认为，个体在复杂的环境中发展，微系统会对个体产生重要影响。对于儿童来说，学校是除了家庭以外对其影响最大的微系统(俞国良，李建良，王勍，2018)。师生关系和同伴关系是儿童在学校这个微系统中建立的两种重要的人际关系。早期研究发现，个体早在婴儿期就能表现出对其他婴儿的兴趣。在2~12岁，儿童与同伴在一起的时间呈递增趋势，而他们与成人在一起的时间则呈递减趋势(凌辉，宁柳，刘佳怡，等，2022)。也就是说，进入学校后，儿童与同伴在一起的时间逐渐超过其与父母在一起的时间。相较于一般儿童，农村留守儿童的隔代监护多，有些甚至长期住校。这导致他们对学校的生活环境更加依赖。所以，同伴尤其是亲密朋友对儿童发展的促进作用不亚于父母和监护人的影响。与同伴交流、被同伴接受、建立良好的同伴关系对于他们正常社会行为的发展具有相当重要的作用。与同伴的积极互动会为儿童提供自信和幸福感，提高其心理健康水平(牛凯宁，李梅，张向葵，2021)。与同伴发展出质量较高的友谊有利于儿童的心理健康和社会适应，反之儿童可能会面临某些心理、人际与社会适应的危机(桑标，邓欣媚，2015)。因此，同伴间的友谊质量是学校微系统中影响农村留守儿童发展的一个重要因素。

师生关系是儿童离开家庭进入学校建立的第一个与成人间的人际关系。儿童从熟悉的家庭环境到学校的集体环境过程中需要适应的内容逐渐增多，这使儿童适应社会的能力也在不断

增强。随着儿童在学校的时间不断延长，儿童与教师间建立的师生关系的重要性也在不断增强。有研究者认为师生关系是影响儿童发展的重要因素之一（Zhang X. & Nurmi J. E.，2012）。对于对学校生活环境更加依赖的农村留守儿童来说，良好的师生关系尤其重要。有研究探讨了师生关系对儿童社会适应的影响（郑晓红，2016），发现师生关系能够正向预测社会适应，因而师生关系可能是学校微系统中对农村留守儿童社会适应产生影响的重要因素。然而现有研究中对农村留守儿童师生关系与社会适应之间关系的探究还比较少，因此我们探讨了农村留守儿童师生关系与社会适应的关系。此外，我们还探讨了农村留守儿童在学校微系统中建立的友谊质量对其社会适应的影响，揭示学校微系统对农村留守儿童社会适应的重要作用。

二、农村留守儿童与非留守儿童师生关系、友谊质量的差异分析

（一）农村留守儿童与非留守儿童师生关系的差异分析

我们采用独立样本 t 检验分析了农村留守儿童与非留守儿童在师生关系各维度上的差异，详见表 6-1。

表 6-1　农村留守儿童与非留守儿童师生关系的差异分析

维度	留守儿童（$n=1440$）	非留守儿童（$n=1084$）	t	p
亲密性	3.30 ± 1.04	3.29 ± 1.01	0.17	0.86
支持性	4.07 ± 0.94	4.12 ± 0.89	-1.38	0.17
满意度	3.86 ± 0.90	3.89 ± 0.87	-1.10	0.27
冲突性	3.31 ± 0.98	3.52 ± 0.96	-5.48	0.00
师生关系总分	3.62 ± 0.75	3.69 ± 0.73	-2.26	0.02

表 6-1 表明，①农村留守儿童和非留守儿童在师生关系总分上的差异显著（$p<0.05$），表现为农村留守儿童得分较低。②农村留守儿童和非留守儿童在冲突性维度上差异显著（$p<0.01$），表现为农村留守儿童得分较低。③农村留守儿童和非留守儿童在亲密性、支持性和满意度三个维度上差异不显著。

（二）农村留守儿童与非留守儿童友谊质量的差异分析

我们采用独立样本 t 检验分析了农村留守儿童与非留守儿童在友谊质量各维度及友谊质量总分上的差异，详见表 6-2。

表 6-2　农村留守儿童与非留守儿童友谊质量的差异分析

维度	留守儿童($n = 1440$)	非留守儿童($n = 1084$)	t	p
帮助与指导	3.95±0.96	3.97±0.96	−0.46	0.65
肯定与关心	3.81±0.95	3.90±0.89	−1.47	0.14
亲密坦露与交流	3.78±1.06	3.87±0.99	−1.31	0.19
陪伴与娱乐	4.19±0.88	4.27±0.76	−1.41	0.16
冲突解决策略	4.08±0.90	4.13±0.89	−0.78	0.44
冲突与背叛	3.87±0.98	3.85±0.98	0.22	0.83
友谊质量总分	3.95±0.66	4.00±0.61	−1.26	0.21

表 6-2 表明，农村留守儿童与非留守儿童在友谊质量各维度及友谊质量总分上差异不显著（$p > 0.05$）。

三、农村留守儿童师生关系、友谊质量的差异分析

(一)农村留守儿童师生关系的差异分析

我们分别对农村留守儿童师生关系在性别、学段、留守类型、父母联系频率、上网时间、对父亲外出打工态度、对母亲外出打工态度、家庭完整度认知、对父母想念程度、父母教养类型、父亲文化程度、母亲文化程度和监护人文化程度层面进行了差异检验。

1. 农村留守儿童师生关系的性别差异分析

我们采用独立样本 t 检验分析了农村留守儿童师生关系的性别差异，详见表 6-3。

表 6-3　农村留守儿童师生关系的性别差异分析

维度	男童($n = 727$)	女童($n = 713$)	t	p
亲密性	3.21±1.06	3.38±1.01	−3.01	0.003
支持性	4.00±0.98	4.15±0.88	−3.04	0.002
满意度	3.77±0.93	3.94±0.86	−3.74	0.000
冲突性	3.22±1.03	3.39±0.92	−3.22	0.001
师生关系总分	3.53±0.78	3.70±0.70	−4.35	0.000

表 6-3 表明，①农村留守男童和农村留守女童的师生关系总分差异显著（$p < 0.01$），农村留守女童得分更高。②农村留守男童和农村留守女童在亲

密性、支持性、满意度和冲突性维度上差异显著($p < 0.01$)，农村留守女童得分更高。

2. 农村留守儿童师生关系的学段差异分析

我们采用独立样本 t 检验分析了农村留守儿童师生关系的学段差异，详见表 6-4。

表 6-4　农村留守儿童师生关系的学段差异分析

维度	小学($n = 725$)	初中($n = 715$)	t	p
亲密性	3.40±1.03	3.19±1.04	4.00	0.000
支持性	4.14±0.94	4.00±0.92	2.90	0.004
满意度	3.90±0.91	3.81±0.90	1.82	0.069
冲突性	3.39±1.04	3.22±0.91	3.34	0.001
师生关系总分	3.69±0.72	3.54±0.76	3.77	0.000

表 6-4 表明，①农村留守儿童师生关系总分存在显著的学段差异($p < 0.01$)，农村小学留守儿童得分更高。②农村留守儿童在亲密性、支持性和冲突性三个维度上存在显著的学段差异($p < 0.01$)，农村小学留守儿童得分更高。③农村留守儿童在满意度维度上边缘显著($p = 0.069$)，农村小学留守儿童得分更高。

3. 农村留守儿童师生关系的留守类型差异分析

我们采用独立样本 t 检验分析了农村留守儿童师生关系的留守类型差异，详见表 6-5。

表 6-5　农村留守儿童师生关系的留守类型差异分析

维度	单留守($n = 780$)	双留守($n = 660$)	t	p
亲密性	3.28±1.04	3.31±1.04	−0.63	0.530
支持性	4.07±0.96	4.08±0.91	−0.18	0.857
满意度	3.86±0.90	3.85±0.91	0.17	0.869
冲突性	3.31±1.01	3.30±0.95	0.07	0.943
师生关系总分	3.61±0.76	3.62±0.74	−0.22	0.829

表 6-5 表明，农村留守儿童师生关系不存在显著的留守类型差异。

4. 农村留守儿童师生关系的父母联系频率差异分析

我们采用单因素方差分析法分析了农村留守儿童师生关系在父母联系频率上的差异，详见表 6-6。

表 6-6　农村留守儿童师生关系的父母联系频率差异分析

维度	经常联系 (n＝958)	有时联系 (n＝317)	很少联系 (n＝143)	没有联系 (n＝22)	F	p
亲密性	3.43±1.04	3.15±0.98	2.88±0.97	2.34±0.95	20.603	0.000
支持性	4.18±0.91	3.93±0.92	3.83±0.89	2.78±1.25	22.198	0.000
满意度	3.95±0.88	3.75±0.87	3.55±0.93	2.94±1.21	16.617	0.000
冲突性	3.39±0.97	3.17±1.02	3.12±0.88	3.17±1.03	6.183	0.000
师生关系总分	3.72±0.74	3.49±0.69	3.32±0.71	2.81±0.76	25.072	0.000

表 6-6 表明，农村留守儿童在师生关系各维度及师生关系总分上存在极其显著的父母联系频率差异（$p<0.001$）。利用 LSD 进一步检验得到如下结论。

在亲密性、支持性和满意度三个维度及师生关系总分上，与父母经常联系的农村留守儿童得分显著高于与父母有时联系、很少联系和没有联系的农村留守儿童；与父母有时联系的农村留守儿童得分显著高于与父母很少联系和没有联系的农村留守儿童；与父母很少联系的农村留守儿童得分显著高于与父母没有联系的农村留守儿童。

在冲突性维度上，与父母经常联系的农村留守儿童得分显著高于与父母有时联系、很少联系和没有联系的农村留守儿童。

5. 农村留守儿童师生关系在上网时间上的差异分析

我们采用单因素方差分析法分析了农村留守儿童师生关系在上网时间上的差异，详见表 6-7。

表 6-7　农村留守儿童师生关系在上网时间上的差异分析

维度	不上网 (n＝261)	半小时以内 (n＝411)	半小时至 1 小时 (n＝225)	1～2 小时 (n＝276)	2 小时以上 (n＝267)	F	p
亲密性	3.37±1.01	3.50±1.02	3.45±1.01	3.24±0.99	2.71±0.98	25.450	0.000
支持性	4.03±0.97	4.28±0.83	4.21±0.86	4.02±0.90	3.63±1.04	20.055	0.000
满意度	3.89±0.95	4.04±0.83	3.96±0.80	3.82±0.83	3.41±0.99	19.792	0.000
冲突性	3.40±1.06	3.48±0.97	3.41±0.89	3.17±0.84	2.87±0.99	17.654	0.000
师生关系总分	3.66±0.75	3.81±0.68	3.74±0.72	3.55±0.69	3.15±0.76	34.225	0.000

表 6-7 表明，农村留守儿童师生关系各维度在上网时间上差异显著（$p <$ 0.001）。利用 LSD 进一步检验得到如下结论。

在满意度维度和师生关系总分上，上网时间 2 小时以上的农村留守儿童师生关系得分显著低于其他上网时间的农村留守儿童；上网半小时以内的农村留守儿童得分最高，且显著高于不上网和上网时间 1～2 小时的农村留守儿童；上网时间在半小时至 1 小时的农村留守儿童得分显著高于上网时间 2 小时以上的农村留守儿童。

在亲密性维度上，上网时间 2 小时以上的农村留守儿童师生关系得分显著低于其他上网时间的农村留守儿童；上网时间在半小时以内和半小时至 1 小时的农村留守儿童得分显著高于上网时间 1～2 小时的农村留守儿童。

在支持性维度上，上网时间 2 小时以上的农村留守儿童师生关系得分显著低于其他上网时间的农村留守儿童；上网时间在半小时以内和半小时至 1 小时的农村留守儿童得分显著高于不上网和上网时间 1～2 小时的农村留守儿童。

在冲突性维度上，上网时间 2 小时以上的农村留守儿童师生关系得分显著低于其他上网时间的农村留守儿童；不上网、上网时间半小时以内和半小时至 1 小时的农村留守儿童得分显著高于上网时间 1～2 小时的农村留守儿童。

6. 农村留守儿童师生关系在对父亲外出打工态度上的差异分析

我们采用单因素方差分析法分析了农村留守儿童师生关系在对父亲外出打工态度上的差异，详见表 6-8。

表 6-8　农村留守儿童师生关系在对父亲外出打工态度上的差异分析

维度	支持（$n = 993$）	无所谓（$n = 256$）	不支持（$n = 191$）	F	p
亲密性	3.40±1.02	2.77±1.05	3.41±0.92	37.067	0.000
支持性	4.15±0.89	3.69±1.09	4.12±0.87	23.198	0.000
满意度	3.95±0.86	3.40±1.02	3.93±0.82	37.137	0.000
冲突性	3.41±0.96	3.13±0.96	3.18±1.05	9.679	0.000
师生关系总分	3.71±0.72	3.23±0.79	3.65±0.71	40.351	0.000

表 6-8 表明，农村留守儿童师生关系各维度在对父亲外出打工态度上存在显著差异。利用 LSD 进一步检验得到如下结论。

在亲密性、支持性、满意度三个维度和师生关系总分上，对父亲外出打工持支持和不支持态度的农村留守儿童得分显著高于对父亲外出打工持无所谓态度的农村留守儿童。

在冲突性维度上，对父亲外出打工持支持态度的农村留守儿童得分显著高于对父亲外出打工持不支持和无所谓态度的农村留守儿童。

7. 农村留守儿童师生关系在对母亲外出打工态度上的差异分析

我们采用单因素方差分析法分析了农村留守儿童师生关系在对母亲外出打工态度上的差异，详见表 6-9。

表 6-9　农村留守儿童师生关系在对母亲外出打工态度上的差异分析

维度	支持($n=731$)	无所谓($n=320$)	不支持($n=389$)	F	p
亲密性	3.39 ± 0.99	2.80 ± 1.05	3.31 ± 1.02	28.489	0.000
支持性	4.16 ± 0.88	3.64 ± 1.06	4.11 ± 0.87	27.168	0.000
满意度	3.93 ± 0.89	3.44 ± 0.99	3.87 ± 0.87	24.231	0.000
冲突性	3.36 ± 0.98	3.11 ± 1.00	3.39 ± 1.05	6.093	0.002
师生关系总分	3.70 ± 0.71	3.24 ± 0.77	3.65 ± 0.73	34.131	0.000

表 6-9 表明，农村留守儿童师生关系各维度在对母亲外出打工态度上存在显著差异。利用 LSD 进一步检验得到如下结论。

在师生关系各维度及师生关系总分上，对母亲外出打工持支持和不支持态度的农村留守儿童得分显著高于对母亲外出打工持无所谓态度的农村留守儿童。

8. 农村留守儿童师生关系在家庭完整度认知上的差异分析

我们采用单因素方差分析法分析了农村留守儿童师生关系在家庭完整度认知上的差异，详见表 6-10。

表 6-10　农村留守儿童师生关系在家庭完整度认知上的差异分析

维度	完整($n=214$)	无所谓($n=183$)	不完整($n=1043$)	F	p
亲密性	3.38 ± 1.06	2.76 ± 1.00	3.38 ± 1.02	28.465	0.000
支持性	4.09 ± 0.96	3.68 ± 1.01	4.14 ± 0.90	18.700	0.000
满意度	3.84 ± 0.97	3.47 ± 0.95	3.93 ± 0.87	20.347	0.000
冲突性	3.22 ± 1.09	3.11 ± 0.98	3.36 ± 0.95	6.192	0.002
师生关系总分	3.62 ± 0.75	3.24 ± 0.71	3.69 ± 0.73	27.996	0.000

表 6-10 表明，农村留守儿童师生关系各维度在家庭完整度认知上存在显著差异。利用 LSD 进一步检验得到如下结论。

在亲密性、支持性和满意度三个维度及师生关系总分上，认为父母外出打工后家庭完整和不完整的农村留守儿童得分显著高于认为无所谓家庭是否完整的农村留守儿童。

在冲突性维度上，认为父母外出打工后家庭不完整的农村留守儿童得分显著高于认为无所谓家庭是否完整的农村留守儿童。

9. 农村留守儿童师生关系在对父母想念程度上的差异分析

我们采用单因素方差分析法分析了农村留守儿童师生关系在对父母想念程度上的差异，详见表 6-11。

表 6-11　农村留守儿童师生关系在对父母想念程度上的差异分析

维度	非常想念 （$n=932$）	有些想念 （$n=330$）	偶尔想念 （$n=142$）	不想念 （$n=36$）	F	p
亲密性	3.55 ± 0.99	2.90 ± 0.96	2.72 ± 0.91	2.67 ± 1.20	58.624	0.000
支持性	4.27 ± 0.86	3.78 ± 0.92	3.60 ± 0.98	3.52 ± 1.33	43.708	0.000
满意度	4.06 ± 0.83	3.58 ± 0.85	3.33 ± 0.92	3.25 ± 1.32	51.425	0.000
冲突性	3.41 ± 0.98	3.15 ± 0.95	3.03 ± 0.98	3.24 ± 1.10	10.032	0.000
师生关系总分	3.81 ± 0.70	3.33 ± 0.69	3.16 ± 0.69	3.16 ± 0.90	65.125	0.000

表 6-11 表明，农村留守儿童师生关系各维度及师生关系总分在对父母想念程度上存在显著差异。利用 LSD 进一步检验得到如下结论。

在支持性、满意度维度及师生关系总分上，非常想念父母的农村留守儿童得分显著高于有些想念、偶尔想念和不想念父母的农村留守儿童；有些想念父母的农村留守儿童得分显著高于偶尔想念父母的农村留守儿童。

在亲密性维度上，非常想念父母的农村留守儿童得分显著高于有些想念、偶尔想念和不想念父母的农村留守儿童。

在冲突性维度上，非常想念父母的农村留守儿童得分显著高于有些想念和偶尔想念父母的农村留守儿童。

10. 农村留守儿童师生关系在父母教养类型上的差异分析

我们采用单因素方差分析法分析了农村留守儿童师生关系在父母教养类型上的差异，详见表 6-12。

表 6-12　农村留守儿童师生关系在父母教养类型上的差异分析

维度	忽视型 （$n=139$）	专制型 （$n=317$）	溺爱型 （$n=114$）	权威型 （$n=870$）	F	p
亲密性	3.01 ± 1.05	3.11 ± 0.99	3.21 ± 1.10	3.41 ± 1.03	10.073	0.000
支持性	3.75 ± 0.89	3.89 ± 0.98	4.01 ± 1.04	4.20 ± 0.90	13.990	0.000
满意度	3.55 ± 0.90	3.67 ± 0.94	3.75 ± 0.99	3.99 ± 0.87	15.705	0.000
冲突性	2.85 ± 1.06	3.10 ± 1.06	3.42 ± 0.88	3.45 ± 0.91	20.246	0.000
师生关系总分	3.28 ± 0.71	3.43 ± 0.70	3.59 ± 0.73	3.75 ± 0.74	24.659	0.000

表 6-12 表明，农村留守儿童师生关系各维度在父母教养类型上存在显著差异。利用 LSD 进一步检验得到如下结论。

在师生关系总分上，权威型教养的农村留守儿童得分显著高于忽视型、专制型和溺爱型教养的农村留守儿童；专制型和溺爱型教养的农村留守儿童得分显著高于忽视型教养的农村留守儿童。

在亲密性维度上，权威型教养的农村留守儿童得分显著高于忽视型和专制型教养的农村留守儿童。

在支持性维度上，权威型教养的农村留守儿童得分显著高于忽视型和专制型教养的农村留守儿童；溺爱型教养的农村留守儿童得分显著高于忽视型教养的农村留守儿童。

在满意度维度上，权威型教养的农村留守儿童得分显著高于忽视型、专制型和溺爱型教养的农村留守儿童。

在冲突性维度上，溺爱型和权威型教养的农村留守儿童得分显著高于忽视型和专制型教养的农村留守儿童。

11. 农村留守儿童师生关系在父亲文化程度上的差异分析

我们采用独立样本 t 检验分析了农村留守儿童师生关系在父亲文化程度上的差异，详见表 6-13。

表 6-13　农村留守儿童师生关系在父亲文化程度上的差异分析

维度	初中及以下($n=866$)	高中及以上($n=574$)	t	p
亲密性	3.21±1.02	3.42±1.06	−3.728	0.000
支持性	4.04±0.95	4.13±0.92	−1.791	0.074
满意度	3.84±0.91	3.89±0.89	−1.094	0.274
冲突性	3.32±0.93	3.29±1.05	0.514	0.607
师生关系总分	3.59±0.75	3.67±0.75	−2.088	0.037

表 6-13 表明，①农村留守儿童师生关系亲密性维度和师生关系总分在父亲文化程度上存在显著差异($p<0.05$)，表现为父亲文化程度高的农村留守儿童得分高。②父亲为初中及以下和高中及以上文化程度的农村留守儿童在支持性维度上达到边缘显著水平($p=0.074$)。③农村留守儿童师生关系在满意度和冲突性维度上差异不显著($p>0.05$)。

12. 农村留守儿童师生关系在母亲文化程度上的差异分析

我们采用独立样本 t 检验分析了农村留守儿童师生关系在母亲文化程度上的差异，详见表 6-14。

表 6-14　农村留守儿童师生关系在母亲文化程度上的差异分析

维度	初中及以下($n=998$)	高中及以上($n=442$)	t	p
亲密性	3.22±1.03	3.46±1.04	−4.050	0.000
支持性	4.03±0.96	4.17±0.87	−2.666	0.008
满意度	3.84±0.91	3.90±0.90	−1.171	0.242
冲突性	3.32±0.95	3.30±1.05	0.421	0.673
师生关系总分	3.59±0.75	3.69±0.73	−2.424	0.015

表 6-14 表明，①农村留守儿童师生关系在亲密性、支持性维度及师生关系总分上存在显著差异（$p<0.05$），表现为母亲文化程度高的农村留守儿童得分高。②农村留守儿童师生关系在满意度和冲突性维度上差异不显著（$p>0.05$）。

13. 农村留守儿童师生关系在监护人文化程度上的差异分析

我们采用独立样本 t 检验分析了农村留守儿童师生关系在监护人文化程度上的差异，详见表 6-15。

表 6-15　农村留守儿童师生关系在监护人文化程度上的差异分析

维度	初中及以下($n=999$)	高中及以上($n=441$)	t	p
亲密性	3.26±1.01	3.38±1.09	−2.020	0.044
支持性	4.08±0.92	4.05±0.99	0.570	0.569
满意度	3.87±0.88	3.85±0.94	0.312	0.755
冲突性	3.34±0.96	3.25±1.01	1.619	0.106
师生关系总分	3.63±0.74	3.62±0.77	0.088	0.930

表 6-15 表明，①农村留守儿童师生关系在亲密性维度上差异显著（$p<0.05$），表现为监护人文化程度高的农村留守儿童得分高。②农村留守儿童师生关系在支持性、满意度和冲突性维度及师生关系总分上均不存在显著差异（$p>0.05$）。

（二）农村留守儿童友谊质量的差异分析

我们分别对农村留守儿童友谊质量在性别、学段、留守类型、父母联系频率、上网时间、对父亲外出打工态度、对母亲外出打工态度、家庭完整度认知、对父母想念程度、父母教养类型、父亲文化程度、母亲文化程度和监护人文化程度层面进行了差异检验。

1. 农村留守儿童友谊质量的性别差异分析

我们采用独立样本 t 检验分析了农村留守儿童友谊质量各维度的性别差异，详见表 6-16。

表 6-16 农村留守儿童友谊质量的性别差异分析

维度	男童($n=727$)	女童($n=713$)	t	p
帮助与指导	3.87±1.03	4.11±0.92	−4.563	0.000
肯定与关心	3.78±0.98	3.95±0.91	−3.367	0.001
亲密坦露与交流	3.72±1.05	4.12±0.91	−7.824	0.000
陪伴与娱乐	4.14±0.89	4.27±0.87	−2.769	0.006
冲突解决策略	4.02±0.94	4.13±0.91	−2.393	0.017
冲突与背叛	2.84±1.23	2.80±1.26	0.583	0.560
友谊质量总分	3.73±0.69	3.90±0.62	−5.051	0.000

表 6-16 表明，①农村留守男童和农村留守女童的友谊质量总分差异显著($p<0.00$)，农村留守女童得分更高。②农村留守男童和农村留守女童在帮助与指导、肯定与关心、亲密坦露与交流、陪伴与娱乐、冲突解决策略维度上差异显著($p<0.05$)，农村留守女童得分更高。③农村留守男童和农村留守女童在冲突与背叛维度上差异不显著($p>0.05$)。

2. 农村留守儿童友谊质量的学段差异分析

我们采用独立样本 t 检验分析了农村留守儿童友谊质量各维度的学段差异，详见表 6-17。

表 6-17 农村留守儿童友谊质量的学段差异分析

维度	小学($n=725$)	初中($n=715$)	t	p
帮助与指导	4.00±1.00	3.97±0.97	0.519	0.604
肯定与关心	3.87±0.96	3.85±0.93	0.320	0.749
亲密坦露与交流	3.84±1.02	4.00±0.98	−3.036	0.002
陪伴与娱乐	4.17±0.88	4.24±0.89	−1.476	0.140
冲突解决策略	4.09±0.96	4.06±0.90	0.436	0.663
冲突与背叛	2.95±1.33	2.68±1.13	4.196	0.000
友谊质量总分	3.83±0.68	3.80±0.64	0.683	0.495

表 6-17 表明，①农村留守儿童在亲密坦露与交流维度上存在显著的学段差异($p<0.01$)，农村初中留守儿童得分更高。②农村留守儿童在冲突与背叛

维度上存在显著的学段差异（$p<0.01$），农村小学留守儿童得分更高。③农村留守儿童在帮助与指导、肯定与关心、陪伴与娱乐、冲突解决策略维度及友谊质量总分上差异不显著（$p>0.05$）。

3. 农村留守儿童友谊质量的留守类型差异分析

我们采用独立样本 t 检验分析了农村留守儿童友谊质量各维度的留守类型差异，详见表 6-18。

表 6-18 农村留守儿童友谊质量的留守类型差异分析

维度	单留守（$n=780$）	双留守（$n=660$）	t	p
帮助与指导	4.04 ± 0.96	3.93 ± 1.01	2.196	0.028
肯定与关心	3.89 ± 0.94	3.83 ± 0.95	1.318	0.188
亲密坦露与交流	3.95 ± 0.97	3.88 ± 1.04	1.438	0.151
陪伴与娱乐	4.22 ± 0.91	4.19 ± 0.86	0.722	0.471
冲突解决策略	4.08 ± 0.92	4.07 ± 0.93	0.072	0.943
冲突与背叛	2.81 ± 1.25	2.83 ± 1.23	-0.290	0.772
友谊质量总分	3.83 ± 0.66	3.79 ± 0.67	1.128	0.260

表 6-18 表明，①农村留守儿童在帮助与指导维度上存在显著的留守类型差异（$p<0.05$），农村单留守儿童得分更高。②农村留守儿童在肯定与关心、亲密坦露与交流、陪伴与娱乐、冲突解决策略和冲突与背叛维度及友谊质量总分上差异不显著（$p>0.05$）。

4. 农村留守儿童友谊质量的父母联系频率差异分析

我们采用单因素方差分析法分析了农村留守儿童友谊质量的父母联系频率差异，详见表 6-19。

表 6-19 农村留守儿童友谊质量的父母联系频率差异分析

维度	经常联系（$n=958$）	有时联系（$n=317$）	很少联系（$n=143$）	没有联系（n=22）	F	p
帮助与指导	4.10 ± 0.93	3.84 ± 0.98	3.64 ± 1.13	3.50 ± 1.43	13.888	0.000
肯定与关心	3.95 ± 0.91	3.76 ± 0.91	3.56 ± 1.06	3.37 ± 1.51	10.671	0.000
亲密坦露与交流	4.03 ± 0.94	3.71 ± 1.04	3.68 ± 1.17	3.43 ± 1.49	12.268	0.000
陪伴与娱乐	4.29 ± 0.84	4.10 ± 0.84	3.94 ± 1.13	3.91 ± 1.39	9.449	0.000

续表

维度	经常联系 (n=958)	有时联系 (n=317)	很少联系 (n=143)	没有联系 (n=22)	F	p
冲突解决策略	4.14±0.91	4.00±0.90	3.86±0.99	3.52±1.46	7.151	0.000
冲突与背叛	2.77±1.25	2.99±1.21	2.81±1.22	2.51±1.34	2.923	0.033
友谊质量总分	3.88±0.63	3.73±0.66	3.58±0.76	3.37±1.15	13.811	0.000

表 6-19 表明，农村留守儿童友谊质量各维度在父母联系频率上存在极其显著的差异（$p<0.05$）。利用 LSD 进一步检验得到如下结论。

在帮助与指导、肯定与关心维度及友谊质量总分上，与父母经常联系的农村留守儿童得分显著高于与父母有时联系、很少联系、没有联系的农村留守儿童；与父母有时联系的农村留守儿童得分显著高于与父母很少联系和没有联系的农村留守儿童。

在亲密坦露与交流维度上，与父母经常联系、有时联系、很少联系的农村留守儿童得分显著高于与父母没有联系的农村留守儿童。

在陪伴与娱乐维度上，与父母经常联系的农村留守儿童得分显著高于与父母有时联系、很少联系、没有联系的农村留守儿童。

在冲突解决策略维度上，与父母经常联系、有时联系的农村留守儿童得分显著高于与父母没有联系的农村留守儿童；与父母经常联系的农村留守儿童得分显著高于与父母很少联系的农村留守儿童。

在冲突与背叛维度上，与父母有时联系的农村留守儿童得分显著高于与父母经常联系、很少联系、没有联系的农村留守儿童。

5. 农村留守儿童友谊质量在上网时间上的差异分析

我们采用单因素方差分析法分析了农村留守儿童友谊质量在上网时间上的差异，详见表 6-20。

表 6-20　农村留守儿童友谊质量在上网时间上的差异分析

维度	不上网 (n=261)	半小时以内 (n=411)	半小时至1小时 (n=225)	1~2 小时 (n=276)	2 小时以上 (n=267)	F	p
帮助与指导	4.01±1.04	4.11±0.95	4.08±0.88	4.02±0.91	3.60±1.06	11.101	0.000

续表

维度	不上网 ($n=261$)	半小时以内 ($n=411$)	半小时至1小时 ($n=225$)	1～2小时 ($n=276$)	2小时以上 ($n=267$)	F	p
肯定与关心	3.87±0.96	3.92±0.97	4.00±0.91	3.86±0.83	3.61±0.98	5.627	0.000
亲密坦露与交流	3.78±1.11	4.04±0.93	4.06±0.95	3.93±0.94	3.74±1.03	6.244	0.000
陪伴与娱乐	4.22±0.95	4.22±0.89	4.33±0.75	4.23±0.76	4.04±0.99	3.200	0.013
冲突解决策略	4.05±1.03	4.17±0.89	4.18±0.83	4.08±0.86	3.80±0.97	7.112	0.000
冲突与背叛	2.96±1.32	2.82±1.34	2.84±1.24	2.71±1.07	2.71±1.08	1.878	0.112
友谊质量总分	3.83±0.69	3.88±0.66	3.91±0.61	3.80±0.59	3.50±3.71	9.449	0.000

表 6-20 表明,农村留守儿童友谊质量各维度除冲突与背叛维度外在上网时间上存在差异($p<0.05$)。利用 LSD 进一步检验得到如下结论。

在帮助与指导、肯定与关心、亲密坦露与交流、陪伴与娱乐、冲突解决策略维度及友谊质量总分上,上网时间 2 小时以内的农村留守儿童得分显著高于上网时间 2 小时以上的农村留守儿童。

在冲突与背叛维度上,不上网的农村留守儿童得分显著高于上网时间 1 小时以上的农村留守儿童。

6. 农村留守儿童友谊质量在对父亲外出打工态度上的差异分析

我们采用单因素方差分析法分析了农村留守儿童友谊质量在对父亲外出打工态度上的差异,详见表 6-21。

表 6-21 农村留守儿童友谊质量在对父亲外出打工态度上的差异分析

维度	支持 ($n=993$)	无所谓 ($n=256$)	不支持 ($n=191$)	F	p
帮助与指导	4.03±0.97	3.73±1.09	4.06±0.84	9.042	0.000
肯定与关心	3.90±0.93	3.61±1.06	3.93±0.85	9.519	0.000
亲密坦露与交流	3.92±1.01	3.80±1.06	3.99±0.94	1.968	0.140
陪伴与娱乐	4.21±0.87	4.12±1.02	4.29±0.77	1.824	0.162
冲突解决策略	4.11±0.91	3.88±1.03	4.12±0.89	6.123	0.002

续表

维度	支持 （$n=993$）	无所谓 （$n=256$）	不支持 （$n=191$）	F	p
冲突与背叛	2.85 ± 1.26	2.87 ± 1.22	2.75 ± 1.22	0.578	0.561
友谊质量总分	3.84 ± 0.65	3.67 ± 0.75	3.85 ± 0.60	6.742	0.001

表 6-21 表明，农村留守儿童友谊质量的帮助与指导、肯定与关心、冲突解决策略维度及友谊质量总分在对父亲外出打工态度上存在显著的差异（$p<0.05$），亲密坦露与交流、陪伴与娱乐、冲突与背叛维度差异不显著（$p>0.05$）。利用 LSD 进一步检验得到如下结论。

在帮助与指导、肯定与关心、冲突解决策略维度及友谊质量总分上，对父亲外出打工持支持和不支持态度的农村留守儿童得分显著高于对父亲外出打工持无所谓态度的农村留守儿童。

7. 农村留守儿童友谊质量在对母亲外出打工态度上的差异分析

我们采用单因素方差分析法分析了农村留守儿童的友谊质量在对母亲外出打工态度上的差异，详见表 6-22。

表 6-22　农村留守儿童友谊质量在对母亲外出打工态度上的差异分析

维度	支持 （$n=731$）	无所谓 （$n=320$）	不支持 （$n=389$）	F	p
帮助与指导	4.01 ± 0.96	3.66 ± 1.12	3.99 ± 0.94	10.690	0.000
肯定与关心	3.89 ± 0.91	3.55 ± 1.07	3.90 ± 0.90	11.838	0.000
亲密坦露与交流	3.89 ± 1.01	3.69 ± 1.08	3.98 ± 0.95	4.978	0.007
陪伴与娱乐	4.22 ± 0.83	4.02 ± 1.12	4.20 ± 0.82	4.225	0.015
冲突解决策略	4.08 ± 0.91	3.83 ± 1.06	4.11 ± 0.88	6.941	0.001
冲突与背叛	2.87 ± 1.27	2.96 ± 1.24	3.03 ± 1.26	1.617	0.199
友谊质量总分	3.83 ± 0.64	3.62 ± 0.80	3.87 ± 0.62	10.137	0.000

表 6-22 表明，农村留守儿童友谊质量的帮助与指导、肯定与关心、亲密坦露与交流、陪伴与娱乐、冲突解决策略维度及友谊质量总分在对母亲外出打工态度上存在显著的差异（$p<0.05$），冲突与背叛维度差异不显著（$p>0.05$）。利用 LSD 进一步检验得到如下结论。

在帮助与指导、肯定与关心、亲密坦露与交流、陪伴与娱乐、冲突解决策略维度及友谊质量总分上，对母亲外出打工持支持和不支持态度的农村留守儿童得分显著高于对母亲外出打工持无所谓态度的农村留守儿童。

8. 农村留守儿童友谊质量在家庭完整度认知上的差异分析

我们采用单因素方差分析法分析了农村留守儿童友谊质量在家庭完整度认知上的差异，详见表 6-23。

表 6-23 农村留守儿童友谊质量在家庭完整度认知上的差异分析

维度	完整 ($n=214$)	无所谓 ($n=183$)	不完整 ($n=1043$)	F	p
帮助与指导	4.06±1.04	3.68±1.07	4.03±0.95	10.401	0.000
肯定与关心	3.85±1.03	3.53±1.08	3.92±0.89	13.054	0.000
亲密坦露与交流	3.89±1.02	3.59±1.11	3.98±0.98	11.727	0.000
陪伴与娱乐	4.15±0.92	3.98±1.10	4.26±0.83	8.627	0.000
冲突解决策略	4.04±0.98	3.85±1.01	4.12±0.90	6.680	0.001
冲突与背叛	2.81±1.29	2.97±1.28	2.80±1.23	1.372	0.254
友谊质量总分	3.82±0.72	3.60±0.74	3.85±0.63	11.207	0.000

表 6-23 表明，农村留守儿童友谊质量的帮助与指导、肯定与关心、亲密坦露与交流、陪伴与娱乐、冲突解决策略维度及友谊质量总分在家庭完整度认知上存在显著的差异（$p<0.05$），冲突与背叛维度差异不显著（$p>0.05$）。利用 LSD 进一步检验得到如下结论。

在帮助与指导、肯定与关心、亲密坦露与交流、冲突解决策略维度及友谊质量总分上，认为父母外出打工后家庭完整和不完整的农村留守儿童得分显著高于认为无所谓家庭是否完整的农村留守儿童。

在陪伴与娱乐维度上，认为父母外出打工后家庭完整的农村留守儿童得分显著高于认为无所谓家庭是否完整的农村留守儿童。

9. 农村留守儿童友谊质量在对父母想念程度上的差异分析

我们采用单因素方差分析法分析了农村留守儿童友谊质量在对父母想念程度上的差异，详见表 6-24。

表 6-24 农村留守儿童友谊质量在对父母想念程度上的差异分析

维度	非常想念 ($n=932$)	有些想念 ($n=330$)	偶尔想念 ($n=142$)	不想念 ($n=36$)	F	p
帮助与指导	4.13±0.93	3.79±0.98	3.66±1.06	3.54±1.41	18.845	0.000
肯定与关心	3.99±0.89	3.66±0.94	3.58±1.00	3.45±1.42	17.718	0.000
亲密坦露与交流	4.05±0.95	3.71±1.02	3.66±1.08	3.68±1.34	13.911	0.000
陪伴与娱乐	4.30±0.81	4.08±0.91	3.96±0.93	4.06±1.76	9.668	0.000

续表

维度	非常想念 ($n=932$)	有些想念 ($n=330$)	偶尔想念 ($n=142$)	不想念 ($n=36$)	F	p
冲突解决策略	4.20 ± 0.88	3.88 ± 0.93	3.83 ± 0.98	3.73 ± 1.38	15.518	0.000
冲突与背叛	2.74 ± 1.25	2.99 ± 1.21	2.96 ± 1.18	2.88 ± 1.52	4.001	0.008
友谊质量总分	3.90 ± 0.63	3.68 ± 0.66	3.61 ± 0.70	3.56 ± 1.02	16.638	0.000

表 6-24 表明，农村留守儿童友谊质量各维度及友谊质量总分在对父母想念程度上存在显著差异（$p<0.01$）。利用 LSD 进一步检验得到如下结论。

在帮助与指导、肯定与关心、亲密坦露与交流、冲突解决策略维度及友谊质量总分上，非常想念父母的农村留守儿童得分显著高于有些想念、偶尔想念和不想念父母的农村留守儿童。

在陪伴与娱乐维度上，非常想念父母的农村留守儿童得分显著高于有些想念和偶尔想念父母的农村留守儿童。

在冲突与背叛维度上，有些想念和偶尔想念父母的农村留守儿童得分显著高于非常想念父母的农村留守儿童。

10.农村留守儿童友谊质量在父母教养类型上的差异分析

我们采用单因素方差分析法分析了农村留守儿童友谊质量在父母教养类型上的差异，详见表 6-25。

表 6-25　农村留守儿童友谊质量在父母教养类型上的差异分析

维度	忽视型 ($n=139$)	专制型 ($n=317$)	溺爱型 ($n=114$)	权威型 ($n=870$)	F	p
帮助与指导	3.69 ± 1.00	3.85 ± 0.98	4.05 ± 1.09	4.08 ± 0.94	8.775	0.000
肯定与关心	3.53 ± 0.95	3.78 ± 0.90	3.74 ± 1.03	3.97 ± 0.91	10.307	0.000
亲密坦露与交流	3.63 ± 1.02	3.75 ± 1.03	3.76 ± 1.08	4.05 ± 0.95	12.133	0.000
陪伴与娱乐	3.83 ± 0.85	4.13 ± 0.93	4.13 ± 0.99	4.31 ± 0.83	13.000	0.000
冲突解决策略	3.81 ± 0.92	3.91 ± 0.92	3.99 ± 1.05	4.19 ± 0.89	11.042	0.000
冲突与背叛	2.93 ± 1.17	3.01 ± 1.23	2.72 ± 1.30	2.74 ± 1.24	3.915	0.008
友谊质量总分	3.57 ± 0.69	3.75 ± 0.64	3.73 ± 0.77	3.89 ± 0.62	11.254	0.000

表 6-25 表明，农村留守儿童友谊质量各维度及友谊质量总分在父母教养类型上存在显著差异（$p<0.01$）。利用 LSD 进一步检验得到如下结论。

在友谊质量总分上，专制型和权威型教养的农村留守儿童得分显著高于忽视型教养的农村留守儿童；权威型教养的农村留守儿童得分显著高于专制型和溺爱型教养的农村留守儿童。

在帮助与指导维度上，溺爱型和权威型教养的农村留守儿童得分显著高于忽视型教养的农村留守儿童；权威型教养的农村留守儿童得分显著高于专制型教养的农村留守儿童。

在肯定与关心维度上，权威型教养的农村留守儿童得分显著高于忽视型、专制型和溺爱型教养的农村留守儿童；专制型教养的农村留守儿童得分显著高于忽视型教养的农村留守儿童。

在亲密坦露与交流、陪伴与娱乐维度上，权威型教养的农村留守儿童得分显著高于忽视型、专制型和溺爱型教养的农村留守儿童。

在冲突解决策略维度上，专制型、溺爱型、权威型教养的农村留守儿童得分显著高于忽视型教养的农村留守儿童。

在冲突与背叛维度上，专制型教养的农村留守儿童得分显著高于溺爱型、权威型教养的农村留守儿童。

11. 农村留守儿童友谊质量在父亲文化程度上的差异分析

我们采用独立样本 t 检验分析了农村留守儿童友谊质量在父亲文化程度上的差异，详见表 6-26。

表 6-26　农村留守儿童友谊质量在父亲文化程度上的差异分析

维度	初中及以下($n=866$)	高中及以上($n=574$)	t	p
帮助与指导	3.95±1.00	4.04±0.94	−1.723	0.085
肯定与关心	3.83±0.95	3.92±0.94	−1.815	0.070
亲密坦露与交流	3.91±1.01	3.93±0.99	−0.316	0.752
陪伴与娱乐	4.21±0.91	4.21±0.84	0.193	0.847
冲突解决策略	4.04±0.94	4.14±0.91	−1.965	0.050
冲突与背叛	2.79±1.23	2.86±1.27	−0.995	0.320
友谊质量总分	3.79±0.67	3.85±0.64	−1.529	0.126

表 6-26 表明，①农村留守儿童友谊质量的冲突解决策略维度在父亲文化程度上存在显著差异（$p=0.05$），父亲文化程度较高的农村留守儿童得分较高。②农村留守儿童在帮助与指导和肯定与关心维度上差异边缘显著（$p=0.085$，$p=0.070$），父亲文化程度较高的农村留守儿童得分较高。③农村留守儿童友谊质量的亲密坦露与交流、陪伴与娱乐、冲突与背叛三个维度及友谊质量总分不存在显著的差异（$p>0.05$）。

12. 农村留守儿童友谊质量在母亲文化程度上的差异分析

我们采用独立样本 t 检验分析了农村留守儿童友谊质量在母亲文化程度上

的差异，详见表 6-27。

表 6-27　农村留守儿童友谊质量在母亲文化程度上的差异分析

维度	初中及以下($n=998$)	高中及以上($n=442$)	t	p
帮助与指导	3.96±1.00	4.06±0.95	−1.922	0.055
肯定与关心	3.84±0.95	3.92±0.93	−1.572	0.116
亲密坦露与交流	3.91±1.02	3.93±0.97	−0.222	0.824
陪伴与娱乐	4.20±0.90	4.23±0.85	−0.566	0.572
冲突解决策略	4.03±0.97	4.18±0.84	−2.675	0.008
冲突与背叛	2.79±1.24	2.90±1.26	−1.587	0.113
友谊质量总分	3.79±0.68	3.87±0.61	−2.041	0.041

表 6-27 表明，①农村留守儿童友谊质量的冲突解决策略维度及友谊质量总分在母亲文化程度上存在显著的差异（$p<0.05$），母亲文化程度较高的农村留守儿童得分较高。②农村留守儿童友谊质量的帮助与指导维度差异边缘显著（$p=0.055$），母亲文化程度较高的农村留守儿童得分较高。③农村留守儿童友谊质量的肯定与关心、亲密坦露与交流、陪伴与娱乐、冲突与背叛维度不存在显著的差异（$p>0.05$）。

13. 农村留守儿童友谊质量在监护人文化程度上的差异分析

我们采用独立样本 t 检验分析了农村留守儿童友谊质量在监护人文化程度上的差异，详见表 6-28。

表 6-28　农村留守儿童友谊质量在监护人文化程度上的差异分析

维度	初中及以下($n=999$)	高中及以上($n=441$)	t	p
帮助与指导	3.97±0.99	4.05±0.97	−1.339	0.181
肯定与关心	3.85±0.94	3.90±0.96	−0.809	0.418
亲密坦露与交流	3.94±1.00	3.89±1.00	0.785	0.433
陪伴与娱乐	4.22±0.89	4.20±0.87	0.332	0.740
冲突解决策略	4.07±0.93	4.10±0.91	−0.452	0.651
冲突与背叛	2.83±1.24	2.79±1.25	0.599	0.549
友谊质量总分	3.82±0.66	3.82±0.66	−0.060	0.953

表 6-28 表明，农村留守儿童友谊质量各维度及友谊质量总分均不存在显著的差异（$p>0.05$）。

四、农村留守儿童师生关系、友谊质量与社会适应的相关分析

(一)农村留守儿童师生关系与社会适应的相关分析

我们将农村留守儿童师生关系各维度及师生关系总分与社会适应各维度及社会适应总分分别进行了相关分析,如表 6-29 所示。

表 6-29　农村留守儿童师生关系与社会适应的相关分析

维度	学习适应	认知适应	积极情绪适应	人际关系适应	生活适应	社会适应总分
亲密性	0.55***	0.14**	0.42***	0.59***	0.34***	0.60***
支持性	0.44***	0.28***	0.36***	0.57***	0.23***	0.55***
满意度	0.59***	0.29***	0.46***	0.64***	0.28***	0.65***
冲突性	−0.36***	−0.17***	−0.21***	−0.38***	−0.04	−0.35***
师生关系总分	0.60***	0.25***	0.44***	0.66***	0.28***	0.66***

表 6-29 表明,①农村留守儿童师生关系总分与社会适应总分呈显著正相关($p<0.001$)。②农村留守儿童师生关系总分与社会适应各维度均呈显著正相关($p<0.001$)。③农村留守儿童师生关系的亲密性、支持性和满意度维度与社会适应总分均呈显著正相关($p<0.001$),冲突性维度与社会适应总分呈显著负相关($p<0.001$)。④农村留守儿童师生关系的亲密性、支持性和满意度维度与社会适应各维度均呈显著正相关。⑤农村留守儿童师生关系的冲突性维度与社会适应的学习适应、认知适应、积极情绪适应、人际关系适应均呈显著负相关,与生活适应相关不显著。

(二)农村留守儿童友谊质量与社会适应的相关分析

我们将农村留守儿童友谊质量各维度及友谊质量总分与社会适应各维度及社会适应总分分别进行了相关分析,详见表 6-30。

表 6-30　农村留守儿童友谊质量与社会适应的相关分析

维度	学习适应	认知适应	积极情绪适应	人际关系适应	生活适应	社会适应总分
帮助与指导	0.49***	0.22***	0.44***	0.56***	0.36***	0.59***
肯定与关心	0.48***	0.24***	0.46***	0.54***	0.40***	0.59***
亲密坦露与交流	0.39***	0.26***	0.41***	0.46***	0.32***	0.51***
陪伴与娱乐	0.40***	0.27***	0.45***	0.49***	0.23***	0.51***
冲突解决策略	0.37***	0.30***	0.35***	0.49***	0.29***	0.50***
冲突与背叛	0.18***	0.02	0.05	0.16**	−0.04	0.13**
友谊质量总分	0.56***	0.31***	0.52***	0.65***	0.38***	0.69***

　　表 6-30 表明，①农村留守儿童友谊质量总分与社会适应总分呈显著正相关($p<0.001$)。②农村留守儿童友谊质量总分与社会适应各维度呈显著正相关($p<0.001$)。③农村留守儿童友谊质量各维度与社会适应总分呈显著正相关($p<0.01$)。④农村留守儿童友谊质量的帮助与指导、肯定与关心、亲密坦露与交流、陪伴与娱乐、冲突解决策略维度与社会适应各维度呈显著正相关($p<0.05$)。⑤农村留守儿童友谊质量的冲突与背叛维度与社会适应的学习适应、人际关系适应维度呈显著正相关($p<0.01$)，与认知适应、积极情绪适应和生活适应维度相关不显著($p>0.05$)。

五、农村留守儿童师生关系、友谊质量与社会适应的回归分析

　　我们分别以师生关系各维度及友谊质量各维度为自变量，以社会适应为因变量，进行了回归分析，详见表 6-31。

表 6-31　农村留守儿童师生关系、友谊质量与社会适应的回归分析

类别		模型 1		模型 2		ΔR^2	ΔF
		β_1	t_1	β_2	t_2		
第一层	亲密性	0.19	10.38***	0.13	7.82***	0.432	274.372
	支持性	0.07	3.41**	0.04	1.85		
	满意度	0.18	8.03***	0.11	5.34***		
	冲突性	0.07	5.22***	0.07	6.12***		

续表

类别		模型 1		模型 2		ΔR^2	ΔF
		β_1	t_1	β_2	t_2		
第二层	肯定与关心			0.11	6.12***	0.532	164.643
	亲密坦露与交流			0.05	3.40**		
	陪伴与娱乐			0.07	4.03***		
	冲突解决策略			0.06	3.78***		
	冲突与背叛			−0.02	−2.45*		

表 6-31 表明，①师生关系的亲密性、支持性、满意度和冲突性维度能够显著正向预测农村留守儿童的社会适应。②友谊质量的肯定与关心、亲密坦露与交流、陪伴与娱乐及冲突解决策略能够显著正向预测农村留守儿童的社会适应。③冲突与背叛维度能够显著负向预测农村留守儿童的社会适应。④亲密性、满意度和冲突性维度在友谊质量各维度与社会适应之间起中介作用。

六、研究分析与讨论

(一)农村留守儿童与非留守儿童师生关系、友谊质量的差异分析

研究发现，农村留守儿童与非留守儿童在师生关系总分上差异显著，且农村留守儿童得分较低。这说明父母双方或单方的教育缺位会对农村留守儿童的人际关系产生消极影响，这一研究结果与以往研究结果一致(李晓巍，刘艳，2013)。基于此，我们分析了两类儿童在四个维度上的得分差异，结果发现农村留守儿童在冲突性维度上得分显著低于农村非留守儿童。这可能是父母长期缺位导致农村留守儿童的亲子依恋较低，进一步导致他们与教师等长者难以建立良好的关系，在此类人际交往中持冷漠态度。此外，农村留守儿童与非留守儿童在友谊质量各维度及友谊质量总分上差异不显著。这表明农村留守儿童与同伴的交往能力并没有受到影响。可能有两个方面导致这一结果。一方面是由于学龄期的农村留守儿童跟同学相处的时间较长，因此农村留守儿童与非留守儿童友谊质量差异并不显著。另一方面是由于在农村学校中，农村留守儿童的数量在其班级中所占比例较大，他们的同伴也多数为留守儿童，相同的生活环境和境遇导致他们更易发展亲密关系，因此农村留守儿童与非留守儿童的友谊质量差异并不显著。

(二)农村留守儿童师生关系、友谊质量的差异分析

1. 农村留守儿童师生关系、友谊质量的性别差异分析

研究发现，农村留守儿童师生关系各维度及师生关系总分存在显著的性别差异，农村留守女童得分更高。这表明农村留守女童更善于与教师交流交往。此外，研究还发现，农村留守女童的友谊质量的帮助与指导、肯定与关心、亲密坦露与交流、陪伴与娱乐、冲突解决策略维度得分及友谊质量总分显著高于农村留守男童。这说明农村留守女童的同伴关系要比农村留守男童好，这与以往的研究结果一致(赵萌，2016)，说明农村留守女童更善于与同伴交流交往。研究者认为这可能受到传统的男女性别角色的影响。女生在遇到困难时更倾向于向别人寻求帮助，从而导致她们与教师之间的交流交往较多，师生关系也更融洽。同时，留守女童在遇到同伴向自己寻求帮助时，自身求助的经历会更容易激发其共情能力，从而导致她们在肯定与关心和陪伴与娱乐维度上得分更高。由于传统教育中往往期待男生更加独立，遇到困难时要勇敢面对，自主解决问题(李志凯，2009)，因此当面临困难和压力时他们更倾向于自己解决问题。这使他们较少地跟教师和同伴进行沟通和交流，从而导致他们在师生关系和友谊质量相关维度上得分更低。

2. 农村留守儿童师生关系、友谊质量的学段差异分析

研究发现，农村留守儿童师生关系各维度及师生关系总分存在学段差异，且小学阶段得分较高。这说明农村小学留守儿童与教师的交流交往质量好于农村初中留守儿童。这与以往研究结果一致(郑晓红，2016)。此外，研究还发现，农村留守儿童友谊质量的冲突与背叛维度存在显著的学段差异，其中农村小学留守儿童得分更高。这与以往研究结果一致(吴春侠，2018)。这可能与不同学段的农村留守儿童心理发展特点有关。农村小学留守儿童仍处于童年早期，当遇到自己无法解决的问题时会及时向周围的教师和同学求助。而农村初中留守儿童大部分都已进入青春期，自尊心和内心闭锁性加强，不再轻易将自己的心事吐露给同伴或教师，因此跟同伴或教师的人际交往变少。

3. 农村留守儿童师生关系、友谊质量的留守类型差异分析

研究发现，农村留守儿童师生关系不存在显著的留守类型差异。也就是说单留守和双留守的农村留守儿童师生关系差异不显著。研究还发现，农村留守儿童友谊质量的帮助与指导维度存在显著的差异，单留守的农村留守儿童得分更高。这与以往的研究结果一致(吴春侠，2018)。婴儿的依恋研究发现，婴儿总是需要有安全的依靠才会勇于探索外部环境，儿童期的孩子也需要父母的支持才能更加独立自主。母亲对孩子的情感支持作用大于父亲，孩子遇到问题时往往会向母亲寻求帮助。大多数单留守的农村留守儿童均是父亲在外打工，母

亲在家照顾。因此单留守的农村留守儿童比双留守的农村留守儿童更容易获得帮助和指导。

4. 农村留守儿童师生关系、友谊质量的父母联系频率差异分析

研究发现，与父母联系越频繁的农村留守儿童师生关系及友谊质量越好。这表明与父母的交流能够提升农村留守儿童与他人交往的能力。亲子关系是儿童最早建立的人际关系，也是他们在发展过程中维持时间最久、最稳定、获得支持最多的一种人际关系。与父母联系频繁，不仅能够锻炼农村留守儿童的人际交往能力，还能够促进他们更多地向父母表露自己内心的想法和需求。当与教师或同伴交往遇到困难时，他们也能及时向父母寻求解决办法。此外，当同伴向自己求助时，他们又可以将父母传授给自己的冲突解决策略传授给同伴，从而建立更好的友谊质量。

5. 农村留守儿童师生关系、友谊质量在上网时间上的差异分析

研究发现，农村留守儿童师生关系和友谊质量存在上网时间的差异，每天上网时间超过 2 小时的农村留守儿童得分较低，每天上网时间控制在半小时以内的农村留守儿童得分较高。这说明农村留守儿童师生关系和友谊质量受到他们每天上网时间的影响。过度依赖网络不仅会出现焦虑、抑郁、多动症等症状，还会出现人际交往能力减退等症状，导致明显的学业和社会功能损伤（凡闻，2018）。农村留守儿童父母长期在外打工，为了方便联系往往会给家中配备智能手机，而家中老人文化水平较低、年龄偏大且溺爱孩子，就给农村留守儿童每天玩手机创造了条件。这导致部分农村留守儿童每天上网时间过长而影响其人际交往。此外，研究还发现，每天上网时间在半小时以内的农村留守儿童的师生关系和友谊质量较好。有研究表明适度的网络社交有利于发展人际关系（郭林鑫，肖飞，马佳季，2020），因此在限制农村留守儿童上网时间、防止其上网成瘾的同时，要引导农村留守儿童正确使用网络。

6. 农村留守儿童师生关系、友谊质量在对父母外出打工态度上的差异分析

研究发现，农村留守儿童师生关系各维度及师生关系总分均存在对父母外出打工态度上的差异，对父母外出打工持支持和不支持态度的农村留守儿童得分高于对父母外出打工持无所谓态度的农村留守儿童。研究还发现，农村留守儿童友谊质量的帮助与指导、肯定与关心、冲突解决策略维度及友谊质量总分存在对父母外出打工态度上的显著差异，对父母外出打工持支持和不支持态度的农村留守儿童得分高于对父母外出打工持无所谓态度的农村留守儿童。根据调查结果，多数农村留守儿童支持父母外出打工，认为父母外出打工是为了给自己和家庭创造更好的生活条件。这说明他们体谅父母外出打工的艰辛。只有少数农村留守儿童不支持父母外出打工。这表明此类农村留守儿童对父母的依

恋程度较强。以上两类农村留守儿童无论是否支持父母外出打工都对父母持有依恋和关爱之心，会与父母常常联系和交流。而对父母外出打工持无所谓态度的农村留守儿童则表现出对父母的淡漠，表明他们缺乏与父母情感上的交流。研究发现，父亲是否在家能够显著预测孩子的人际交往效能感（袁晓鸽，2019）。亲子关系也会对孩子的人际交往产生影响，亲子关系越好，孩子的人际交往能力越强（潘玉芝，2018）。与父母交流较多的农村留守儿童在与他人交往时遇到困难不仅可以寻求父母的帮助，还能从父母那里获得与他人交往的技能。因此对父母外出打工持有支持和不支持态度的农村留守儿童的师生关系和友谊质量相较于对父母外出打工持无所谓态度的农村留守儿童更好。

7. 农村留守儿童师生关系、友谊质量在家庭完整度认知上的差异分析

研究发现，农村留守儿童师生关系各维度及师生关系总分在家庭完整度认知上存在显著差异。认为父母外出打工后家庭完整和不完整的农村留守儿童得分高于认为无所谓家庭是否完整的农村留守儿童，表明农村留守儿童对父母外出打工后家庭完整度上的认知会影响其师生关系。研究还发现，农村留守儿童友谊质量的帮助与指导、肯定与关心、亲密坦露与交流、陪伴与娱乐、冲突解决策略维度及友谊质量总分在家庭完整度认知上存在显著差异；认为父母外出打工后家庭完整和不完整的农村留守儿童得分高于认为无所谓家庭是否完整的农村留守儿童。这表明农村留守儿童对父母外出打工后家庭完整度上的认知会影响其友谊质量。农村留守儿童长期与父母分离已成为既定事实，认为父母离开后的家庭完整或不完整的观点存在个体差异。但这不代表持有这两类家庭观的农村留守儿童与父母之间没有形成深厚的依恋关系，而无所谓家庭是否完整的农村留守儿童与父母之间的关系岌岌可危。父母是农村留守儿童社会化进程中的重要引导者，亲子关系对农村留守儿童建立其他人际关系起到了至关重要的作用。因而与父母关系不佳且认为无所谓家庭是否完整的农村留守儿童的师生关系及友谊质量较差。

8. 农村留守儿童师生关系、友谊质量在对父母想念程度上的差异分析

研究发现，农村留守儿童师生关系各维度及师生关系总分在对父母想念程度上存在显著差异，对父母想念程度越深的农村留守儿童得分越高。同样，农村留守儿童友谊质量各维度及友谊质量总分在对父母想念程度上存在显著差异。这与以往研究结果一致（赵萌，2016）。不难理解，对父母想念程度较深的农村留守儿童与父母的亲子关系也更好，他们更愿意与自己的父母多交流、多分享。与父母分享与交流的过程不仅锻炼了他们与他人交往的技能，还能让他们在与他人交往遇到困难时获得父母的指导和帮助，在亲子关系与人际交往间形成良性循环。因而对父母想念程度较深的农村留守儿童的师生关系和友谊质量较好。

9. 农村留守儿童师生关系、友谊质量在父母教养类型上的差异分析

研究发现，农村留守儿童师生关系各维度及师生关系总分在父母教养类型上存在显著差异，权威型教养的农村留守儿童得分最高，忽视型教养的农村留守儿童得分最低。农村留守儿童友谊质量方面除了冲突与背叛维度，权威型教养的农村留守儿童得分最高，忽视型教养的农村留守儿童得分最低。这与以往研究结果一致（寇二虎，2019）。重要他人理论认为，个体重要他人在其社会化进程中会产生举足轻重的影响。对于农村留守儿童来讲，父母无疑是他们的重要他人。父母的教养类型不仅体现其教育观念，还会通过其教养行为表现出来。已有研究发现采用权威型教养的父母往往会表现出温暖、关心、理解等积极的情绪情感反应和支持性教养行为。在这种教养类型下的儿童一般会表现出更强的人际交往能力（卢富荣，刘丹丹，李杜芳，等，2018）。而采用专制型教养的父母强迫儿童必须按照自己认为正确的方式与他人交往，在无法准确了解儿童与教师或同伴交往遇到的困难时很难帮助儿童解决实际问题。采用忽视型教养的父母则难以觉察儿童与教师或同伴交往时遇到的困难。因此，这两类教养的农村留守儿童友谊质量较差。

10. 农村留守儿童师生关系、友谊质量在父母及监护人文化程度上的差异分析

研究发现，农村留守儿童师生关系的亲密性维度存在父母文化程度差异。父母文化程度高的农村留守儿童得分更高。这表明农村留守儿童师生关系受到父母文化程度的影响。此外，我们还探究了农村留守儿童友谊质量在父母文化程度上的差异，结果发现父母文化程度较高的农村留守儿童的友谊质量更好。这表明文化程度较高的父母更能够体察农村留守儿童的情感需求，并且能有效引导农村留守儿童正确地与他人交流交往。因而父母文化程度较高的农村留守儿童的师生关系和友谊质量较好。研究还发现，农村留守儿童的师生关系和友谊质量不存在监护人文化程度差异。根据调查发现，69.4%的农村留守儿童监护人的文化程度在初中及以下；超过81.3%的农村留守儿童提到其监护人比较关心他们的日常生活的物质需求；不到29.7%的农村留守儿童提到监护人关心其心理健康。可以看出农村留守儿童的监护人多数只负责解决他们的安全及温饱问题，无法提供有效的情感支持和相应的情绪引导。当农村留守儿童与他人交往遇到困难时很难从监护人那里获得解决问题的办法。

（三）农村留守儿童师生关系、友谊质量与社会适应的相关分析

对农村留守儿童师生关系与社会适应之间的相关关系进行分析，结果发现农村留守儿童师生关系总分、亲密性、支持性及满意度维度与社会适应总分及各维度之间均存在显著正相关，冲突性维度与社会适应总分及除生活适应维度

外的其他维度之间存在显著负相关。这表明农村留守儿童与教师之间的关系越好，其社会适应能力越强。这与以往研究结果一致(马林阁，2016)。教师不仅承担着教授学生知识、塑造学生良好行为的职责，还扮演着与父母相似的照料者角色，解决学生间的冲突、照料学生的安全。因此有研究者认为师生关系类似于亲子依恋，是依恋关系的一种拓展和泛化(Robert C.，Pianta，Sheri L. Nimetz，& Elizabeth Bennett，et al.，1997)。对于农村留守儿童来说，他们对教师的依恋程度更强，良好的师生关系能够给他们提供情感支持，帮助他们以积极的态度和期望与他人交流交往，从而促进农村留守儿童社交能力的发展，使其更加适应所处的环境。

此外，研究还发现农村留守儿童友谊质量总分与社会适应各维度之间存在显著正相关。这表明农村留守儿童友谊质量越高，其适应所处环境的能力越强。这与以往研究结果一致(彭美，2020)。大量研究发现良好的同伴关系有利于儿童心理健康和社会适应，反之儿童可能会面临某些心理、人际与社会适应的危机(桑标，邓欣媚，2015)。

(四)农村留守儿童师生关系、友谊质量对社会适应的回归分析

研究发现，农村留守儿童的师生关系能够显著正向预测社会适应。这表明农村留守儿童师生关系越好，其适应社会的能力就越强。这与以往研究结果一致(郑晓红，2016)。如前所述，师生关系尤其是农村留守儿童与教师之间的关系是亲子依恋的一种扩展和泛化。根据依恋理论，师生关系反映了教师与农村留守儿童之间的情感联结，与教师关系较好的农村留守儿童能够从教师那里获得更多的情感支持，从而以更积极的态度与他人交往交流，适应其所处的环境。

研究还发现，农村留守儿童的友谊质量能够显著正向预测其社会适应。这表明农村留守儿童友谊质量越好，其适应所处环境的能力也越强。对于学龄期的农村留守儿童来说，每天与同伴在一起的时间超过与父母和监护人在一起的时间，所以同伴关系对他们的社会行为发展具有相当重要的作用。已有研究发现，良好的同伴关系能够正向预测儿童的社会适应能力(张兴旭，郭海英，林丹华，2019)。

我们进一步探讨了学校环境中师生关系和友谊质量对农村留守儿童社会适应的影响机制，发现农村留守儿童的师生关系在友谊质量与社会适应之间起中介作用。这表明友谊质量不仅可以直接对社会适应产生影响，还可以通过师生关系对社会适应产生影响。儿童在与同伴交往的过程中不可避免地会出现矛盾。对于农村非留守儿童来说，与同伴产生矛盾时可以向父母倾诉并获得应对矛盾的方法。但对于农村留守儿童来说，这一应对同伴间矛盾的渠道受阻。师

生关系是农村留守儿童进入学校后建立的第一个与成人之间的社会关系。良好的师生关系不仅可以使农村留守儿童建立与他人交往的信心，还可以给农村留守儿童提供支持，帮助他们解决各种生活和学习问题，促进其适应所处的环境。

七、研究结论

第一，农村留守儿童与非留守儿童在师生关系总分及冲突性维度上差异显著，农村留守儿童得分较低；农村留守儿童与非留守儿童在友谊质量各维度及友谊质量总分上差异不显著。

第二，农村留守儿童师生关系存在一定的差异。具体表现为：①农村留守男童和女童在师生关系总分及各维度上差异显著，均为留守女童得分更高。②农村留守儿童在师生关系总分及各维度上学段差异显著，均为农村小学留守儿童得分更高。③农村留守儿童在师生关系总分及各维度上不存在留守类型差异。④农村留守儿童在师生关系总分及各维度存在极其显著的父母联系频率差异，与父母联系频率越高的农村留守儿童与教师的关系越好。⑤农村留守儿童在师生关系总分及各维度上存在上网时间差异，每天上网时间超过 2 小时的农村留守儿童与教师的关系最差，每天上网时间在半小时以内的农村留守儿童与教师关系最好。⑥农村留守儿童师生关系总分及各维度在对父母外出打工态度上存在显著差异，认为父母外出打工无所谓的农村留守儿童得分最低，与教师的关系最差。⑦农村留守儿童师生关系总分及各维度在家庭完整认知上存在显著差异，认为无所谓家庭是否完整的农村留守儿童得分最低，师生关系最差。⑧农村留守儿童师生关系总分及各维度在对父母想念程度上存在显著差异，对父母想念程度越深的农村留守儿童得分越高。⑨农村留守儿童师生关系总分及各维度在父母教养类型上存在显著差异，权威型教养的农村留守儿童得分最高，忽视型教养的农村留守儿童得分最低。⑩农村留守儿童师生关系总分及亲密性维度存在父母文化程度的差异，亲密性维度存在父母和监护人文化程度的差异，且父母的文化程度越高，农村留守儿童得分越高；满意度和冲突性维度不存在显著的父母和监护人文化程度差异。

第三，农村留守儿童友谊质量存在一定的差异。具体表现为：①农村留守男童和女童在友谊质量总分及帮助与指导、肯定与关心、亲密坦露与交流、陪伴与娱乐和冲突解决策略五个维度上差异显著，农村留守女童得分高于农村留守男童，冲突与背叛维度差异不显著。②农村留守儿童在亲密坦露与交流维度上存在显著的学段差异，农村初中留守儿童得分更高；在冲突与背叛维度上存在显著的学段差异，农村小学留守儿童得分更高。③农村留守儿童在帮助与指导维度上存在显著的差异，农村单留守儿童得分更高。④农村留守儿童友谊质量总分及各维度存在极其显著的父母联系频率差异。⑤农村留守儿童友谊质量及各维度存在上网时间的差异，每天上网时间超过 2 小时的农村留守儿童友谊质量较差，每天上网时间在半小时以内的农村留守儿童友谊质量较好。⑥农村留守儿童友谊质量总分、帮助与指导、肯定与关心、冲突解决策略维度在对父亲外出打工态度上存在显著的差异，亲密坦露与交流、陪伴与娱乐及冲突与背叛维度差异不显著。⑦农村留守儿童友谊质量总分、帮助与指导、肯定与关心、亲密坦露与交流、陪伴与娱乐、冲突解决策略维度在对母亲外出打工态度上存在显著的差异，冲突与背叛维度差异不显著。⑧农村留守儿童友谊质量总分及帮助与指导、肯定与关心、亲密坦露与交流、陪伴与娱乐、冲突解决策略维度存在显著的家庭完整度认知上的差异，冲突与背叛维度差异不显著。⑨农村留守儿童友谊质量总分及各维度在对父母想念程度上存在显著的差异。⑩农村留守儿童友谊质量总分及各维度在父母教养类型上存在显著差异。⑪农村留守儿童在冲突解决策略维度上存在显著的父亲文化程度的差异；农村留守儿童友谊质量总分及冲突解决策略维度存在显著的母亲文化程度的差异；农村留守儿童友谊质量总分及各维度均不存在监护人文化程度的差异。

　　第四，农村留守儿童师生关系、友谊质量与社会适应的相关存在差异。具体表现为：①农村留守儿童师生关系总分与社会适应总分及各维度呈显著正相关。②农村留守儿童友谊质量总分及帮助与指导、肯定与关心、亲密坦露与交流、陪伴与娱乐、冲突解决策略维度与社会适应总分及各维度均呈显著正相关，冲突与背叛维度与认知适应、积极情绪适应和生活适应相关不显著。

　　第五，农村留守儿童师生关系、友谊质量各维度能预测社会适应。具体表现为：①师生关系的亲密性、支持性、满意度和冲突性维度能够显著正向预测农村留守儿童的社会适应。②友谊质量的肯定与关心、亲密坦露与交流、陪伴与娱乐及冲突解决策略能够显著正向预测农村留守儿童的社会适应。③冲突与背叛维度能够显著负向预测农村留守儿童的社会适应。④亲密性、满意度和冲突性维度在友谊质量各维度与社会适应之间起中介作用。

八、研究对策与建议

（一）政府要树立积极的农村留守儿童工作理念

　　在城镇化背景下我国农村留守儿童现象凸显，农村留守儿童工作牵涉到教育、社会、妇联等多个工作领域。破解农村留守儿童问题，需要政府、社会各界共同努力，使出组合拳。政府应该积极倡导，让全社会形成城乡共同体思维，认识到农村留守儿童是国家、社会、城乡的共同儿童，并不是单纯属于农村的儿童。因此，面向未来的积极思维就是要破除"农村留守儿童是问题儿童"等缺乏平等、公正的落后理念，建立"农村留守儿童是特殊群体""他们需要特殊支持""他们具有自身优势""他们要和农村非留守儿童一起创造祖国的未来"等积极认识。

(二)学者要研究农村留守儿童社会适应类型甄别框架

目前我国农村留守儿童群体的社会适应总体较弱。如果要保证政策设计和工作制度框架建立方面更加科学和完善，建议有关专家学者联合农村留守儿童实践工作者，共同建立农村留守儿童社会适应类型甄别框架；建立具有中国特色的农村留守儿童社会适应状况监测工具，并准确对我国各级各类农村留守儿童的社会适应进行分类。农村留守儿童社会适应的特征不同、性质各异、原因多元。只有建立了科学的类型甄别框架，才能准确诊断农村留守儿童社会适应的问题，并针对不同类型的问题寻找对策，从而为制度设计和工作体系建立提供理论参考。

(三)社会要建立儿童心理立体化工作保障体系

近年来，关于农村留守儿童关爱工作取得了不少成绩。在我国教育领域、社会工作领域、共青团领域、妇女儿童领域等都有较多的工作指向。但是，当前的工作保障体系条块化现象比较明显，各级工作内容明显缺少直接指向儿童心理的特征。因此，我们必须采用工程式、项目式的工作机制，建立能够破解条块内部矛盾的高效立体化工作保障体系，统筹各领域的农村留守儿童关爱工作。

(四)学校要搭建农村留守儿童心理交流空间

研究结果显示，农村留守儿童的师生关系和友谊质量同家校联系情况、师生交往情况、父母教养类型、上网时间等因素密切相关。农村留守儿童在学校学习生活时间较长，学校对提高农村留守儿童的社会适应性大有可为。一是学校要给予农村留守儿童特殊的关注。学校要建立农村留守儿童工作制度，建立工作台账和农村留守儿童成长档案袋，熟悉农村留守儿童情况；将农村留守儿童工作纳入教师考核工作内容。二是学校可以利用自身便利条件，建立农村留守儿童心理交流空间，让农村留守儿童有地方诉说，有机会寻求帮助。

(五)社区要加强农村留守儿童监护人培训

研究表明，农村留守儿童监护人对其师生关系、友谊质量和社会适应性具有显著影响。然而，现实中农村留守儿童的监护人大多年龄偏大，缺少基本的教育意识和教育能力。他们尤其是在管理孩子学习、规范孩子使用手机网络以及如何同教师交往等方面能力欠缺，认识不到位。因此，建议通过家长学校、结对帮扶等形式，对农村留守儿童监护人进行一些必要的培训，提高监护人的意识和行动能力。这是因为他们是陪伴农村留守儿童成长时间较长的人。

第七章　农村留守儿童社会支持与社会适应

一、概述

　　社会支持是指个体从其人际网络或社会资源中获取各种帮助以减轻其压力的一个综合性因素。研究者根据支持的类型将社会支持分为情感性主观支持、工具性客观支持和对支持的利用度(肖水源，1987)，个体和家庭成员、同伴的亲密关系及其他非正式的人际网络都可以是个体应对压力和挫折、适应其生活的环境来源。近年来，关于社会支持在个体适应过程中的作用逐渐成为研究者关注的焦点。有研究发现缺乏家人和同伴支持的儿童存在更多的抑郁和焦虑等不良情绪反应。有研究发现社会支持能够减少多种外向性问题行为的出现(Demaray M. K. & Malecki C. K. ，2002)。还有研究发现主观支持对于初中留守儿童的违法、欺骗和违纪等多种适应不良行为均具有显著的负向预测作用(刘霞，范兴华，申继亮，2007)。这些研究结果表明个体缺乏社会支持不仅可以导致个体的焦虑、抑郁等内向性的不良情绪反应，还可以导致打架、违纪等多种外向性适应不良行为的产生。此外，研究还发现，社会支持在个体社会适应和其他因素之间起中介作用。有研究发现，领悟社会支持在留守初中生生活事件和内化问题之间起中介作用(刘爽，2019)。一项有关寄宿制初中生自我概念、社会支持和学校适应之间的关系的研究发现，学生的社会支持水平不仅会影响其学校适应水平，还会通过自我概念影响其学校适应(刘琪，2017)。

　　综上所述，调查个体的社会支持状况，了解其社会支持特点，对提高他们的社会适应水平是大有帮助的。农村留守儿童是我国庞大而特殊的群体之一。长期与父母分离导致他们获得的社会支持相较于其他儿童更少，从而引发他们焦虑、抑郁、叛逆、自卑、逃学、厌学等诸多心理与行为问题，进一步导致他们无法适应当前所处的生活和学习环境。然而，一些研究仅仅分析了农村留守儿童获得的客观支持、主观支持及对支持的利用度与社会适应能力之间的关系，并没有深度考察农村留守儿童家庭成员、学校教师及同伴分别给农村留守儿童提供社会支持的特点，以及社会支持影响社会适应的具体作用机制。鉴于此，我们对农村留守儿童的社会支持现状展开调查，了解农村留守儿童社会支持的特点，分析社会支持与社会适应的关系，为制定提高农村留守儿童社会适应水平的有效举措提供依据。

二、农村留守儿童与非留守儿童社会支持的差异分析

我们采用独立样本 t 检验分析了农村留守儿童与非留守儿童在社会支持各维度上的差异，详见表 7-1。

表 7-1　农村留守儿童与非留守儿童社会支持的差异分析

维度	留守儿童($n=1440$)	非留守儿童($n=1084$)	t	p
客观支持	9.57 ± 3.56	9.28 ± 3.38	2.065	0.039
主观支持	12.50 ± 2.77	12.71 ± 2.77	-1.810	0.070
对支持的利用度	7.83 ± 2.34	8.01 ± 2.41	-1.869	0.062
社会支持总分	41.27 ± 11.17	39.16 ± 11.14	4.696	0.000

表 7-1 表明，①农村留守儿童与非留守儿童的社会支持总分存在极其显著的差异（$p<0.001$），农村留守儿童得分更高。②农村留守儿童与非留守儿童在主观支持和对支持的利用度两个维度上差异边缘显著（$p=0.070$，$p=0.062$），农村留守儿童得分低于农村非留守儿童。③农村留守儿童在客观支持维度上得分显著高于农村非留守儿童（$p<0.05$）。

三、农村留守儿童社会支持的差异分析

（一）农村留守儿童社会支持的性别差异分析

我们采用独立样本 t 检验分析了农村留守儿童在社会支持各维度上的性别差异，详见表 7-2。

表 7-2　农村留守儿童社会支持的性别差异分析

维度	男童($n=727$)	女童($n=713$)	t	p
客观支持	9.75 ± 3.69	9.39 ± 3.42	1.887	0.059
主观支持	12.60 ± 2.59	12.41 ± 2.94	1.298	0.195
对支持的利用度	7.74 ± 2.41	7.92 ± 2.26	-1.452	0.147
社会支持总分	40.63 ± 11.33	41.92 ± 10.97	-2.200	0.028

表 7-2 表明，①不同性别的农村留守儿童在社会支持总分上差异显著（$p<0.05$），农村留守男童得分低于农村留守女童。②不同性别的农村留守儿童在客观支持维度上差异边缘显著（$p=0.059$），农村留守男童得分显著高于农村留守女童。③不同性别的农村留守儿童在主观支持和对支持的利用度两个维度上差异均不显著（$p>0.05$）。

（二）农村留守儿童社会支持的学段差异分析

我们采用独立样本 t 检验分析了农村留守儿童在社会支持各维度上的学段差异，详见表 7-3。

表 7-3　农村留守儿童社会支持的学段差异分析

维度	小学($n=725$)	初中($n=715$)	t	p
客观支持	8.71 ± 2.69	9.98 ± 2.96	-4.70	0.00
主观支持	12.87 ± 2.39	12.47 ± 2.34	1.73	0.08
对支持的利用度	7.71 ± 2.36	7.39 ± 1.80	1.53	0.13
社会支持总分	35.60 ± 6.53	35.95 ± 6.19	-0.57	0.57

表 7-3 表明，①农村小学留守儿童和农村初中留守儿童社会支持总分差异不显著（$p>0.05$）；②农村初中留守儿童的客观支持维度得分显著高于农村小学留守儿童（$p<0.01$）；③农村小学留守儿童和农村初中留守儿童在主观支持维度上差异边缘显著（$p=0.08$），农村小学留守儿童得分更高；④农村小学留守儿童和农村初中留守儿童在对支持的利用度维度上差异不显著。

（三）农村留守儿童社会支持的留守类型差异分析

我们采用独立样本 t 检验分析了农村留守儿童社会支持的留守类型差异，详见表 7-4。

表 7-4　农村留守儿童社会支持的留守类型差异分析

维度	单留守($n=780$)	双留守($n=660$)	t	p
客观支持	9.15 ± 2.96	9.25 ± 2.73	-0.72	0.47
主观支持	12.86 ± 2.39	12.56 ± 2.31	1.73	0.04
对支持的利用度	7.65 ± 2.19	7.51 ± 2.15	1.11	0.27
社会支持总分	35.94 ± 6.41	35.49 ± 6.41	0.70	0.50

表 7-4 表明，①两种留守类型的农村留守儿童的社会支持总分差异不显著（$p>0.05$）；②农村双留守儿童在主观支持维度上得分显著低于农村单留守儿童（$p<0.05$）；③两种留守类型的农村留守儿童在客观支持和对支持的利用度两个维度上得分差异不显著（$p>0.05$）。

(四)农村留守儿童社会支持的父母联系频率差异分析

我们采用单因素方差分析法分析了农村留守儿童社会支持在父母联系频率上的差异，详见表 7-5。

表 7-5　农村留守儿童社会支持的父母联系频率差异分析

维度	经常联系 ($n=958$)	有时联系 ($n=317$)	很少联系 ($n=143$)	没有联系 ($n=22$)	F	p
客观支持	9.89 ± 3.72	9.35 ± 3.07	8.28 ± 3.10	7.83 ± 2.62	10.770	0.00
主观支持	12.95 ± 2.50	11.91 ± 2.55	11.16 ± 3.71	11.28 ± 3.39	27.542	0.00
对支持的利用度	8.13 ± 2.38	7.50 ± 2.06	6.79 ± 2.15	6.33 ± 1.50	20.136	0.00
社会支持总分	43.02 ± 11.19	38.68 ± 9.89	35.81 ± 10.86	35.67 ± 10.58	27.599	0.00

表 7-5 表明，与父母联系频率不同的农村留守儿童社会支持总分及各维度得分存在极其显著的差异（$p<0.001$）。利用 LSD 进一步检验得到如下结论。

在社会支持总分上，与父母经常联系的农村留守儿童得分显著高于与父母有时联系、很少联系及没有联系的农村留守儿童；与父母有时联系的农村留守儿童得分显著高于与父母很少联系的农村留守儿童。这表明农村留守儿童与父母联系频率越高，其社会支持总分越高。

在客观支持维度上，与父母经常联系的农村留守儿童得分显著高于与父母有时联系、很少联系及没有联系的农村留守儿童；与父母有时联系的农村留守儿童得分显著高于与父母很少联系的农村留守儿童。这表明农村留守儿童与父母联系频越高，获得的客观支持越多。

在主观支持维度上，与父母经常联系的农村留守儿童得分显著高于与父母

有时联系、很少联系及没有联系的农村留守儿童；与父母有时联系的农村留守
儿童得分显著高于与父母很少联系的农村留守儿童。这表明农村留守儿童与父
母联系频率越高，其感受到的社会支持越高。

在对支持的利用度维度上，与父母经常联系的农村留守儿童得分显著高于
与父母有时联系、很少联系及没有联系的农村留守儿童；与父母有时联系的农
村留守儿童得分显著高于与父母很少联系的农村留守儿童。这表明农村留守儿
童与父母联系频率越高，其利用支持的能力越强。

(五)农村留守儿童社会支持在对父亲外出打工态度上的差异分析

我们采用单因素方差分析法分析了农村留守儿童社会支持在对父亲外出打
工态度上的差异，详见表 7-6。

表 7-6　农村留守儿童社会支持在对父亲外出打工态度上的差异分析

维度	支持($n=993$)	无所谓($n=256$)	不支持($n=191$)	F	p
客观支持	9.71±3.55	9.08±3.72	9.65±3.32	2.86	0.05
主观支持	12.70±2.59	11.79±3.25	12.27±2.81	10.92	0.00
对支持的利用度	8.00±2.36	7.16±2.07	7.90±2.39	12.20	0.00
社会支持总分	41.44±11.32	38.26±10.90	42.22±10.55	8.62	0.00

表 7-6 表明，农村留守儿童社会支持总分及主观支持和对支持的利用度两
个维度在对父亲外出打工态度上存在极其显著的差异($p<0.001$)，在客观支
持维度上差异边缘显著。通过 LSD 进一步检验得到如下结论。

在社会支持总分上，对父亲外出打工持支持态度和不支持态度的农村留守
儿童得分显著高于持无所谓态度的农村留守儿童。

在客观支持维度上，对父亲外出打工持支持态度的农村留守儿童得分显著
高于持无所谓态度的农村留守儿童。

在主观支持维度上，对父亲外出打工持支持态度和不支持态度的农村留守
儿童得分显著高于持无所谓态度的农村留守儿童。

在对支持的利用度维度上，对父亲外出打工持支持态度的农村留守儿童得
分显著高于持无所谓态度的农村留守儿童。

(六)农村留守儿童社会支持在对母亲外出打工态度上的差异分析

我们采用单因素方差分析法分析了农村留守儿童社会支持在对母亲外出打
工态度上的差异，详见表 7-7。

表 7-7　农村留守儿童社会支持在对母亲外出打工态度上的差异分析

维度	支持($n=731$)	无所谓($n=320$)	不支持($n=389$)	F	p
客观支持	9.62 ± 3.76	9.05 ± 3.63	9.46 ± 3.02	2.07	0.13
主观支持	12.64 ± 2.64	11.65 ± 3.07	12.60 ± 2.69	11.12	0.00
对支持的利用度	7.87 ± 2.36	7.11 ± 1.87	7.84 ± 2.29	9.91	0.00
社会支持总分	41.32 ± 11.25	37.25 ± 10.90	39.25 ± 10.88	11.83	0.00

表 7-7 表明，农村留守儿童社会支持总分及主观支持和对支持的利用度两个维度在对母亲外出打工态度上存在极其显著的差异（$p<0.001$），客观支持维度差异不显著。利用 LSD 进一步检验得到如下结论。

在社会支持总分上，对母亲外出打工持支持态度的农村留守儿童得分显著高于对母亲外出打工持不支持和无所谓态度的农村留守儿童；对母亲外出打工持不支持态度的农村留守儿童得分显著高于持无所谓态度的农村留守儿童。

在主观支持维度上，对母亲外出打工持支持态度的农村留守儿童得分显著高于持无所谓态度的农村留守儿童；对母亲外出打工持不支持态度的农村留守儿童得分显著高于持无所谓态度的农村留守儿童。

在对支持的利用度维度上，对母亲外出打工持支持态度的农村留守儿童得分显著高于持无所谓态度的农村留守儿童；对母亲外出打工持不支持态度的农村留守儿童得分显著高于持无所谓态度的农村留守儿童。

(七)农村留守儿童社会支持在家庭完整度认知上的差异分析

我们采用单因素方差分析法分析了农村留守儿童社会支持在家庭完整度认知上的差异，详见表 7-8。

表 7-8　农村留守儿童社会支持在家庭完整度认知上的差异分析

维度	完整($n=214$)	无所谓($n=183$)	不完整($n=1043$)	F	p
客观支持	9.35 ± 3.69	9.15 ± 3.97	9.72 ± 3.45	2.46	0.09
主观支持	12.53 ± 3.01	11.52 ± 3.55	12.70 ± 2.50	14.14	0.00
对支持的利用度	7.92 ± 2.57	6.93 ± 2.07	7.98 ± 2.29	15.69	0.00
社会支持总分	41.93 ± 11.13	37.90 ± 10.75	41.72 ± 11.18	9.33	0.00

表 7-8 表明，对家庭完整度认知不同的农村留守儿童社会支持总分及主观支持和对支持的利用度两个维度存在极其显著的差异（$p<0.001$），客观支持维度得分差异边缘显著（$p=0.09$）。利用 LSD 进一步检验得到如下结论。

在社会支持总分上，认为父母外出打工后家庭完整的农村留守儿童得分显著高于认为家庭无所谓是否完整的农村留守儿童；认为家庭不完整的农村留守儿童得分显著高于认为家庭无所谓是否完整的农村留守儿童。

在客观支持维度上，认为父母外出打工后家庭不完整的农村留守儿童得分显著高于认为无所谓家庭是否完整的农村留守儿童。

在主观支持维度上，认为父母外出打工后家庭完整的农村留守儿童得分显著高于认为家庭无所谓是否完整的农村留守儿童；认为家庭不完整的农村留守儿童得分显著高于认为家庭无所谓是否完整的农村留守儿童。

在对支持的利用度维度上，认为父母外出打工后家庭不完整的农村留守儿童得分显著高于认为家庭无所谓是否完整的农村留守儿童。

(八)农村留守儿童社会支持在对父母想念程度上的差异分析

我们采用单因素方差分析法分析了农村留守儿童社会支持在对父母想念程度上的差异，详见表 7-9。

表 7-9　农村留守儿童社会支持在对父母想念程度上的差异分析

维度	非常想念 ($n=932$)	有些想念 ($n=330$)	偶尔想念 ($n=142$)	不想念 ($n=36$)	F	p
客观支持	9.97±3.75	9.06±3.03	8.69±3.23	7.73±2.40	12.25	0.00
主观支持	12.91±2.58	12.14±2.56	11.08±2.58	11.79±5.72	23.06	0.00
对支持的利用度	8.24±2.39	7.25±2.15	7.11±1.76	5.82±1.51	30.66	0.00
社会支持总分	43.42±11.15	38.24±10.01	36.23±9.99	34.18±10.90	35.92	0.00

表 7-9 表明，对父母想念程度不同的农村留守儿童社会支持总分及各维度差异极其显著（$p<0.001$）。利用 LSD 进一步检验得到如下结论。

在社会支持总分上，非常想念父母的农村留守儿童得分显著高于有些想念、偶尔想念和不想念父母的农村留守儿童；有些想念父母的农村留守儿童得分显著高于不想念父母的农村留守儿童。

在客观支持维度上，非常想念父母的农村留守儿童得分显著高于有些想念、偶尔想念和不想念父母的农村留守儿童；有些想念父母的农村留守儿童得分显著高于偶尔想念父母的农村留守儿童。

在主观支持维度上，非常想念父母的农村留守儿童得分显著高于有些想念、偶尔想念和不想念父母的农村留守儿童。

在对支持的利用度维度上，非常想念父母的农村留守儿童得分显著高于有些想念、偶尔想念和不想念父母的农村留守儿童。

(九)农村留守儿童社会支持在父母教养类型上的差异分析

我们采用单因素方差分析法分析了农村留守儿童社会支持在父母教养类型上的差异，详见表 7-10。

表 7-10　农村留守儿童社会支持在父母教养类型上的差异分析

维度	忽视型 ($n=139$)	专制型 ($n=317$)	溺爱型 ($n=114$)	权威型 ($n=870$)	F	p
客观支持	8.05 ± 3.22	9.18 ± 4.01	9.49 ± 4.18	9.96 ± 3.33	12.13	0.00
主观支持	11.05 ± 3.11	11.97 ± 2.69	12.53 ± 2.32	12.92 ± 2.70	22.20	0.00
对支持的利用度	6.98 ± 2.21	7.32 ± 2.33	7.75 ± 2.15	8.16 ± 2.33	16.35	0.00
社会支持总分	37.57 ± 9.84	38.58 ± 11.42	40.51 ± 11.66	42.91 ± 10.93	17.04	0.00

表 7-10 表明，不同父母教养类型的农村留守儿童社会支持总分及各维度差异极其显著（$p<0.001$）。利用 LSD 进一步检验得到如下结论。

在社会支持总分上，权威型教养的农村留守儿童得分显著高于忽视型、专制型和溺爱型教养的农村留守儿童；溺爱型教养的农村留守儿童得分显著高于忽视型教养的农村留守儿童。

在客观支持维度上，专制型、溺爱型和权威型教养的农村留守儿童得分显著高于忽视型教养的农村留守儿童；权威型教养的农村留守儿童得分显著高于专制型教养的农村留守儿童。

在主观支持维度上，专制型、溺爱型和权威型教养的农村留守儿童得分显著高于忽视型教养的农村留守儿童；权威型教养的农村留守儿童得分显著高于专制型教养的农村留守儿童。

在对支持的利用度维度上，溺爱型和权威型教养的农村留守儿童得分显著高于忽视型教养的农村留守儿童得分。

(十)农村留守儿童社会支持在父亲文化程度上的差异分析

我们采用独立样本 t 检验分析了农村留守儿童社会支持在父亲文化程度上的差异，详见表 7-11。

表 7-11　农村留守儿童社会支持在父亲文化程度上的差异分析

维度	初中及以下（$n=866$）	高中及以上（$n=574$）	t	p
客观支持	9.53 ± 3.49	9.64 ± 3.69	-0.600	0.548
主观支持	12.35 ± 2.67	12.74 ± 2.91	-2.633	0.090

维度	初中及以下($n=866$)	高中及以上($n=574$)	t	p
对支持的利用度	7.74±2.28	7.96±2.42	−1.763	0.078
社会支持总分	40.78±10.83	41.92±11.64	−1.891	0.059

表 7-11 表明，①父亲为初中及以下和高中及以上文化程度的农村留守儿童社会支持总分和对支持的利用度维度达到边缘显著（$p=0.059$，$p=0.078$），表现为父亲文化程度越高的农村留守儿童在社会支持总分和对支持的利用度维度上得分越高。②父亲为初中及以下和高中及以上文化程度的农村留守儿童在主观支持维度上差异不显著（$p>0.05$），表现为父亲文化程度越高的农村留守儿童在主观支持维度上得分越高。③父亲为初中及以下和高中及以上文化程度的农村留守儿童在客观支持维度上差异不显著（$p>0.05$）。

(十一)农村留守儿童社会支持在母亲文化程度上的差异分析

我们采用独立样本 t 检验分析了农村留守儿童社会支持在母亲文化程度上的差异，详见表 7-12。

表 7-12　农村留守儿童社会支持在母亲文化程度上的差异分析

维度	初中及以下($n=998$)	高中及以上($n=442$)	t	p
客观支持	9.58±3.45	9.61±3.79	−0.131	0.896
主观支持	12.43±2.84	12.67±2.63	−1.500	0.134
对支持的利用度	7.78±2.32	7.95±2.39	−1.262	0.207
社会支持总分	41.32±10.93	41.07±11.71	0.391	0.696

表 7-12 表明，农村留守儿童社会支持总分及各维度在母亲文化程度上的差异均不显著（$p>0.05$）。

(十二)农村留守儿童社会支持在监护人文化程度上的差异分析

我们采用独立样本 t 检验分析了农村留守儿童社会支持在监护人文化程度上的差异，详见表 7-13。

表 7-13　农村留守儿童社会支持在监护人文化程度上的差异分析

维度	初中及以下($n=999$)	高中及以上($n=441$)	t	p
客观支持	9.54±3.33	9.73±3.98	−0.949	0.343
主观支持	12.44±2.66	12.74±2.90	−1.869	0.062

续表

维度	初中及以下($n=999$)	高中及以上($n=441$)	t	p
对支持的利用度	7.83±2.36	7.88±2.28	−0.352	0.725
社会支持总分	41.17±10.97	41.69±11.52	−0.821	0.412

表 7-13 表明，农村留守儿童社会支持总分及各维度在监护人文化程度上的差异均不显著（$p>0.05$）。

四、农村留守儿童社会支持与社会适应的相关分析

我们采用皮尔逊积差相关的方法，计算农村留守儿童社会支持三个维度及总分与社会适应五个维度及总分的相关关系，详见表 7-14。

表 7-14　农村留守儿童社会支持与社会适应的相关分析

维度	学习适应	认知适应	积极情绪适应	人际关系适应	生活适应	社会适应总分
客观支持	0.08**	0.16***	0.19***	0.14***	0.10***	0.18***
主观支持	0.16***	0.36***	0.31***	0.29***	0.18***	0.36***
对支持的利用度	0.15***	0.37***	0.36***	0.33***	0.23***	0.40***
社会支持总分	0.15***	0.30***	0.26***	0.24***	0.25***	0.33***

表 7-14 表明，①农村留守儿童社会支持总分与社会适应总分呈显著正相关（$p<0.01$）。②农村留守儿童社会支持各维度与社会适应各维度呈显著正相关（$p<0.01$）。

五、农村留守儿童社会支持与社会适应的回归分析

为了进一步探讨农村留守儿童社会支持对社会适应的影响机制，我们以农村留守儿童的社会适应总分及各维度为因变量，以社会支持各维度为自变量进行了逐步回归分析，详见表 7-15。

表 7-15　农村留守儿童社会支持与社会适应的回归分析

因变量	自变量	β	t	R	R^2_{adj}	F
人际关系适应	主观支持	0.29	2.99	0.50	0.25	37.72

因变量	自变量	β	t	R	R_{adj}^2	F
学习适应	主观支持	0.25	2.51	0.45	0.19	27.94
	对支持的利用度	0.48	2.51			
生活适应	客观支持	0.20	1.84	0.25	0.15	7.13

表 7-15 表明，①农村留守儿童社会支持的主观支持维度能够显著正向预测社会适应中的学习适应和人际关系适应。②主观支持和对支持的利用度维度能够显著正向预测社会适应中的学习适应。③客观支持维度能够显著正向预测社会适应中的生活适应。

六、研究分析与讨论

（一）农村留守儿童与非留守儿童社会支持的差异分析

研究发现，农村留守儿童与非留守儿童获得的社会支持存在显著差异，农村留守儿童获得的社会支持更多。这说明农村留守儿童感受到的支持并不会因与父母长期分离而受到不良影响。为探究农村留守儿童获得支持的现状特点，我们分析了两类儿童在三个维度上的得分差异，发现两类儿童在客观支持维度上差异显著，农村留守儿童的客观支持得分显著高于农村非留守儿童。客观支持主要是指物质资源上的支持。出现上述结果的原因可能是农村留守儿童的父母常年在外打工，收入相对提高，且与孩子长期分离，无法及时发现他们的物质生活需求，出于补偿心理往往会给予孩子更多的物质支持。因此相比于农村非留守儿童，农村留守儿童获得的客观物质支持更多一些。此外，研究还发现，主观支持和对支持的利用度两个维度的差异边缘显著，农村非留守儿童在这两个维度上得分更高。主观支持是指被他人理解或接纳的主观情感上的支持。对支持的利用度是指将从父母或社交网络环境中获得的支持应用于自己生活的程度。马里等人的研究发现，儿童主要的社会支持源自父母、教师及同伴，且父母给予的支持是无可替代的（Ana Mari Cauce & Debra S. Srebnik，1990）。由于农村留守儿童的父母至少一方长期外出打工，双方彼此仅靠电话、微信等方式进行短暂的联系，这就导致他们的父母无法及时发现他们在生活中的情感需求。因此农村留守儿童的主观支持低于农村非留守儿童。这一结果与以往研究结果一致。调查发现，多数农村留守儿童是跟祖辈生活在一起的。祖辈更关心孩子的物质需求，较少关注孩子主观情感的需求。还有研究发现，农村留守儿童感受到的主观支持越多，也就越能充分利用社会支持（刘晓慧，杨玉岩，哈丽娜，等，2012）。因此农村留守儿童对支持的利用度也低于农村非留守儿童。

(二)农村留守儿童社会支持的差异分析

1. 农村留守儿童社会支持的性别差异分析

研究表明，农村留守男童和留守女童的社会支持总分差异显著，农村留守女童得分更高。这与以往研究结果一致（刘晓慧，杨玉岩，哈丽娜，等，2012；张绿次，2018）。这可能受到传统的男女性别角色的影响。女生在遇到困难时向他人寻求帮助被认为是解决问题的较好方法。但是传统教育往往期待男生更加独立，要求他们遇到困难时勇敢面对、自主解决问题（刘霞，赵景欣，申继亮，等，2007）。因此相比于农村留守女童，农村留守男童获得的社会支持更少。此外，研究还发现，农村留守男童和农村留守女童在客观支持维度上差异边缘显著，农村留守男童得分高于农村留守女童，农村留守男童和农村留守女童在主观支持和对支持的利用度维度上差异不显著。这与男童和女童的人格特质有一定关系。中小学阶段的男童往往更加活泼好动，父母也需要花费更多精力在他们身上。这就导致父母更能体察他们在日常生活中的客观物质需求。男童遇到问题时倾向于自己解决问题，因此导致男童寻求支持和帮助的主观意识较弱。女童则表现得更加安静和善解人意，因此父母对于她们的关注度较低，有时无法及时发现她们的一些生活需求。但她们在遇到问题时无论是在主观上还是在实际行动中都更倾向于寻求他人帮助。这就导致了农村留守男童在客观支持维度上得分更高，而在主观支持和对支持的利用度维度上与农村留守女童差异不显著。

2. 农村留守儿童社会支持的学段差异分析

研究发现，与农村小学留守儿童相比，农村初中留守儿童获得了更多的客观支持。这一研究结果与以往研究结果一致（叶一舵，沈成平，丘文福，2017）。这可能是由于初中生往往住校，学习压力更大，因此父母也更加关注他们的学习和生活状况，从而给予他们更多更好的物质保障。研究还发现，农村小学留守儿童的主观支持高于农村初中留守儿童。这可能跟儿童的年龄阶段特征有关。小学阶段的儿童更加关注对客观物质世界的探索，此时他们开始建立除家人以外的人际关系网络，获得支持的来源也逐渐增加。这在一定程度上弥补了父母对他们情感关怀的缺失。初中阶段的儿童将注意力转向自己的内心世界，进入青春期后更在意别人对自己的看法，也不愿意将自己内心的想法和情感需求轻易告诉别人。父母作为他们主要的支持来源长期缺位，导致他们的一些物质和情感需求无法得到及时满足。因此他们在主观支持维度上得分更低。

3. 农村留守儿童社会支持的留守类型差异分析

研究发现，单留守和双留守的农村留守儿童在社会支持总分、客观支持及对支持的利用度维度上差异不显著。这说明父母双方外出打工的农村留守儿童的物质资源支持并不缺乏。此外，研究还发现，双留守的农村留守儿童在主观支持维度上得分显著低于单留守的农村留守儿童。这说明双留守的农村留守儿童获得的主观情感支持显著较低。对于农村留守儿童来说，父母双方在其发展中均起着不可或缺的作用。父母一方的长期陪伴不仅能够保障农村留守儿童的物质生活，还能够提供无可替代的情感陪伴。因此农村留守儿童也会体验到更多的情感支持。

4. 农村留守儿童社会支持的父母联系频率差异分析

研究发现，与父母联系频率不同的农村留守儿童社会支持总分及各维度差异显著。与父母联系越频繁，农村留守儿童获得的支持就越多。这与已有研究结果一致（肖梦洁，2015）。亲子关系是农村留守儿童较早建立的人际关系，也是他们在发展过程中维持时间较久、较稳定、获得支持较多的一种人际关系。长期与父母分离容易造成农村留守儿童缺乏与父母的沟通交流，进而导致他们从父母那里获得的支持更少。农村留守儿童与父母间的联系越频繁说明他们与父母沟通越多，父母就越容易觉察他们在日常生活中的物质和情感需求，从而提供更多的支持。

此外，研究还发现，与父母联系频率不同的农村留守儿童在客观支持、主观支持和对支持的利用度三个维度上均存在显著差异，且与父母联系越频繁得分越高。这说明无论是在客观支持维度上还是在主观支持维度上，农村留守儿童与父母联系频率越高，父母就越能够体察农村留守儿童在生活中所需要的物质支持和情感关怀。同样，农村留守儿童也更能够体会父母对自己在物质和情感上的支持，并将获得的支持利用到日常生活中去。

5. 农村留守儿童社会支持在对父亲外出打工态度上的差异分析

研究发现，对父亲外出打工持有不同态度的农村留守儿童在社会支持总分、主观支持和对支持的利用度维度上差异显著。相比于对父亲外出打工持有无所谓态度的农村留守儿童，对父亲外出打工持有支持态度的农村留守儿童得分较高。根据调查结果，87.8％的农村留守儿童认为父亲外出打工是为了给自己和家庭创造更好的条件。这说明对父亲外出打工持有支持态度的农村留守儿童对父亲长期外出打工这一行为更加理解，体谅父亲在外工作的艰辛。所以在获得相同物质生活保障的同时，他们更能感受到父亲对自己主观精神上的支持。对父亲外出打工持有无所谓态度的农村留守儿童的父亲可能长期在外打工，亲子间交流较少甚至没有。加之我国传统父亲的角色往往只是养育者而不是情感陪伴者，亲子间的依恋程度较低。所以这类农村留守儿童感受到的主观支持较少,更无法有效地将原本已经获得的支持转化到生活中。

6. 农村留守儿童社会支持在对母亲外出打工态度上的差异分析

与对父亲外出打工态度的研究结果一致,对母亲外出打工持有不同态度的农村留守儿童社会支持总分、主观支持和对支持的利用度维度均存在显著差异,且对母亲外出打工持有支持态度的农村留守儿童得分较高。事后检验分析发现,对母亲外出打工持有支持态度和不支持态度的农村留守儿童的社会支持总分、主观支持和对支持的利用度维度得分均显著高于持有无所谓态度的农村留守儿童。传统家庭中母亲不仅是孩子的养育者,还是孩子情感的陪伴者;孩子遇到困难时往往先求助于母亲。母亲长期外出打工势必会对亲子关系产生负面影响(卢茜,佘丽珍,李科生,2015)。当亲子间关系较差时孩子就会对母亲外出打工表现出无所谓的态度。因此,对母亲外出打工持无所谓态度的农村留守儿童无法理解母亲对自己的情感关怀,在主观上也不愿意将自己获得的支持应用到生活中去,从而导致他们对支持的利用度较差。对母亲外出打工持有支持态度和不支持态度的农村留守儿童虽然对母亲外出打工有态度上的差别,但他们在主观情感上依恋自己的母亲,从而不希望母亲离开自己,因而也更能体会到母亲对自己的关怀。

7. 农村留守儿童社会支持在家庭完整度认知上的差异分析

研究发现,在社会支持总分以及主观支持和对支持的利用度维度上,认为家庭不完整的农村留守儿童得分显著高于认为家庭无所谓是否完整的农村留守儿童。这表明因父母外出打工对家庭完整度持有不同观点的农村留守儿童获得的社会支持也不相同。这种差异主要来源于农村留守儿童主观感受到的情感支持以及将这种情感支持应用到生活中的能力。如前所述,农村留守儿童与父母间的交往不仅存在空间上的距离性,而且存在时间上的间断性。这使父母只能尽可能多地提供物质资源支持,因此农村留守儿童接受的客观支持差异不显著。但部分父母并不能及时发现并满足农村留守儿童生活中的情感需求,长期如此就会导致农村留守儿童不再期待父母给自己提供所需的支持,与父母间缺乏应有的情感依恋,从而对自己的家庭是否完整持有无所谓的态度(莫艳清,2006)。认为家庭完整和不完整的两类农村留守儿童都与父母有深厚的情感依恋,他们对家庭完整度认知的不同可能与他们对待父母外出打工的态度不同有关。有些农村留守儿童客观地认为父母外出打工,家庭就不再完整。另一些农村留守儿童认为父母虽然外出打工,但仍然会给自己物质以及情感上的支持,自己的家庭依然是完整的。所以,对家庭是否完整持有无所谓态度的农村留守儿童在主观支持和对支持的利用度两个维度上得分更低,从而导致他们的社会支持总分也更低一些。

8. 农村留守儿童社会支持在对父母想念程度上的差异分析

研究发现，对父母想念程度不同的农村留守儿童在社会支持总分上差异显著。差异主要来源于农村留守儿童主观支持和对支持的利用度两个维度上的差异，农村留守儿童对父母想念程度越高，两个维度得分越高。根据调查结果，超过90%的农村留守儿童表示自己会想念在外打工的父母，只有不到3%的农村留守儿童表示自己不想念外出打工的父母，剩余的农村留守儿童表示偶尔会想念外出打工的父母。这说明大部分农村留守儿童与父母间的亲子关系质量并没有受到长期分离的影响，他们与父母之间的情感联结并未中断，双方在心理上仍保持一定的亲密性。农村留守儿童与父母在心理上的亲密感受越强，对外出打工父母的思念程度也就越强。同样，与父母的关系越密切，农村留守儿童越能够理解父母，也能够理解父母对自己在情感上的关怀与支持，并将这些关怀与支持视为动力应用在日常的学习和生活中。

9. 农村留守儿童社会支持在父母教养类型上的差异分析

研究发现，权威型、溺爱型和专制型教养的农村留守儿童社会支持总分显著高于忽视型教养的农村留守儿童。这说明不同教养类型会影响农村留守儿童的社会支持，这与以往研究结果一致(乔金凤，2014)。采用专制型、溺爱型、权威型教养的父母对孩子的关注度较高，只是父母在与孩子沟通交流过程中的态度方式不同(梅玉婷，2017)。忽视型教养的父母不仅与孩子沟通交流的态度方式不同，还缺乏对孩子在日常生活中的客观物质需求和主观精神关怀的需求的了解。因此忽视型教养的农村留守儿童感受到的社会支持显著低于其他教养类型的农村留守儿童。此外，我们考察了不同教养类型的农村留守儿童在社会支持三个维度上的差异，结果均发现忽视型教养的农村留守儿童得分最低。这说明忽视型教养的农村留守儿童不仅较少地体会到来自外界的主观情感支持，还较少地获得客观物质支持。

10. 农村留守儿童社会支持在父母及监护人文化程度上的差异分析

研究发现，农村留守儿童父亲的文化程度越高，其社会支持总分、主观支持和对支持的利用度维度得分越高，而客观支持差异不大。这表明无论农村留守儿童的父亲文化程度如何，他们给孩子提供的客观物质支持差异均不大。然而文化程度较低的父亲无法及时发现孩子的情感需求，也无法有效地引导孩子寻求帮助或有效利用已获得的支持。此外，研究还发现，农村留守儿童社会支持在母亲文化程度上的差异不显著。这表明无论母亲的文化程度如何，农村留守儿童获得的社会支持差异均不大。这可能与传统家庭中父母角色分工的不同有关。母亲不仅是孩子生活起居的日常照料者，还是孩子心事的倾诉对象。因此无论农村留守儿童的母亲文化程度有多大差异，她们都能轻易发现孩子的物质需求和情感需求。研究还发现，农村留守儿童获得的社会支持在监护人文化程度上的差异不显著。根据调查发现，69.4%的农村留守儿童监护人文化程度在初中及以下。以往研究发现，农村留守儿童监护人多数只负责解决他们的安全及温饱问题，无法提供有效的情感支持和相应的情绪引导（李娜，2016）。因此农村留守儿童的社会支持不因监护人文化程度的不同而有所差异。

(三)农村留守儿童社会支持与社会适应的相关分析

我们对农村留守儿童社会支持与社会适应之间的相关关系进行了分析。结果发现，农村留守儿童社会支持各维度与社会适应各维度之间存在显著正相关。这表明农村留守儿童获得的社会支持越多，其社会适应能力越强。这与以往的研究结果一致。肖梦洁对留守儿童的研究显示，留守儿童感受到的社会支持越多，他们的社会适应能力就越强（肖梦洁，2015）。刘明兰的研究也发现，初中留守儿童领悟社会支持与社会适应之间存在显著正相关（刘明兰，2009）。此外，研究者在不同被试群体中均发现了相同的结果。有研究者以流动儿童为被试，考察了流动儿童心理适应与社会支持的关系，结果发现流动儿童的社会支持能够显著正向预测心理适应性（许松芽，2012）。也有研究以大学生为被试，考察不同支持类型对大学生社会适应状况的影响，结果发现大学生获得的社会支持越多，他们的社会适应能力就越好（董开莎，2010）。社会支持作为一种保护性资源会对个体的身心发展产生重要影响，不仅能帮助个体更好地应对生活中面临的压力或困难，对其身心发展具有一定的保护作用，而且能用于了解和预测个体的心理健康，使之适应当前的生活环境（Wight R. G.，Botticello A. L.，& Aneshesel C. S.，2006）。

(四)农村留守儿童社会支持与社会适应的回归分析

我们对农村留守儿童社会支持和社会适应之间的预测性关系进行了分析，结果发现主观支持能够显著正向预测人际关系适应。这表明农村留守儿童主观支持得分越高，其人际关系适应能力就越强。有学者通过对儿童社会支持的元分析发现，社会支持能够促进儿童融入其所处的社交网络，与家人、教师和同伴建立良好的人际关系（Chu P. S.，Saucier P. A.，& Hafner E.，2010）。农村留守儿童的主观支持得分越高，表明他们对自己与他人的人际互动的满意度越高，人际关系也越好，相应地人际关系适应能力也就越强。已有研究发现，主观支持与人际关系适应存在预测性关系。有学者从对影响青少年社会适应的相关因素的多元回归分析中发现主观支持能够显著正向预测人际适应（王家强，2007）。

也有研究发现，农村留守儿童的主观支持和对支持的利用度能够显著正向预测学习适应。这与已有的研究结果一致。所谓学习适应是指学习者根据环境及学习的需要不断调整自我以期获得良好学习效果的过程。学习者不仅要有良好的学习习惯及符合学校规范的行为，还要有良好的师生关系、同伴关系及对学习的热情。丁芳等考察了初中流动儿童社会支持对学校适应的影响，结果发现在对初中流动儿童学校适应的影响上社会支持的主效应显著(丁芳，吴伟，周鋆，等，2014)。仲雅琴等的研究发现大学生社会支持对学习适应的增益作用。学龄期儿童获得社会支持的来源不局限于家庭成员给予的支持。还有研究发现，教师和同伴给予学龄期儿童的支持超过家庭成员给予他们的支持(Chu P. S.，Saucier P. A.，& Hafner E.，2010)，且这种支持主要是主观支持。农村留守儿童与教师及同伴之间的人际互动良好往往能够激发他们对学习的兴趣，主观支持得分也往往较高。

此外，农村留守儿童获得的客观支持能够显著正向预测生活适应。这表明农村留守儿童获得的客观物质资源的支持越多，其生活适应水平就越高。社会支持的主效应理论认为，个体通过整合自己所处的人际网络中的主观情感支持资源和客观工具支持资源，直接对个体归属感和自我价值认可等社会适应性特征产生影响，即获得的社会支持越多，个体的社会适应状况就越好(范兴华，方晓义，刘杨，等，2012)。

七、研究结论

第一，农村留守儿童与非留守儿童的社会支持总分存在显著差异，农村留守儿童得分更高；农村留守儿童在主观支持和对支持的利用度两个维度上得分显著低于农村非留守儿童。

第二，农村留守儿童的社会支持存在差异。具体表现为：①不同性别的农村留守儿童在社会支持总分上差异显著，在客观支持维度上差异边缘显著，在主观支持和对支持的利用度两个维度上差异不显著。②不同学段的农村留守儿童在社会支持总分及对支持的利用度维度上差异不显著，在客观支持维度上农村初中留守儿童得分更高，在主观支持维度上农村小学留守儿童得分更高。③单留守儿童在主观支持维度上得分显著高于双留守儿童，在社会支持总分及客观支持和对支持的利用度维度上差异不显著。④与父母联系频率不同的农村留守儿童在社会支持总分及各维度上差异显著，表现为与父母联系频率越高的农村留守儿童得分越高。⑤对父亲和母亲外出打工持不同态度的农村留守儿童在社会支持总分及主观支持和对支持的利用度维度上差异显著，表现为支持父母外出打工的农村留守儿童得分较高，对父母外出打工持无所谓态度的农村留守儿童得分较低。⑥对家庭完整度认知不同的农村留守儿童社会支持总分及主观支持和对支持的利用度两个维度上差异显著，在客观支持维度上差异边缘显著，认为家庭完整和不完整的农村留守儿童得分均高于认为无所谓家庭是否完整的农村留守儿童。⑦对父母想念程度不同的农村留守儿童在社会支持总分及各维度上差异显著，表现为对父母想念程度越深的农村留守儿童得分越高。⑧父母教养类型不同的农村留守儿童在社会支持总分及各维度上差异显著，表现为权威型教养的农村留守儿童得分最高，其余得分从高到低依次是溺爱型、专制型和忽视型教养。⑨父亲文化程度越高，农村留守儿童在主观支持和对支持的利用度维度上得分越高；社会支持总分和客观支持维度差异不显著。⑩农村留守儿童在社会支持总分及各维度在母亲和监护人文化程度上差异不显著。

第三，农村留守儿童的社会支持与社会适应之间存在显著正相关，社会支持各维度与社会适应各维度间存在显著正相关。

第四，社会支持的主观支持维度能够显著正向预测农村留守儿童的学习适应和人际关系适应；对支持的利用度维度能够显著正向预测农村留守儿童的学习适应；客观支持维度能够显著正向预测农村留守儿童的生活适应。

八、研究对策与建议

（一）针对农村留守儿童的特点，发展支持性关系

已有研究发现，农村留守儿童获得的社会支持水平较低，且社会支持水平较低的农村留守儿童易产生抑郁、焦虑、消极退缩等心理适应过程中的情绪问题。这些研究结果启示我们，社会支持是农村留守儿童心理健康发展并适应所处社会环境的重要方面。然而目前关于如何改善农村留守儿童社会支持状况的研究仍然有限。研究者通过文献梳理发现提高农村留守儿童社会支持的有效方法包括短程团体辅导、心理干预等。不难发现，这些方法都是为农村留守儿童发展支持性关系，再提高其社会适应能力。根据农村留守儿童的年龄特征，他们处于快速发展的成长阶段，情绪和自我意识等心理特征均会随着年龄的增长不断发生变化。因此，要与农村留守儿童建立良好的支持性关系，应根据他们的特点采用有针对性的策略才能达到更好的效果。基于此，我们提出如下建议：第一，根据不同年龄阶段的农村留守儿童所具有的心理特征采取不同策略。比如，对农村小学留守儿童更多采用团体游戏的方式建立支持性关系，让他们在游戏中融入集体，感受温暖。农村初中留守儿童由于自我意识的不断发展，表现出对自己内心想法的关注增强；且性意识的萌发使他们不再像以前一样与同伴毫无顾忌地跑闹。因此，采用引发思考的团体辅导或心理干预活动才能更有效地与他们建立支持性关系。第二，根据农村留守儿童的性别差异选取不同的策略，不同性别的农村留守儿童存在生理、心理及社会扮演角色等诸多方面的差异。不同性别的农村留守儿童虽然获得相同的主观支持和客观支

持，但是农村留守男童对支持的利用能力相比于农村留守女童更弱。因此，针对农村留守男童，我们可以通过帮扶提高他们的社会支持水平。

（二）关注主观情感支持，提高社会支持水平

吃饱、穿暖、确保人身安全是目前大多数农村留守儿童家庭的教育观念。在这样的氛围下，有些家长认为自己辛苦地外出打工是为了给留守在家的孩子提供更好的物质条件，孩子就应该有好的学业成就、行为习惯、品德等各种外在表现。然而他们忽视了孩子在成长过程中的情感需求。情感需求没有得到满足的农村留守儿童会产生自卑、抑郁、叛逆、逃学、厌学等诸多心理与行为问题，无法很好地适应当前所处的环境。农村留守儿童相比非留守儿童欠缺的就是主观情感支持，而主观情感支持的获得对农村留守儿童的学习适应、人际关系适应等各种社会适应有着非常重要的作用。大量研究发现，社区、学校教师及同学、家长是农村留守儿童获得情感支持的主要来源。因此，政府相关部门、学校及家庭在培养农村留守儿童能力的同时，应该重视满足他们内心的基本情感需求。只有发展农村留守儿童健全稳定的心理功能，才能真正做到促进他们身心的全面健康发展。满足农村留守儿童的情感需求，我们应做到以下几点。第一，政府相关部门应建立社区帮扶制度，组织开展有关农村留守儿童心理健康的知识讲座、亲子课程等的社区帮扶活动。第二，学校应设置心理健康教育课程并建立心理健康咨询中心，为农村留守儿童建立心理健康档案，为农村留守儿童提供心理健康疏导；开展课余活动，丰富农村留守儿童的课余生活，使他们能积极参加，提高他们人际交往的能力，满足他们与他人交往的心理需求。第三，父母和其他监护人要与农村留守儿童保持良好的沟通，及时发现农村留守儿童的情感需求。此外，农村留守儿童家长还应该与学校教师保持联系，经常了解农村留守儿童的情感波动、学习情况，及时发现和解决问题，保障农村留守儿童健康成长。

（三）发挥社会支持作用，提高社会适应水平

社会适应是一个包含多维度的综合性因素，受到社会支持、人格、自我意识、亲子关系、师生关系、同伴关系等诸多内外因素的影响。然而，通过梳理以往相关研究不难发现，社会支持与影响个体社会适应的其他因素或多或少存在相关或预测性关系。这说明社会支持等诸多因素并不是孤立地对个体的社会适应产生影响的。良好的亲子关系、师生关系、同伴关系等支持性关系有利于提高农村留守儿童的社会支持水平，促进社会支持作用的发挥，进一步提高其社会适应水平。要发挥社会支持的作用，我们应做到以下几点。第一，学校要充分体现对农村留守儿童的关怀。首先，加强对教师的培训，不仅要关注农村

留守儿童的学业成就，还要关注他们的学习行为、学习动机、情绪波动等情况，不再仅以学业成就为评价他们的唯一指标，建立良好的师生关系，让在校的农村留守儿童感受到关怀。其次，重视开设心理健康课程。我们可以通过身体运动、接触练习、心理剧、生活演练、人际沟通、团体作业等多种结构式团体活动帮助农村留守儿童建立良好的同伴关系，解决他们正在面临的心理困扰和改正现有的行为问题。第二，家庭要改变现有的教育观念。家长要求农村留守儿童有好的学业成就、行为习惯和品德习惯，仅以这种教育观念要求农村留守儿童可能会出现适得其反的效果。因此，家长不仅要关注农村留守儿童生活、学习所需的物质资源的支持，还要注重他们的情感需求。家长要与他们建立良好的亲子关系和监护关系，促进社会支持作用的发挥。第三，加强农村留守儿童自身的主动性。社会支持来源的存在仅仅是一种潜在的支持，要使其转变为现实的支持关键还在于农村留守儿童的积极参与和主动获取。学校开设的心理健康课程、讲座以及家长对农村留守儿童的日常教育要注重引导他们学会倾诉和主动寻求帮助，提高他们对支持的获得和利用。

第八章　农村留守儿童自我意识、人格与社会适应

一、概述

根据特异感受性理论(Beck K. H. , Boyle J. R. , & Boekeloo B. O. , 2004)，有机体对保护性因素(那些能够阻止处于危险环境中的个体产生不良后果的个人的、环境的、情景的和事件的特征)和危险性因素的感受存在个体差异。有些个体更易受保护性因素和危险性因素的影响；有些个体既不容易受危险性因素的影响，也不容易受保护性因素的影响。

皮亚杰从个体心理发展角度，把心理适应理解为个体通过同化和顺应两个相辅相成的环节，不断与环境达成动态平衡的过程。在皮亚杰看来，影响心理适应的四个因素中平衡(不断成熟的内部组织和外部环境的相互作用)或自我调节是儿童心理发展的重要因素，起决定作用。这种动态平衡能实现儿童思维结构的不断变化和发展。

自我在个体成长过程中具有重要的地位。自我意识是个体对自身及其与周围世界关系的心理表征，表现为认识、情感、意志三种形式，即自我认识、自我体验、自我控制三个部分。这些部分的积极发展是个体人格健全发展的基础。人格类型在父母教养类型影响青少年社会适应的过程中起调节作用，同一教养行为对不同人格类型青少年社会适应的影响不同。

以上论述都表明在社会适应过程中个体因素的重要性。在影响社会适应的个体因素中，本章主要关注个体自我意识、人格因素对农村留守儿童社会适应的影响。

二、农村留守儿童与非留守儿童自我意识、人格的差异分析

(一)农村留守儿童与非留守儿童自我意识的差异分析

我们采用独立样本 t 检验分析了农村留守儿童和非留守儿童在自我意识各维度上的差异，详见表 8-1。

表 8-1　农村留守儿童与非留守儿童自我意识的差异分析

维度	留守儿童($n=1440$)	非留守儿童($n=1084$)	t	p
自我认识	3.76±0.52	3.81±0.51	−2.573	0.010
自我体验	3.56±0.46	3.60±0.45	−2.309	0.021
自我控制	3.63±0.61	3.69±0.60	−2.307	0.021
自我意识总分	3.65±0.48	3.70±0.47	−2.727	0.006

表 8-1 表明，农村留守儿童自我意识总分及自我认识、自我体验、自我控制三个维度得分都显著低于农村非留守儿童。

(二)农村留守儿童与非留守儿童人格的差异分析

我们采用独立样本 t 检验分析了农村留守儿童和非留守儿童在人格各维度上的差异，详见表 8-2。

表 8-2　农村留守儿童与非留守儿童人格的差异分析

维度	留守儿童($n=1440$)	非留守儿童($n=1084$)	t	p
外向性	3.69±0.80	3.77±0.79	−2.682	0.007
宜人性	4.01±0.72	4.09±0.72	−2.618	0.009
谨慎性	3.79±0.82	3.86±0.86	−2.122	0.034
开放性	3.71±0.76	3.80±0.76	−3.132	0.002
情绪性	3.26±0.85	3.29±0.83	−0.890	0.373

表 8-2 表明，农村留守儿童人格的外向性、宜人性、谨慎性、开放性维度得分都显著低于农村非留守儿童，情绪性维度差异不显著($p>0.05$)。

三、农村留守儿童自我意识、人格的差异分析

(一)农村留守儿童自我意识的差异分析

1. 农村留守儿童自我意识的性别差异分析

我们采用独立样本 t 检验分析了农村留守儿童自我意识各维度的性别差异，详见表 8-3。

表 8-3　农村留守儿童自我意识的性别差异分析

维度	男童($n=727$)	女童($n=713$)	t	p
自我认识	3.75 ± 0.53	3.76 ± 0.51	-0.126	0.900
自我体验	3.59 ± 0.46	3.53 ± 0.45	2.329	0.020
自我控制	3.60 ± 0.63	3.66 ± 0.59	-1.823	0.068
自我意识总分	3.65 ± 0.49	3.65 ± 0.46	-0.175	0.861

由表 8-3 可知，农村留守儿童自我意识的自我体验维度存在显著的性别差异（$p<0.05$），且男童得分高于女童；农村留守儿童自我意识的自我控制维度存在性别差异边缘显著（$p=0.068$），且男童得分低于女童；农村留守儿童自我意识总分及自我认识维度的性别差异不显著（$p>0.05$）。

2. 农村留守儿童自我意识的学段差异分析

我们采用独立样本 t 检验分析了农村留守儿童自我意识各维度的学段差异，详见表 8-4。

表 8-4　农村留守儿童自我意识的学段差异分析

维度	小学($n=725$)	初中($n=715$)	t	p
自我认识	3.80 ± 0.51	3.71 ± 0.52	3.132	0.002
自我体验	3.61 ± 0.45	3.51 ± 0.46	4.152	0.000
自我控制	3.72 ± 0.60	3.54 ± 0.61	5.596	0.000
自我意识总分	3.71 ± 0.46	3.59 ± 0.48	5.016	0.000

由表 8-4 可知，农村留守儿童自我意识总分及各维度的学段差异均显著（$p<0.01$），表现为农村小学留守儿童得分高于农村初中留守儿童。

3. 农村留守儿童自我意识的留守类型差异分析

我们采用独立样本 t 检验分析了农村留守儿童自我意识各维度的留守类型差异，详见表 8-5。

表 8-5　农村留守儿童自我意识的留守类型差异分析

维度	单留守($n=780$)	双留守($n=660$)	t	p
自我认识	3.76±0.53	3.75±0.50	0.673	0.501
自我体验	3.57±0.46	3.55±0.45	0.966	0.334
自我控制	3.66±0.61	3.60±0.61	1.661	0.097
自我意识总分	3.66±0.48	3.63±0.47	1.375	0.169

由表 8-5 可知，农村留守儿童自我意识总分及各维度的留守类型差异不显著（$p>0.05$）。

4. 农村留守儿童自我意识的父母联系频率差异分析

我们采用单因素方差分析法分析了农村留守儿童自我意识各维度的父母联系频率差异，详见表 8-6。

表 8-6　农村留守儿童自我意识的父母联系频率差异分析

维度	经常联系 ($n=958$)	有时联系 ($n=317$)	很少联系 ($n=143$)	没有联系 ($n=22$)	F	p
自我认识	3.82±0.50	3.69±0.48	3.52±0.57	3.42±0.81	18.717	0.000
自我体验	3.63±0.43	3.49±0.40	3.29±0.53	3.03±0.64	38.202	0.000
自我控制	3.71±0.62	3.54±0.53	3.38±0.65	3.28±0.60	17.791	0.000
自我意识总分	3.72±0.46	3.57±0.41	3.39±0.54	3.23±0.60	29.755	0.000

由表 8-6 可知，农村留守儿童自我意识总分及自我认识、自我体验、自我控制三个维度的父母联系频率差异均显著（$p<0.001$）。利用 LSD 进一步检验得到如下结论。

在自我意识总分及自我认识、自我体验、自我控制维度上，与父母经常联系的农村留守儿童得分显著高于与父母有时联系、很少联系、没有联系的农村留守儿童。

5. 农村留守儿童自我意识在对父母想念程度上的差异分析

我们采用单因素方差分析法分析了农村留守儿童自我意识各维度在对父母想念程度上的差异，详见表 8-7。

表 8-7　农村留守儿童自我意识在对父母想念程度上的差异分析

维度	非常想念 ($n=932$)	有些想念 ($n=330$)	偶尔想念 ($n=142$)	不想念 ($n=36$)	F	P
自我认识	3.85±0.51	3.65±0.46	3.50±0.52	3.43±0.64	32.200	0.000

续表

维度	非常想念 ($n=932$)	有些想念 ($n=330$)	偶尔想念 ($n=142$)	不想念 ($n=36$)	F	P
自我体验	3.65 ± 0.43	3.47 ± 0.42	3.26 ± 0.45	3.09 ± 0.57	53.347	0.000
自我控制	3.76 ± 0.61	3.46 ± 0.52	3.29 ± 0.60	3.29 ± 0.61	43.207	0.000
自我意识总分	3.75 ± 0.46	3.52 ± 0.41	3.35 ± 0.47	3.26 ± 0.53	53.885	0.000

由表 8-7 可知,农村留守儿童自我意识总分及自我认识、自我体验、自我控制三个维度在对父母想念程度上差异显著($p<0.001$)。利用 LSD 进一步检验得到如下结论。

在自我意识总分及自我认识、自我体验、自我控制维度上,非常想念父母的农村留守儿童得分显著高于有些想念、偶尔想念、不想念父母的农村留守儿童。

6. 农村留守儿童自我意识在父母教养类型上的差异分析

我们采用单因素方差分析法分析了农村留守儿童自我意识各维度在父母教养类型上的差异,详见表 8-8。

表 8-8　农村留守儿童自我意识在父母教养类型上的差异分析

维度	忽视型 ($n=139$)	专制型 ($n=317$)	溺爱型 ($n=114$)	权威型 ($n=870$)	F	p
自我认识	3.54 ± 0.50	3.72 ± 0.51	3.68 ± 0.54	3.81 ± 0.51	12.266	0.000
自我体验	3.42 ± 0.45	3.49 ± 0.46	3.52 ± 0.46	3.62 ± 0.45	11.054	0.000
自我控制	3.37 ± 0.51	3.54 ± 0.57	3.44 ± 0.61	3.73 ± 0.62	20.103	0.000
自我意识总分	3.44 ± 0.43	3.58 ± 0.46	3.54 ± 0.49	3.72 ± 0.47	18.243	0.000

由表 8-8 可知,农村留守儿童自我意识总分及自我认识、自我体验、自我控制三个维度在父母教养类型上差异显著($p<0.001$)。利用 LSD 进一步检验得到如下结论。

在自我意识总分及自我认识、自我体验、自我控制维度上,权威型教养的农村留守儿童得分显著高于忽视型、专制型、溺爱型教养的农村留守儿童。

7. 农村留守儿童自我意识在父母及监护人文化程度上的差异分析

我们采用独立样本 t 检验分析了农村留守儿童自我意识各维度在父母及监护人文化程度上的差异,详见表 8-9 至表 8-11。

表 8-9　农村留守儿童自我意识在父亲文化程度上的差异分析

维度	初中及以下($n=866$)	高中及以上($n=574$)	t	p
自我认识	3.73±0.50	3.80±0.54	−2.283	0.023
自我体验	3.54±0.44	3.60±0.47	−2.392	0.017
自我控制	3.60±0.60	3.69±0.62	−2.722	0.007
自我意识总分	3.62±0.46	3.69±0.49	−2.832	0.005

由表 8-9 可知，农村留守儿童自我意识总分及三个维度在父亲文化程度上差异显著（$p<0.05$），表现为父亲为高中及以上文化程度的农村留守儿童得分显著高于父亲为初中及以下文化程度的农村留守儿童。

表 8-10　农村留守儿童自我意识在母亲文化程度上的差异分析

维度	初中及以下($n=998$)	高中及以上($n=442$)	t	p
自我认识	3.73±0.51	3.82±0.53	−3.100	0.002
自我体验	3.55±0.45	3.60±0.47	−1.856	0.064
自我控制	3.61±0.61	3.70±0.62	−2.737	0.006
自我意识总分	3.63±0.47	3.71±0.49	−2.928	0.003

由表 8-10 可知，农村留守儿童自我意识总分及自我认识、自我控制维度在母亲文化程度上差异显著（$p<0.01$），表现为母亲为高中及以上文化程度的农村留守儿童得分显著高于母亲为初中及以下文化程度的农村留守儿童。自我体验维度在母亲文化程度上差异边缘显著（$p<0.064$），表现为母亲为高中及以上文化程度的农村留守儿童得分显著高于母亲为初中及以下文化程度的农村留守儿童。

表 8-11　农村留守儿童自我意识在监护人文化程度上的差异分析

维度	初中及以下($n=999$)	高中及以上($n=441$)	t	p
自我认识	3.74±0.52	3.80±0.52	−2.036	0.042
自我体验	3.55±0.46	3.59±0.45	−1.447	0.148
自我控制	3.62±0.62	3.67±0.59	−1.554	0.120
自我意识总分	3.63±0.48	3.69±0.47	−1.895	0.058

由表 8-11 可知，农村留守儿童自我意识的自我认识维度在监护人文化程度上差异显著（$p<0.05$），表现为监护人为高中及以上文化程度的农村留守儿童得分显著高于监护人为初中及以下文化程度的农村留守儿童；农村留守儿童自我意识总分在监护人文化程度上差异边缘显著（$p=0.058$），表现为监护人

为高中及以上文化程度的农村留守儿童得分高于监护人为初中及以下文化程度的农村留守儿童；农村留守儿童自我意识的自我体验、自我控制两个维度在监护人文化程度上差异均不显著($p>0.05$)。

8. 农村留守儿童自我意识在对父母外出打工态度上的差异分析

我们采用单因素方差分析法分析了农村留守儿童自我意识各维度在对父母外出打工态度上的差异，详见表8-12至表8-13。

表 8-12　农村留守儿童自我意识在对父亲外出打工态度上的差异分析

维度	支持 ($n=993$)	无所谓 ($n=256$)	不支持 ($n=191$)	F	p
自我认识	3.80 ± 0.52	3.56 ± 0.49	3.76 ± 0.50	21.586	0.000
自我体验	3.60 ± 0.45	3.37 ± 0.49	3.62 ± 0.43	25.382	0.000
自我控制	3.69 ± 0.61	3.38 ± 0.58	3.61 ± 0.61	25.350	0.000
自我意识总分	3.70 ± 0.47	3.43 ± 0.46	3.66 ± 0.46	29.786	0.000

由表8-12可知，农村留守儿童自我意识总分及自我认识、自我体验、自我控制三个维度在对待父亲外出打工态度上差异显著($p<0.001$)。利用LSD进一步检验得到如下结论。在农村留守儿童自我意识总分及自我认识、自我控制三个维度上支持父亲外出打工的农村留守儿童得分显著高于对父亲外出打工持无所谓和不支持态度的农村留守儿童。

表 8-13　农村留守儿童自我意识在对母亲外出打工态度上的差异分析

维度	支持 ($n=731$)	无所谓 ($n=320$)	不支持 ($n=389$)	F	p
自我认识	3.77 ± 0.52	3.53 ± 0.48	3.80 ± 0.48	22.001	0.000
自我体验	3.58 ± 0.44	3.32 ± 0.49	3.60 ± 0.41	30.176	0.000
自我控制	3.66 ± 0.60	3.33 ± 0.54	3.63 ± 0.57	28.038	0.000
自我意识总分	3.67 ± 0.47	3.39 ± 0.46	3.67 ± 0.43	33.114	0.000

由表8-13可知，农村留守儿童自我意识总分及自我认识、自我体验、自我控制三个维度在对待母亲外出打工态度上差异显著($p<0.001$)。利用LSD进一步检验得到如下结论。在农村留守儿童自我意识总分及自我认识、自我体验、自我控制三个维度上对母亲外出打工持支持态度和不支持态度的农村留守儿童得分显著高于持无所谓态度的农村留守儿童。

9. 农村留守儿童自我意识在上网时间上的差异分析

我们采用单因素方差分析法分析了农村留守儿童自我意识各维度在上网时间上的差异，详见表8-14。

表 8-14　农村留守儿童自我意识在上网时间上的差异分析

维度	不上网 ($n=261$)	半小时以内 ($n=411$)	半小时至 1 小时 ($n=225$)	1～2 小时 ($n=276$)	2 小时以上 ($n=267$)	F	p
自我认识	3.79±0.53	3.80±0.49	3.83±0.48	3.67±0.52	3.55±0.51	15.968	0.000
自我体验	3.59±0.48	3.63±0.43	3.61±0.41	3.52±0.46	3.37±0.44	14.070	0.000
自我控制	3.73±0.62	3.79±0.58	3.72±0.59	3.46±0.54	3.26±0.55	39.937	0.000
自我意识 总分	3.71±0.48	3.76±0.44	3.72±0.45	3.55±0.46	3.39±0.45	29.542	0.000

由表 8-14 可知，农村留守儿童自我意识总分及自我认识、自我体验、自我控制三个维度在上网时间上差异显著（$p<0.001$）。利用 LSD 进一步检验得到如下结论。

在农村留守儿童自我意识总分及自我体验、自我控制两个维度上，上网时间半小时以内的农村留守儿童得分最高。

在农村留守儿童自我意识的自我认识维度上，上网时间半小时至 1 小时的农村留守儿童得分最高。

(二)农村留守儿童人格的差异分析

1. 农村留守儿童人格的性别差异分析

我们采用独立样本 t 检验分析了农村留守儿童人格各维度的性别差异，详见表 8-15。

表 8-15　农村留守儿童人格的性别差异分析

维度	男童($n=727$)	女童($n=713$)	t	p
外向性	3.72±0.81	3.66±0.78	1.572	0.116
宜人性	3.97±0.74	4.06±0.70	−2.356	0.019
谨慎性	3.75±0.84	3.82±0.80	−1.429	0.153
开放性	3.72±0.79	3.70±0.74	0.574	0.566
情绪性	3.20±0.83	3.33±0.86	−2.846	0.004

由表 8-15 可知，农村留守儿童人格的宜人性和情绪性维度的性别差异显著（$p<0.05$），且农村留守女童得分高于农村留守男童；外向性、谨慎性、开放性三个维度的性别差异不显著（$p>0.05$）。

2. 农村留守儿童人格的学段差异分析

我们采用独立样本 t 检验分析了农村留守儿童人格各维度的学段差异，详见表 8-16。

表 8-16　农村留守儿童人格的学段差异分析

维度	小学($n=725$)	初中($n=715$)	t	p
外向性	3.75±0.80	3.63±0.80	2.758	0.006
宜人性	4.03±0.72	3.99±0.72	1.020	0.308
谨慎性	3.90±0.79	3.67±0.84	5.523	0.000
开放性	3.74±0.79	3.67±0.74	1.719	0.086
情绪性	3.30±0.85	3.23±0.85	1.507	0.132

由表 8-16 可知，农村留守儿童人格的外向性、谨慎性维度的学段差异显著（$p<0.01$），农村小学留守儿童得分高于农村初中留守儿童；农村留守儿童人格的开放性维度的学段差异边缘显著（$p=0.086$），农村小学留守儿童得分高于农村初中留守儿童；农村留守儿童人格的宜人性、情绪性两个维度的学段差异不显著（$p>0.05$）。

3. 农村留守儿童人格的留守类型差异分析

我们采用独立样本 t 检验分析了农村留守儿童人格各维度的留守类型差异，详见表 8-17。

表 8-17　农村留守儿童人格的留守类型差异分析

维度	单留守($n=780$)	双留守($n=660$)	t	p
外向性	3.72±0.79	3.66±0.81	1.381	0.167
宜人性	4.03±0.73	4.00±0.71	0.869	0.385
谨慎性	3.82±0.83	3.75±0.82	1.593	0.111
开放性	3.74±0.77	3.67±0.75	1.572	0.116
情绪性	3.25±0.88	3.28±0.81	−0.535	0.593

由表 8-17 可知，农村留守儿童人格各维度的留守类型差异都不显著（$p>0.05$）。

4. 农村留守儿童人格的父母联系频率差异分析

我们采用单因素方差分析法分析了农村留守儿童人格各维度的父母联系频率差异，详见表 8-18。

表 8-18　农村留守儿童人格的父母联系频率差异分析

维度	经常联系 ($n=958$)	有时联系 ($n=317$)	很少联系 ($n=143$)	没有联系 ($n=22$)	F	p
外向性	3.81 ± 0.75	3.55 ± 0.77	3.28 ± 0.94	3.06 ± 0.74	28.363	0.000
宜人性	4.12 ± 0.68	3.88 ± 0.70	3.69 ± 0.82	3.36 ± 1.03	25.296	0.000
谨慎性	3.92 ± 0.78	3.61 ± 0.82	3.40 ± 0.88	3.07 ± 0.97	29.282	0.000
开放性	3.80 ± 0.73	3.59 ± 0.74	3.38 ± 0.88	3.23 ± 1.01	19.151	0.000
情绪性	3.22 ± 0.87	3.31 ± 0.76	3.38 ± 0.87	3.23 ± 0.72	1.849	0.136

由表 8-18 可知,农村留守儿童人格的外向性、宜人性、谨慎性及开放性维度在父母联系频率上差异显著($p<0.001$),情绪性维度在父母联系频率上差异不显著($p>0.05$)。利用 LSD 进一步检验得到如下结论。在农村留守儿童人格的外向性、宜人性、谨慎性及开放性维度上,与父母经常联系的农村留守儿童得分显著高于与父母有时联系、很少联系、没有联系的农村留守儿童。

5. 农村留守儿童人格在对父母想念程度上的差异分析

我们采用单因素方差分析法分析了农村留守儿童人格各维度在对父母想念程度上的差异,详见表 8-19。

表 8-19　农村留守儿童人格在对父母想念程度上的差异分析

维度	非常想念 ($n=932$)	有些想念 ($n=330$)	偶尔想念 ($n=142$)	不想念 ($n=36$)	F	p
外向性	3.82 ± 0.77	3.49 ± 0.76	3.39 ± 0.80	3.25 ± 1.01	27.049	0.000
宜人性	4.15 ± 0.69	3.82 ± 0.67	3.67 ± 0.74	3.58 ± 0.97	35.675	0.000
谨慎性	3.96 ± 0.77	3.54 ± 0.76	3.32 ± 0.88	3.28 ± 0.96	47.225	0.000
开放性	3.82 ± 0.75	3.55 ± 0.71	3.46 ± 0.79	3.40 ± 1.14	18.315	0.000
情绪性	3.26 ± 0.88	3.24 ± 0.78	3.31 ± 0.78	3.52 ± 1.01	1.230	0.297

由表 8-19 可知,农村留守儿童人格的外向性、宜人性、谨慎性及开放性维度在对父母想念程度上差异显著($p<0.001$),情绪性维度在对父母想念程度上差异不显著($p>0.05$)。利用 LSD 进一步检验得到如下结论。

在农村留守儿童人格的外向性、宜人性、谨慎性、开放性维度上,非常想念父母的农村留守儿童得分显著高于有些想念、偶尔想念、不想念父母的农村留守儿童。

6. 农村留守儿童人格在父母教养类型上的差异分析

我们采用单因素方差分析法分析了农村留守儿童人格各维度在父母教养类

型上的差异，详见表 8-20。

表 8-20 农村留守儿童人格在父母教养类型上的差异分析

维度	忽视型 (n＝139)	专制型 (n＝317)	溺爱型 (n＝114)	权威型 (n＝870)	F	p
外向性	3.43±0.85	3.66±0.79	3.63±0.80	3.75±0.79	6.285	0.000
宜人性	3.73±0.77	3.86±0.75	4.03±0.69	4.12±0.69	17.741	0.000
谨慎性	3.54±0.81	3.65±0.81	3.63±0.92	3.89±0.79	12.850	0.000
开放性	3.51±0.79	3.59±0.78	3.55±0.87	3.80±0.73	10.999	0.000
情绪性	3.39±0.87	3.39±0.79	3.27±0.77	3.20±0.87	4.720	0.003

由表 8-20 可知，农村留守儿童人格的外向性、宜人性、谨慎性、开放性、情绪性维度在父母教养类型上差异显著（$p < 0.01$）。利用 LSD 进一步检验得到如下结论。

在农村留守儿童人格的外向性、宜人性、谨慎性、开放性维度上，权威型教养的农村留守儿童得分最高；在情绪性维度上，忽视型和专制型教养的农村留守儿童得分较高。

7. 农村留守儿童人格在父母及监护人文化程度上的差异分析

我们采用独立样本 t 检验分析了农村留守儿童人格各维度在父母及监护人文化程度上的差异，详见表 8-21 至表 8-23。

表 8-21 农村留守儿童人格在父亲文化程度上的差异分析

维度	初中及以下（n＝866）	高中及以上（n＝574）	t	p
外向性	3.64±0.78	3.76±0.82	−2.633	0.009
宜人性	4.00±0.70	4.05±0.75	−1.247	0.213
谨慎性	3.73±0.82	3.88±0.83	−3.418	0.001
开放性	3.66±0.76	3.78±0.77	−2.910	0.004
情绪性	3.28±0.84	3.24±0.87	1.016	0.310

由表 8-21 可知，农村留守儿童人格的外向性、谨慎性、开放性维度在父亲文化程度上差异显著（$p < 0.01$），表现为父亲为高中及以上文化程度的农村留守儿童得分显著高于父亲为初中及以下文化程度的农村留守儿童；农村留守儿童人格的宜人性、情绪性维度在父亲文化程度上差异不显著（$p > 0.05$）。

表 8-22　农村留守儿童人格在母亲文化程度上的差异分析

维度	初中及以下($n=998$)	高中及以上($n=442$)	t	p
外向性	3.64 ± 0.80	3.80 ± 0.79	-3.456	0.001
宜人性	4.00 ± 0.72	4.07 ± 0.72	-1.629	0.104
谨慎性	3.74 ± 0.82	3.90 ± 0.82	-3.496	0.000
开放性	3.68 ± 0.76	3.79 ± 0.78	-2.495	0.013
情绪性	3.28 ± 0.85	3.23 ± 0.85	0.872	0.383

由表 8-22 可知，农村留守儿童人格的外向性、谨慎性、开放性维度在母亲文化程度上差异显著（$p<0.05$），表现为母亲为高中及以上文化程度的农村留守儿童得分显著高于母亲为初中及以下文化程度的农村留守儿童；农村留守儿童人格的宜人性、情绪性维度在母亲文化程度上差异不显著（$p>0.05$）。

表 8-23　农村留守儿童人格在监护人文化程度上的差异分析

维度	初中及以下($n=999$)	高中及以上($n=441$)	t	p
外向性	3.66 ± 0.80	3.76 ± 0.81	-2.135	0.033
宜人性	4.02 ± 0.71	4.01 ± 0.75	0.373	0.709
谨慎性	3.76 ± 0.83	3.85 ± 0.81	-1.884	0.060
开放性	3.70 ± 0.76	3.75 ± 0.78	-1.117	0.264
情绪性	3.29 ± 0.86	3.21 ± 0.82	1.500	0.134

由表 8-23 可知，农村留守儿童人格的外向性维度在监护人文化程度上差异显著（$p<0.05$），表现为监护人为高中及以上文化程度的农村留守儿童得分显著高于监护人为初中及以下文化程度的农村留守儿童；农村留守儿童人格的谨慎性维度在监护人文化程度上差异边缘显著（$p=0.060$），表现为监护人为高中及以上文化程度的农村留守儿童得分显著高于监护人为初中及以下文化程度的农村留守儿童；农村留守儿童人格的宜人性、开放性及情绪性维度在监护人文化程度上差异不显著（$p>0.05$）。

8. 农村留守儿童人格在对父母外出打工态度上的差异分析

我们采用单因素方差分析法分析了农村留守儿童人格各维度在对父母外出打工态度上的差异，详见表 8-24 和表 8-25。

表8-24　农村留守儿童人格在对父亲外出打工态度上的差异分析

维度	支持 （$n=993$）	无所谓 （$n=256$）	不支持 （$n=191$）	F	p
外向性	3.75±0.78	3.40±0.81	3.73±0.78	18.439	0.000
宜人性	4.08±0.70	3.73±0.77	4.04±0.67	22.384	0.000
谨慎性	3.87±0.80	3.43±0.85	3.77±0.76	27.240	0.000
开放性	3.75±0.75	3.51±0.80	3.72±0.72	8.981	0.000
情绪性	3.23±0.86	3.32±0.80	3.38±0.84	2.511	0.082

由表 8-24 可知，农村留守儿童人格的外向性、宜人性、谨慎性、开放性维度在对父亲外出打工态度上差异均显著（$p<0.001$），情绪性维度在对父亲外出打工态度上差异不显著（$p>0.05$）。利用 LSD 进一步检验得到如下结论。

在农村留守儿童人格的外向性、宜人性、谨慎性、开放性维度上，支持和不支持父亲外出打工的农村留守儿童得分高于对父亲外出打工持无所谓态度的农村留守儿童。

表8-25　农村留守儿童人格在对母亲外出打工态度上的差异分析

维度	支持 （$n=731$）	无所谓 （$n=320$）	不支持 （$n=389$）	F	p
外向性	3.72±0.79	3.38±0.83	3.77±0.75	18.045	0.000
宜人性	4.06±0.71	3.69±0.73	4.05±0.66	23.759	0.000
谨慎性	3.86±0.81	3.38±0.79	3.78±0.78	30.674	0.000
开放性	3.71±0.78	3.47±0.73	3.74±0.74	9.527	0.000
情绪性	3.26±0.84	3.34±0.76	3.36±0.86	1.832	0.161

由表 8-25 可知，农村留守儿童人格的外向性、宜人性、谨慎性、开放性维度在对母亲外出打工态度上差异显著（$p<0.001$），情绪性维度在对母亲外出打工态度上差异不显著（$p>0.05$）。利用 LSD 进一步检验得到如下结论。

在农村留守儿童人格的外向性、宜人性、谨慎性、开放性维度上，支持或不支持母亲外出打工的农村留守儿童得分高于对母亲外出打工持无所谓态度的农村留守儿童。

9. 农村留守儿童人格在上网时间上的差异分析

我们采用单因素方差分析法分析了农村留守儿童人格各维度在上网时间上的差异，详见表 8-26。

表 8-26　农村留守儿童人格在上网时间上的差异分析

维度	不上网 ($n=261$)	半小时以内 ($n=411$)	半小时至 1 小时 ($n=225$)	1～2 小时 ($n=276$)	2 小时以上 ($n=267$)	F	p
外向性	3.69±0.89	3.81±0.72	3.75±0.77	3.63±0.79	3.46±0.79	8.193	0.000
宜人性	4.04±0.78	4.14±0.67	4.10±0.67	3.92±0.66	3.73±0.76	14.438	0.000
谨慎性	3.86±0.86	3.98±0.74	3.86±0.79	3.66±0.76	3.34±0.85	27.245	0.000
开放性	3.69±0.84	3.82±0.71	3.81±0.71	3.63±0.76	3.49±0.77	9.052	0.000
情绪性	3.23±0.87	3.18±0.90	3.30±0.82	3.39±0.76	3.32±0.78	2.716	0.029

由表 8-26 可知，农村留守儿童人格的外向性、宜人性、谨慎性、开放性、情绪性维度在上网时间上差异显著（$p<0.05$）。利用 LSD 进一步检验得到如下结论。

在农村留守儿童人格的外向性、宜人性、谨慎性、开放性维度上，上网时间半小时以内的农村留守儿童得分最高；在情绪性维度上，上网时间 1～2 小时的农村留守儿童得分最高。

四、农村留守儿童自我意识、人格与社会适应的相关研究

(一)农村留守儿童自我意识与社会适应的相关分析

我们对农村留守儿童自我意识与社会适应进行了相关分析，详见表 8-27。

表 8-27　农村留守儿童自我意识与社会适应的相关分析

维度	学习适应	认知适应	积极情绪 适应	人际关系 适应	生活适应	社会适应 总分
自我认识	0.48***	0.24***	0.53***	0.56***	0.31***	0.60***
自我体验	0.50***	0.24***	0.48***	0.48***	0.24***	0.55***
自我控制	0.61***	0.24***	0.46***	0.56***	0.40***	0.64***
自我意识总分	0.61***	0.27***	0.55***	0.60***	0.37***	0.68***

由表 8-27 可知，农村留守儿童自我意识及各维度与社会适应及各维度均呈显著正相关。

(二)农村留守儿童人格与社会适应的相关分析

我们对农村留守儿童人格与社会适应进行了相关分析，详见表 8-28。

表 8-28　农村留守儿童人格与社会适应的相关分析

维度	学习适应	认知适应	积极情绪适应	人际关系适应	生活适应	社会适应总分
外向性	0.41***	0.25***	0.66***	0.56***	0.30***	0.60***
宜人性	0.57***	0.34***	0.53***	0.63***	0.34***	0.68***
谨慎性	0.69***	0.27***	0.51***	0.61***	0.41***	0.70***
开放性	0.51***	0.34***	0.56***	0.53***	0.32***	0.62***
情绪性	0.02	0.10***	−0.02	−0.01	0.00	0.01

　　由表 8-28 可知，农村留守儿童人格的外向性、宜人性、谨慎性和开放性维度与社会适应各维度及总分之间存在显著正相关；情绪性维度与社会适应的认知适应维度存在显著正相关，但与社会适应总分及其他维度相关不显著。

五、农村留守儿童自我意识、人格与社会适应的回归分析

　　我们分别以自我意识各维度和人格各维度为自变量，以社会适应为因变量，进行了回归分析。回归分析结果见表 8-29。

表 8-29　自我意识、人格与社会适应的回归分析

维度		模型 1		模型 2		ΔR^2	ΔF
		β_1	t_1	β_2	t_2		
第一层	自我认识	0.27	7.54***	0.03	0.93	0.462	410.486
	自我体验	0.18	4.64***	0.14	4.07***		
	自我控制	0.40	13.66***	0.19	6.51***		
第二层	外向性			0.11	5.63***	0.608	277.403
	宜人性			0.18	7.12***		
	谨慎性			0.17	7.25***		

　　由表 8-29 可知，自我意识的自我认识、自我体验、自我控制三个维度均对社会适应有显著正向预测作用。人格的外向性、宜人性和谨慎性维度对社会适应有显著正向预测作用。随着人格因素的加入，自我意识的两个维度对社会适应的预测作用有所减少，人格因素在自我意识与社会适应间起中介作用。

六、研究分析与讨论

（一）农村留守儿童自我意识的差异分析

1. 农村留守儿童与非留守儿童自我意识的差异分析

农村留守儿童的自我意识水平显著低于农村非留守儿童。自我意识包括自我认识、自我体验、自我控制。自我认识是对自己的洞察和理解，包括体貌自我、社交自我和品德自我。恰当地认识自我的各个方面，是人格完善的重要前提。与农村非留守儿童相比，农村留守儿童的社交自我、品德自我得分显著较低。由于父母一方或双方外出打工，他们得到的父母的关爱和呵护相对较少，心理上容易产生压力和不安全感。如果压力得不到缓解，他们的行为方式就得不到正确的指导，遇到社交问题就不知道如何解决，他们在学校出现不良行为后就易受到教师的批评，更容易产生自卑感而不能正确地认识自我，看不到自我的优点，从而丧失信心，做事畏缩不前。

自我体验是伴随自我认识产生的内心体验，是自我意识在情感上的表现。它反映了主我的需要与客我的现实之间的关系。当个体体验到成功感时，就会产生积极的自我肯定，力图实现更高的目标。可见，恰当地处理自我体验对个体的身心发展具有重要意义。农村留守儿童会感到自己没有依靠和坚强的后盾。父母在身边可以为他们提供各种物质和心理上的支持；父母长期外出则直接导致他们所能利用的心理支持比较匮乏，容易使他们对未来生活失去信心，对自我放任自流，因此导致自尊水平降低。父母长期不在身边常常会使农村留守儿童感到手足无措，应对压力的效能感降低，抑郁风险增加，同时对父母支持缺失的感受也更加强烈，因此孤独感升高，满足感相对降低。

自我控制是个人对自身的心理和行为的主动掌握，表现在认知、情感、行为等多个方面。农村留守儿童正处于身心迅速发展的他律年龄阶段，在没有父母监督的情况下，对事物缺乏正确与否的判断，不能抑制冲动、抵制诱惑，容易接受并养成一些不良习惯，甚至沾染社会上的一些不良习气，导致行为偏差，不能适当地控制、调节自己的行为。

2. 农村留守儿童自我意识的性别差异分析

研究发现，男童自我体验得分显著高于女童，主要体现在自尊感方面。另外，男童的体貌自我得分显著高于女童，品德自我得分显著低于女童。自尊感指对自己的积极、肯定性的评价和体验。从小学高年级进入青春期，生理上的变化往往给农村留守儿童带来很大的心理压力，他们特别需要父母等重要他人的指导。女童尤其如此，女童的生理发育比男童通常早1～2年，对其心理发展有较大影响。从内部来看，在自我认识维度上，女童体貌自我得分显著低于男童。这与女童的身心发展有关。生理发育及心理发展使女童更注重自我形象，同时女童会因身体变化而产生羞涩心理，对自己的体貌等更加敏感。另外，盖笑松和赵莹认为，社会舆论、教师、父母对男童与女童的期望不同，会影响到他们的性别角色观。农村留守儿童会根据自己的性别去构建或重构自己的心理和行为，他们的自我意识发展在某些具体维度上有所差异。

3. 农村留守儿童自我意识的学段差异分析

研究表明，农村留守儿童自我意识总分及各维度存在显著的学段差异，且农村小学留守儿童得分高于农村初中留守儿童。张增杰认为，随着年龄的增长，个体所参与的生活和实践逐渐复杂化，其自我意识也会不断发展。对本研究数据做进一步分析发现，农村小学四、五、六年级留守儿童的自我意识总分呈升高趋势；农村初中留守儿童自我意识总分呈降低趋势（见图 8-1）。这可能是造成农村小学留守儿童自我意识总分高于农村初中留守儿童的原因。

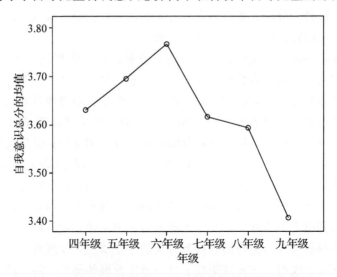

图 8-1　不同年级农村留守儿童自我意识总分的分布情况

根据埃里克森心理发展阶段理论，初中阶段是个体获得同一感而克服同一性混乱的阶段，且儿童正经历青春期。这一阶段的核心问题就是自我意识的确定。处于这一阶段的个体是从别人对自己的态度、自己扮演的各种社会角色中逐渐认清自己的。由于亲情的缺失，监护人对其心理关注不够，农村初中留守儿童不能很好地认识自己，易出现自我同一性混乱。

4. 农村留守儿童自我意识的留守类型差异分析

与父母共同生活是儿童质朴和基本的需求。父母双方或一方外出后，儿童通常会有一些失落或沮丧等负面情绪，如果不能及时化解就会不断加剧其负面影响。研究表明，农村单留守儿童自我控制维度得分比农村双留守儿童稍高，但差异不显著。相比父母双方均外出打工的农村留守儿童来说，单亲外出打工一定程度上也能增加农村留守儿童的家庭收入，改善家庭经济状况。虽然父母一方不在身边，但另一方仍可尽养育之责，亲情的缺失相对较少。由于父母一方的陪伴，农村留守儿童对自己的行为有一定的觉察与控制。这些因素交织在一起可能使农村单留守儿童的自我控制维度得分比农村双留守儿童稍高。

5. 农村留守儿童自我意识的父母联系频率差异分析

研究表明，农村留守儿童与父母联系频率越高，他们越有机会与父母交流自己的想法与情感，及时解决自己的问题，其自我意识得分也相对较高。这与李俊玲等人的研究结果一致。父母在孩子成长与发展过程中起着不可替代的作用，孩子与父母进行良好的沟通是提高其自我意识水平的重要途径。一方面，孩子与父母相互沟通，交流意见、观点和情感，增强亲子关系；另一方面，孩子在与父母沟通交流中学会评判对错的标准，提高认知能力。相对于父母双方均外出打工的农村留守儿童而言，父母一方外出打工的农村留守儿童的自我意识得分相对较高，也从侧面说明了农村留守儿童与父母的情感维系对其自我意识发展有一定的帮助。

6. 农村留守儿童自我意识在对父母想念程度上的差异分析

研究表明，农村留守儿童自我意识总分及各维度在对父母想念程度上差异显著。且随着对父母想念程度的增加，自我意识总分及各维度得分也随之提高。父母的爱和情感是其他监护人所替代不了的。由于缺少和父母的沟通，农村留守儿童在心理上表现出对于家庭完整和父母关怀的强烈渴望。鲁国全认为，农村留守儿童往往处于一种自相矛盾的状态，他们渴望父母的爱和关怀以及家庭团聚，但因家庭的现实又不能给父母打电话(鲁国全，2019)。因此他们更多表现出对父母的想念。农村留守儿童想念父母程度高，与父母联系频率就会增加，也会提高自我意识水平。同时，韩风玲等人认为农村留守儿童对父母的想念也反映了父母对农村留守儿童的爱与关怀；父母采用情感与理解的教养方式，农村留守儿童发生抑郁、社交退缩等行为的可能性就较小(韩风玲，吴志江，王蔓娜，2004)。

7. 农村留守儿童自我意识在父母教养类型上的差异分析

农村留守儿童自我意识总分及各维度在父母教养类型上差异显著。主要表现为权威型教养的农村留守儿童自我意识总分显著高于忽视型、专制型与溺爱型教养的农村留守儿童。该结果与张秀阁的研究结果基本一致。该研究发现父母情感温暖与农村留守儿童的自我意识存在显著正相关，父母惩罚严厉等与农村留守儿童的自我意识呈显著负相关。

8. 农村留守儿童自我意识在父母及监护人文化程度上的差异分析

研究表明，父母及监护人的受教育程度特别是父亲的受教育程度越高，孩子的自我意识水平越高。这与孔丽华的研究相似(孔丽华，罗妮娜，王敬东，等，2014)，即监护人的受教育程度仅对农村留守儿童的自我认识产生影响。尹勤等人研究发现，随着母亲文化水平的提高，留守儿童的自我意识评价偏低者比例下降(尹勤，刘越，高祖新，等，2011)。父母文化程度高，相对能给孩子的学业等各方面给予一定的指导。凌辉等人的研究表明学业成就和监护人的文化程度对留守儿童的自我意识水平有显著影响(凌辉，2001；高健，2010)。高雪屏等人发现，父母文化程度与小学生自我意识中外貌自我得分相关显著(高雪屏，于素维，苏林雁，2003)。父母及监护人文化程度越高，越注重农村留守儿童的教育方式与方法，越容易与农村留守儿童沟通；其价值观、行为方式等影响农村留守儿童的自我评价，有利于农村留守儿童自我意识的形成和发展。

9. 农村留守儿童自我意识在对父母外出打工态度上的差异分析

研究表明，对父母外出打工持无所谓态度的农村留守儿童自我意识得分最低；对父母外出打工持支持态度和不支持态度的农村留守儿童的自我意识得分显著高于对父母外出持无所谓态度的农村留守儿童。对父母外出打工有态度的农村留守儿童渴望亲情，同时对生活存有希望。为了得到父母的认可，农村留守儿童的自我体验或者自我控制会更加积极。

10. 农村留守儿童自我意识在上网时间上的差异分析

研究发现，农村留守儿童的自我意识总分及各维度在上网时间上存在显著差异。自我控制是完善自我的主要途径，具有一定自制力的儿童对自我认识和自我体验都有着调节作用。自我认识、自我体验和自我控制三方面共同形成了完整的自我意识。

(二)农村留守儿童人格的差异分析

1. 农村留守儿童与非留守儿童人格的差异分析

人格是个体在适应环境的过程中形成的稳定的行为和反应倾向，被认为是促使个体适应环境的结构性差异。人格的差异会使个体的社会适应呈现多元化。面对陌生环境，不同人格特质的儿童会通过建立人际关系去适应周边环境。不喜欢主动交往的儿童相较于主动的儿童更难建立良好的人际关系、适应环境。

从人格各维度得分情况来看，农村留守儿童的人格发展整体较好。人格维度得分低说明农村留守儿童的人格表现需要给予关注。且与农村非留守儿童相比，农村留守儿童人格发展还存在一定的差距。范方和桑标认为由于成长环境的特殊性、亲子教育的缺失、学校及社会环境的影响，农村留守儿童形成了特殊的人格特质。

2. 农村留守儿童人格的性别差异分析

研究表明，农村留守儿童人格的宜人性和情绪性维度的性别差异显著，且农村留守女童得分相对较高。这说明她们相对更乐于助人、可信赖和富有同情心，容易感到忧伤，情绪易波动，可能与传统教育观念有关。传统教育观念认为，女孩尤其是进入青春期以后的女孩应该是文静、温柔、贤淑的。这种观念无形中束缚着女孩的情感，加上没有父母在身边及时疏导情绪，其更容易产生情绪上的波动。

3. 农村留守儿童人格的学段差异分析

研究表明，农村留守儿童人格的外向性和谨慎性维度在学段上差异显著，农村小学留守儿童得分高于农村初中留守儿童。宜人性、开放性、情绪性三个维度的学段差异不显著。健全的家庭会促进农村留守儿童人格的健康发展。随着父母外出打工时间越来越长，留守环境对农村初中留守儿童的负面影响要大于农村小学留守儿童，一定程度上会影响农村留守儿童的人格发展。

谨慎性维度得分高说明农村留守儿童做事有条理和有计划，并能持之以恒。农村初中留守儿童的情绪、情感虽然已趋向成熟，但由于生理和自我意识上的急剧变化，他们有时容易过于激动、冲动。他们还喜欢独立思考，但由于缺乏社会经验，思维往往单纯幼稚，在处理生活、学习中遇到的问题时仍带有较大的片面性。

4. 农村留守儿童人格的留守类型差异分析

农村留守儿童人格各维度在留守类型上差异不显著，该结果与魏军峰的研究结果稍微有所不同(李想想，2016)。相关研究发现，父母均外出的农村留守儿童人际关系敏感，其焦虑因子得分高于单亲外出的农村留守儿童。许燕认为人格是个体在遗传与环境的交互作用下所具有的典型而独特的心理品质组合系统(许燕，2017)。人格发展要经历一定的阶段，并需要不断调整与完善，甚至是持续终生的。本研究中农村小学留守儿童人数占50%以上；小学阶段本身处于人格发展和完善阶段，易受多种因素的影响。

5. 农村留守儿童人格的父母联系频率差异分析

父母在孩子成长过程中的作用是任何人都无法代替的。研究发现，与父母联系频率不同，农村留守儿童人格的外向性、宜人性、谨慎性以及开放性维度存在显著差异，而情绪性维度没有差异。由于受时空条件的限制，父母与农村留守儿童的交流较少时，容易造成亲子之间的心理隔阂，让农村留守儿童慢慢丧失基本的心理归属和依恋感。因此与父母经常联系的农村留守儿童表现出较高的信任感、责任感。

对于农村留守儿童来说，长时间与父母分离，生活在缺少父母中一方的单亲家庭或者隔代家庭甚至寄养家庭中，他们会觉得别人家的孩子都有父母疼爱而自己却没有。这时就需要对其进行心理调适。因此，父母应抽空利用电话、书信或互联网等方式及时劝导和关爱孩子，关注孩子成长过程中的情感体验，尽可能让孩子体验亲情归属和关爱，及时为他们提供心理上的支持。这样的孩子通常人格发展相对比较健全。

6. 农村留守儿童人格在对父母想念程度上的差异分析

农村留守儿童人格在对父母想念程度上的差异显著。随着对父母想念程度的加深，农村留守儿童的人格的外向性、宜人性、谨慎性、开放性维度得分也随之提高，但情绪性维度差异不显著。归属感是家庭给予孩子的、能促进孩子心理健康成长的重要条件。梁颖认为，对于未成年的孩子来说，父母是他们坚实的依靠(梁颖，2016)。与父母长久的分离会让孩子在逐渐成熟的过程中弱化其归属感。这会在一定程度上影响孩子的人格特点。对父母的想念是联系孩子与父母的纽带，会让孩子对生活抱有一定的期望。

不想念父母的农村留守儿童情绪性维度得分最高，但与其他不同想念程度的农村留守儿童之间差异不显著。情绪性维度得分高说明个体经常感到忧伤、情绪容易波动；情绪性维度得分低说明个体心境平和，不易出现极端的和不良的情绪反应。农村留守儿童对父母的想念更多是一种想法，而不是行为。这可能是差异不显著的原因。

7. 农村留守儿童人格在父母教养类型上的差异分析

农村留守儿童的人格发展会受到家庭的影响，如与父母联系情况等对其人格发展都有一定的影响。权威型教养的农村留守儿童人格的外向性、宜人性、谨慎性、开放性维度得分相对较高。父母的权威来自他们对农村留守儿童的理解与尊重，且与农村留守儿童经常交流以及对儿童的帮助。父母以积极肯定的态度对待农村留守儿童，及时热情地对他们的需要、行为做出反应，尊重并鼓励他们表达自己的意见和观点。同时父母对他们有较高的要求，对他们不同的行为表现奖惩分明。这种高控制且在情感上偏于接纳和温暖的教养对农村留守儿童的心理发展有许多积极影响。因此权威型教养的农村留守儿童独立性较强，自尊感和自信心较强，喜欢与他人交往，对他人友好。

采用忽视型教养的父母对农村留守儿童既缺乏爱的情感和积极反应，又缺少行为方面的要求和控制，因此亲子间的互动很少。他们对农村留守儿童缺乏基本的关注，对其行为缺乏反馈，且容易流露厌烦、不愿搭理的态度。如果农村留守儿童提出诸如物质等方面易于满足的要求，父母可能会对此做出应答。然而对于那些耗费时间和精力的长期目标，如培养农村留守儿童良好的学习习惯、恰当的社会性行为等父母则很少去完成。这类教养的农村留守儿童与溺爱型教养的农村留守儿童一样，具有较强的攻击性，很少替别人考虑，对别人缺乏热情与关心。

采用专制型教养的父母会要求农村留守儿童绝对地服从自己，要求农村留守儿童按照设计的发展蓝图去成长。父母常以冷漠、忽视的态度对待农村留守儿童，很少考虑他们自身的要求与意愿。父母对农村留守儿童违反规则的行为表示愤怒，甚至采取严厉的惩罚措施。由于缺少父母的教育，这种教养类型的农村留守儿童更易表现出焦虑、退缩和不快乐。他们在与同伴交往中遇到挫折时易产生敌对反应。专制型教养的农村留守儿童与权威型教养的农村留守儿童相比，自我调节能力和适应性都比较差。但有时他们在校的学习表现比忽视型和溺爱型教养的农村留守儿童好些，而且在校期间的反社会行为也较少。

采用溺爱型教养的父母对农村留守儿童报以积极肯定的情感，但缺乏控制。父母外出打工觉得对孩子有所愧疚，短暂相聚时他们会纵容孩子，很少向孩子提出要求。父母对孩子违反规则的行为采取忽视或接受的态度，很少发怒或训斥孩子，以弥补对孩子的亏欠。这类教养的农村留守儿童大多不太成熟，他们往往具有较强的冲动性和攻击性，而且缺乏责任感，合作性差，很少为别人考虑，自信心不足。

以往研究发现，在个体因素中儿童不是被动地接受环境影响，而是以自身特质积极改变环境所施加的作用。儿童在社会化过程中的先天气质与父母养育并不是单独起作用，而是相互作用，共同影响社会化结果。儿童的气质倾向在社会化过程中的反应或表现会受到父母养育态度和行为的修正。即父母养育调节了儿童先天气质倾向在社会化过程中的表达。例如，高消极情绪、低自我控制的儿童在严厉的教养条件下更容易表现出外显问题，而在温暖关爱的抚养环境中出现外显问题的概率较低等（夏敏，梁宗保，张光珍，等，2017；Slagt M.，Semon Dubas J.，&van Aken M.A.G.，2016）。

8. 农村留守儿童人格在父母及监护人文化程度上的差异分析

农村留守儿童人格各维度会受到父母文化程度的影响，主要表现在外向性、谨慎性、开放性维度。监护人的文化程度对农村留守儿童的影响更多表现在外向性维度。对于农村留守儿童，父母关爱的缺失可能是影响他们人格发展的关键要素。但叶敬忠、王伊欢提出亲子分离未必会造成农村留守儿童心理健康水平下降，关键问题在于监护人在对农村留守儿童的心理关怀上能否补偿他们或替代父母（叶敬忠，王伊欢，2006）。父母文化程度越高，越重视与子女在情感上的沟通。父母能够掌握并主动学习儿童心理健康知识，及时发现孩子心理问题并用科学的方式去应对，能够保持孩子利他、友好和富有爱心的趋向，同时让他们学会克制和严谨，对经验持开放的和探求的态度。文化程度较低的父母在与孩子交流中较少讲究方式方法，只关心孩子的物质需求而忽视心灵沟通。

9. 农村留守儿童人格在对父母外出打工态度上的差异分析

对父母外出打工持支持和不支持态度的农村留守儿童人格的外向性、宜人性、谨慎性和开放性维度得分高于持无所谓态度的农村留守儿童。陈建文和王滔认为人格可能影响着个体对压力的评价，也可能影响着个体评价之后的应对行为选择(陈建文，王滔，2008)。农村留守儿童敢于表达自己的态度，对父母表达自己的想法，是外向性的表现。同时这也是农村留守儿童对生活的自信态度。自信作为一种自我认知评价，就是人格的核心要素，在压力与适应行为间发挥中介作用，对个体的环境适应行为有激活作用。

10. 农村留守儿童人格在上网时间上的差异分析

农村留守儿童人格在上网时间上差异显著。上网半小时以内的农村留守儿童除情绪性维度外，其他维度得分均较高。这与杨洋和雷雳等的研究结果一致(杨洋，雷雳，柳铭心，2006)。他们发现青少年人格的外向性、宜人性对互联网使用情况有显著反向预测作用。外向性维度得分高的农村留守儿童健谈、友善、好社交、热情等，具有较好的人际关系，也能获得更多的社会支持；得分相对较低的农村留守儿童由于安静、保守、害羞等，不喜欢也不善于在现实生活中与他人交往。互联网为他们提供了一个与现实环境存在巨大差异的社交平台，能让他们在虚拟网络上获得一定的满足感。张兴贵和郑雪发现，高宜人性的个体更能创造快乐的环境和生活事件(张兴贵，郑雪，2005)。即便出现现实生活的问题，高宜人性的个体也更倾向于采用主动的应对方式，而不会被动地沉迷虚拟网络世界来逃避现实。

上网时间能够控制在半小时以内或者不上网，说明个体对自己的行为有一定的自控力和认知能力。人格因素是本质的心理和行为系统，内在地制约和决定个体行为活动的独特倾向和特征。有时候人格对情境刺激的典型反应是立即的、自动化的、情绪化的和近乎反射性的，如冲动的人在面对遭拒绝的情境时更倾向做出攻击性反应(Downey G.，Freitas A. L.，& Michaelis B.，1998)。但个体也会运用意志控制策略去阻止人格特质触发刺激，从而做出冲动性反应。这时元认知就发挥着主动作用，通过个体的思考、计划、调节、监控等，影响并暂时改变个体的人格特质，使其对情境的反应发生改变(Mischel W.，Shoda Y.，& Rodriguez M.，1989)。例如，避开一些冲动性行为，选择和产生一些适应性行为。

(三)农村留守儿童自我意识、人格与社会适应的关系分析

1. 农村留守儿童自我意识与社会适应的关系分析

农村留守儿童的自我意识与社会适应呈显著正相关，即农村留守儿童的自我意识水平越高，社会适应越好。自我意识的积极发展能够为个体的社会性发展铺平道路。他们在婴儿期能获得自我意识，能意识到他人，会通过模仿玩伴的行为与之沟通；也能通过简单的方式与同伴合作以实现共同的目标，能协调

自己的与他人的观点。

自我认识包含个体对自己的身体外貌、社交以及品德情况的认识。如果个体的自我认识得分相对较高，那么个体必定也是一个悦纳自己的人。虽然个体可能对自己的现状不满意，但肯定能勇于面对自己。自我认识水平较高的农村留守儿童往往有着更高的自主意识，更加勇于实践和调整，进而更好地适应社会。农村小学留守儿童会通过比较自己与他人来对自己的能力、外貌和行为加以判断，能够了解他人的想法。随着不断内化他人的期望，农村留守儿童形成了"真实自我"与"理想自我"。如果两者间的差距保持在一定的范围内，则有利于调动农村留守儿童的积极性，促进农村留守儿童的社会适应。如果两者间的差距过大，则有损其自尊，进而导致其悲伤、绝望和抑郁，不利于农村留守儿童的社会适应。

自我体验包含自尊感、焦虑感、满足感三个方面。自尊感是个体对自我价值的判断，部分源于他人对自己的态度与评价，留守会使农村留守儿童自尊下降。聂衍刚等人研究发现，低自尊的青少年会出现社会适应困难，在班级活动或社交活动中极少露面，很少受到别人的注意，因此往往形成孤立感和孤独感(聂衍刚，丁莉，2009)。自尊发展好的农村留守儿童能够形成积极的情感体验，发展良好的个性品质，形成较高的社会适应能力。互联网的使用与农村留守儿童的社交焦虑感和孤独感等适应功能存在关联(贺金波，陈昌润，贺司琪，等，2014)。研究表明，自我意识与农村留守儿童社会适应存在显著正相关。张国华等人的研究发现，互联网使用会与同伴交往产生交互作用，共同影响农村留守儿童的适应功能(张国华，戴必兵，雷雳，2013)。由此可以推断，互联网环境与农村留守儿童的社会行为及适应功能存在紧密关联。

自我控制包括自觉性、自制力、监控性三个方面。自我控制对个体的心理健康和社会适应有着重要的影响。高自我控制的青少年拥有更健康的人际关系、更有效的压力应对技能和更出色的学业成就等，表现出更好的社会适应行为。相反，低自我控制的青少年更容易产生犯罪行为和适应不良行为。农村留守儿童因为缺乏在社交活动中的主动性而不被周围认可，也不能很好地适应快节奏、信息量丰富、竞争日益激烈的社会环境，因此表现出较差的适应功能。

2. 农村留守儿童人格与社会适应的关系分析

农村留守儿童人格的外向性、宜人性、谨慎性、开放性维度与社会适应存在显著正相关。大量研究显示，人格对青少年的社会适应具有显著的预测作用。聂衍刚等人发现，青少年人格的外向性、宜人性、谨慎性、开放性与良好社会适应行为间存在显著正相关(聂衍刚，林崇德，郑雪，等，2008)。赵鑫等人的研究发现，严谨性、外向性和开放性维度与社会适应呈显著正相关，神经质维度与社会适应不良呈显著负相关(赵鑫，史娜，张雅丽，等，2014)。有学者对俄罗斯青少年人格与社会适应的研究发现，青少年人格可以解释其自我报告的社会适应行为 11%～25%的变异，对情绪和行为问题变异的解释超过 20%，而且对父母报告的社会适应行为预测更高（Slobodskaya H. R.，2007）。本研究中情绪性维度仅与认知适应相关显著，而与社会适应及其他维度相关不显著。情绪性维度得分更多是对个体内部心境、自我调适情况的描述，因此与认知适应方面相关。

人格是多层次、多侧面的复杂心理特征的整合，不同的心理学流派从不同的角度对其进行了分析和解释。特质学派认为人格是以各种特质为单位构成的，所反映的是个体比较一致的行为倾向、内心体验特点以及稳定的内在动机特点（Wang D.，Hong C.，& Zhou F.，2005）。"大五人格模型"是在以前诸多特质理论的基础上发展起来的，它是目前较为流行的人格结构模型（刘继亮，孔克勤，2001）。人格维度是个体对自己或他人行为进行归类的结果。社会适应行为是社会文化规范准则的体现，也是个体心理活动的外表特征。良好社会适应行为的形成必然受到其人格发展的内在主导和影响。

3. 农村留守儿童自我意识、人格与社会适应的回归分析

目前关于人格与社会适应行为的关系，大多数研究者认同人格影响社会适应行为的形成。本研究分别以自我意识、人格为自变量，以社会适应为因变量进行了回归分析。回归分析结果显示，在加入人格各维度后，自我意识对社会适应的解释有所降低，人格的外向性、宜人性和谨慎性是社会适应的主要预测因素，和自我意识共同解释社会适应行为 60.8%的变异。以往研究结果显示，在宜人性和谨慎性维度上得分低的青少年更容易出现行为问题和情绪问题。这与本研究结果一致。

自我具有保持内在一致性、决定个体对经验的解释、决定人们的期望三个主要功能。自我意识起着引导人们行为的作用，青少年的自我意识直接与他们的行为自制特征有关。当他们认为自己紧张、焦虑时，就会减少对自己行为的约束，从而出现更多的问题行为。当他们克制、坚持、抵制诱惑时，他们的不良行为就会减少。通过回归分析发现，自我意识对社会适应具有正向预测作用。聂衍刚等人发现，在不同年级样本中，自制力是社会性不良行为的稳定和强有力的负向预测因素（聂衍刚，丁莉，2009）。较高的自我调控水平是个体保护性因素，能够缓冲消极养育方式带来的不利影响。莫里斯等人选用敌意和心理控制作为消极养育方式的两个指标，考察儿童努力控制与父母消极养育方式对行为问题的交互作用。对于低努力控制的儿童，消极养育方式可以预测其外显行为问题；对于高努力控制水平的儿童，消极养育方式的预测作用不显著。可见，高自我控制能力可以抑制行为冲动，减少外显问题行为。消极养育方式能削弱儿童的自我控制能力，低控制的儿童很难处理自己的行为冲动和情感。

儿童早期的自我控制对其社会适应有长期的预测作用。与学前期相比，小

学的生活中有很多方面需要自我控制，要求儿童把注意力集中在课堂活动上，听讲、排队、举手、做好家庭作业，以及经常性地长时间坐着不动等。自我控制能力弱的儿童很难做到这些，因而无法取得好的学业成就。儿童早期的自我控制不仅影响学业成就，也影响社会能力。自我控制能力强的儿童遇到挫折时更善于调节消极情绪。任务定向指儿童能够独立、认真负责地完成任务。杨丽珠和宋辉认为任务的坚持性与自我控制能力有较高的内在一致性。因此，自我控制能力强的儿童表现出良好的任务定向能力。自我控制能力强的儿童在学业方面表现较好；同时学业成就好也使儿童更有自信，更愿意发表自己的见解，表现得更有主见。自我控制能力强的儿童一般会被教师评价为具有较强的社会能力和良好的学业成就。在我国的社会文化背景下，自我控制能力较强的儿童在早期的发展过程中具有优势。

七、研究结论

农村留守儿童自我意识得分显著低于农村非留守儿童。农村留守儿童自我意识总分及各维度在父母联系频率、对父母想念程度、父母教养类型、对父母打工态度、上网时间等方面差异显著；自我体验维度得分的性别差异显著。农村留守儿童自我意识总分及各维度的留守类型差异不显著。

农村留守儿童人格的外向性、宜人性、谨慎性、开放性维度得分显著低于农村非留守儿童。农村留守儿童人格各维度在父母教养类型、上网时间上差异显著；外向性、宜人性、谨慎性、开放性维度在父母联系频率、对父母想念程度、父母教养类型等方面差异显著；宜人性、情绪性维度在性别上差异显著；外向性、谨慎性、开放性维度在父母文化程度上差异显著，外向性维度在监护人文化程度上差异显著；农村留守儿童人格各维度在留守类型上差异不显著。

农村留守儿童自我意识总分及各维度与社会适应总分及各维度均呈显著正相关；农村留守儿童人格的外向性、宜人性、谨慎性和开放性维度与社会适应总分及各维度存在显著正相关，情绪性维度与社会适应中认知适应维度存在显著正相关。自我意识的自我认识、自我体验、自我控制维度均对社会适应有显著正向预测作用；人格的外向性、宜人性和谨慎性维度对社会适应有显著正向预测作用；随着人格因素的加入，自我意识的两个维度对社会适应的预测作用有所减小，人格因素在自我意识与社会适应间起中介作用。

八、研究对策与建议

社会适应行为的形成和发展受到自我意识和人格等多种因素的影响和制

约。我们应有侧重地培养农村留守儿童的自我意识、人格等方面，为有效培养农村留守儿童的良好社会适应行为提供思路和具体可行的途径。聂衍刚发现，自我意识对良好社会适应行为的影响要大于对不良社会适应行为的影响。在各因子中，自觉性、品德自我、自制力在良好社会适应行为形成及不良社会适应行为的矫正和消减过程中发挥着重要的作用。在教育过程中，我们要针对农村留守儿童发展的不同特点，有侧重地培养其良好的个性品质，以达到发展的最好效果。

（一）加强培养农村留守儿童的自我控制能力

皮亚杰认为社会适应是有机体通过同化和顺应不断与环境达成动态平衡的过程。陈建文和黄希庭发现，社会适应过程是个体以自身的各种心理资源组成的自我系统与各种刺激因素组成的社会情境系统交互作用的过程（陈建文，黄希庭，2004）。这一过程需要个体不断地学习，而学习是一项需要意志行动的活动。面对特定的任务，学生需要付出意志努力，进行自我控制。实证研究表明，个体早期的自我控制能力可以预测后期的积极社会适应。有学者发现，儿童期能够很好地完成延迟满足任务的孩子，在 10 年后比起当年那些不能完成任务的孩子，更多地被父母描述为学习能力强、社交技巧高、自信、可靠、能更好地应对压力。聂衍刚等人发现，人格因素中的自我控制是学习结果有力的预测源，而自我控制这一特征在早期人格塑造中有着非常重要的作用。因此家长和教育工作者需要重视农村留守儿童的早期教育，对他们采取尊重、包容和理智的态度并积极引导，促进其获得适度的自我控制能力，为其后期的社会适应及学校适应奠定良好的基础。

农村留守儿童对留守的态度影响他们的社会适应行为，如对父母外出打工的态度、对父母的想念程度等。政府及学校应加强农村留守儿童的自我教育和引导，鼓励农村留守儿童多看有利于身心健康的书籍，多与身边的亲戚、朋友、教师沟通；鼓励建立农村留守儿童互助小组，以知识基础、兴趣爱好、学习能力、素养发展等进行合理搭配，选出组长，组织参加平时学习和社会活动，做到互助友爱、坦诚相见、民主平等，养成健康文明的合作互助意识；挖掘农村留守儿童的潜在资源，让农村留守儿童产生自豪感和成就感，从而克服自卑心理，形成良好的自我效能感，增强自信心；给农村留守儿童树立榜样，帮助他们确立发展目标，让他们经常体验成功，以提高他们的自我意识水平，促进他们健康、快乐成长。

（二）加强与农村留守儿童的沟通交流

农村留守儿童与父母的联系频率以及父母教养类型等都会影响农村留守儿

童的自我意识及人格。因此政府可以充分利用当地家长学校，经常开展家庭教育责任和家教知识等方面的培训，转变家长及监护人的教育观念，提高他们的监护责任意识，引导家长及监护人科学教育和关心农村留守儿童；为农村留守儿童制定亲子交流时间表，提醒其定期给家长写信、打电话，甚至发短信、写邮件等，增进双方的感情，满足其情感需求。

研究表明，父母及监护人的文化程度对农村留守儿童自我意识及人格特征的影响显著。对于无法把孩子接到身边的，也要对父母及监护人进行家庭教育方面的知识宣传，引导其正确教育孩子，鼓励父母从有利于孩子成长的角度出发，寻找、确定孩子的最佳监护人，并和班主任保持定期交流。

学段差异比较发现，农村小学留守儿童自我意识总分及各维度和人格的各维度得分显著高于农村初中留守儿童。且小学阶段体现出逐年上升趋势，初中阶段呈逐年下降趋势，小升初可能是一个关键期。聂衍刚等人对不同年级样本的考察显示自我意识、人格对社会适应的影响同样存在"关键年龄"，因此要注意在关键期对农村留守儿童自我意识及人格等方面的发展进行辅导。

(三)调动农村留守儿童自身的心理资源

在生物层面上，有机体对环境的适应是通过现象型适应和基因型适应两种方式进行的。与其他生物对环境的适应相比，人类在心理层面上对社会环境的适应有以下特点：其一，人类的社会心理适应是以其心理及行为的结构和功能的改变来适应环境的。其二，人类的社会心理适应是主动的。人们通过对外在环境的主动选择、调控和改变来维持对环境的适应。社会适应的心理方式也可以分为学习、应对和防御三种。我们可以利用这三种方式促进农村留守儿童积极适应社会。

第九章　农村留守儿童社会适应影响
因素模型建构

一、概述

结构方程模型(Structural Equation Modeling，SEM)是当代行为与社会领域量化研究的重要统计方法。它融合了传统多变量统计分析中的因素分析与线性模型的回归分析的统计技术，对于各种因果模型可以进行模型辨识、估计与验证。结构方程模型具有以下几个特性：一是假设因果模型必须建立在一定的理论上；二是可以同时处理测量与分析问题，同时估计模型中的测量指标、潜在变量，不仅可以估计测量过程中指标变量的测量误差，也可以评估测量的信度与效度；三是关注协方差的运用；四是适用大样本的统计分析；五是包含许多不同的统计技术；六是重视多重统计指标的运用。当下越来越多的研究者开始使用 SEM 进行各种测量模型或假设模型图的验证。

适用 SEM 的软件主要有 LISREL 与 AMOS，我们主要采用 AMOS 进行统计分析。AMOS 能验证各式测量模型、不同路径分析模型；此外也可进行多群组分析、结构平均数的检验，以及单群组或多群组多个竞争模型或选替模型的选优等。

农村留守儿童社会适应影响因素模型建构主要依据生态系统理论及发展情境论。生态系统理论由布朗芬布伦纳和莫里斯提出。他们将生态系统表述为以个体为圆心的具有层级包裹关系的同心圆，包括微系统、中间系统、外系统、大系统，并且提出了时间系统，将其作为个体在成长过程中的参照体系，强调将时间和环境相结合，统合考察儿童发展的动态过程。儿童与环境的相互作用更多体现在微系统。俞国良、李建良和王勍建构了青少年心理健康影响因素的生态模型，强调家庭、学校在微系统、外系统、时间系统中起着重要作用（俞国良，李建良，王勍，2018）。发展情境论由勒纳提出。"情境"是该理论的一个核心概念，包括物理环境，社会环境（父母、同伴、教师等），个体自身以及随着时间的变化而变化的情境因素。该理论强调动态过程，关注不断发展变化的个体与其所处的生态环境之间的相互作用。农村留守儿童社会适应的发展受到学校、家庭、个人及社会环境等因素的影响。若要充分理解农村留守儿童社会适应的发展特点，必须充分关注他们所生活的具体情境以及情境之间的交互作用。

　　总体来说，我们以生态系统理论及发展情境论为理论基础，分析农村留守儿童的个体自我系统、家庭系统、学校系统及社会系统对社会适应的影响。影响农村留守儿童社会适应的因素较多，根据以往关于社会适应影响因素的相关研究，我们主要选取各影响系统中具有代表性的因素进行模型建构，主要包括自我系统中自我意识因素、家庭系统中亲子沟通因素、学校系统中友谊质量、师生关系因素及社会系统中社会支持因素对农村留守儿童社会适应的影响。因此，本章建构各影响因素与农村留守儿童社会适应的关系模型。农村留守儿童社会适应影响因素的理论模型如图 9-1 所示。

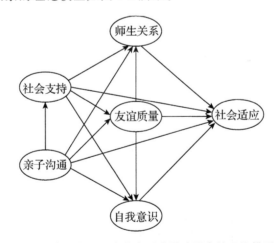

图 9-1　农村留守儿童社会适应影响因素的理论模型

二、农村留守儿童社会适应影响因素的初始结构模型建构

　　如图 9-2 所示，我们以 M_1 为基准模型，在其基础上采用逐步限定路径系数的方法建构了 4 个嵌套模型。

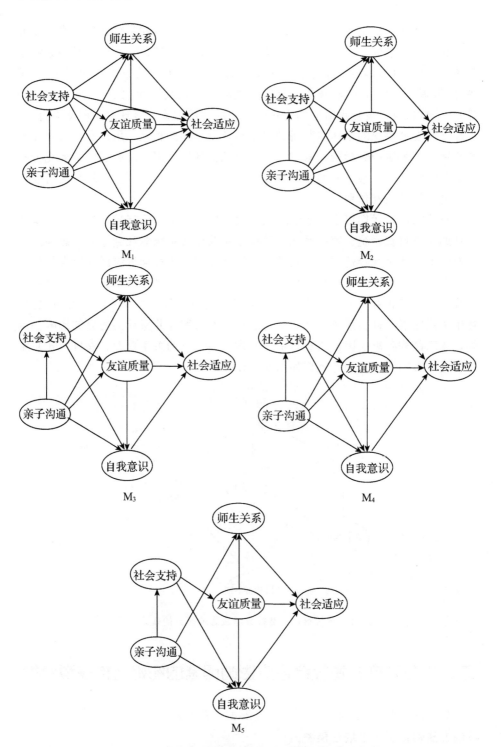

图 9-2　农村留守儿童社会适应影响因素的初始结构模型

M_1：社会支持、亲子沟通、师生关系、友谊质量和自我意识对社会适应有直接影响；社会支持、亲子沟通分别通过师生关系、友谊质量、自我意识对社会适应产生间接影响；友谊质量分别通过师生关系、自我意识对社会适应产生间接影响；亲子沟通通过社会支持对社会适应产生间接影响。

M_2：在路径 M_1 的基础上，删除社会支持指向社会适应的直接路径，其他路径保持不变。

M_3：在路径 M_2 的基础上，删除亲子沟通指向社会适应的直接路径，其他路径保持不变。

M_4：在路径 M_3 的基础上，删除社会支持指向师生关系的直接路径，其他路径保持不变。

M_5：在路径 M_4 的基础上，删除亲子沟通指向友谊质量的直接路径，其他路径保持不变。

进行嵌套模型间的竞争比较主要是为了在拟和指数都很好的嵌套模型中选择一个数据拟合较好且相对节俭的最佳模型（路径设定越少，自由度越大，模型越简洁）。通过对嵌套模型进行似然比检验，我们可以找出这个最佳模型。柳恒超、许燕、王力认为如果模型 M_k（相对简洁模型）嵌套于模型 M_t（相对复杂模型），M_k 与 M_t 之间可通过卡方检验评定数据的拟合差异，那么模型 M_k 与 M_t 之间的卡方值的差为 $\Delta \chi^2$，自由度之间的差为 Δdf。如果 $\Delta \chi^2$ 相对于 Δdf 差异不显著，那么根据简单性原则选择路径简洁的模型 M_k 作为被选模型。如果 $\Delta \chi^2$ 相对于 Δdf 差异显著，则拒绝模型 M_k，选择路径相对复杂但拟合较优的模型 M_t。简而言之，$\Delta \chi^2$（Δdf）变化差异不显著，采用相对简洁模型；$\Delta \chi^2$（Δdf）变化差异显著，采用简化前的相对复杂模型。

我们采用的几种模型拟合指数包括拟合度的卡方值（χ^2），卡方自由度比（χ^2/df），渐进残差均方和平方根（RMSEA），良适性适配指标（GFI、AGFI），增值适配指数（NFI、IFI、TLI、CFI）。根据大多数学者的观点，χ^2/df 在 5 以内，认为模型拟合良好。RMSEA 值小于 0.05，表示适配度非常好，在 0.05～0.08 表示模型良好，具有合理适配；在 0.08～0.10 表示模型尚可，具有普通适配。GFI、AGFI、NFI、IFI、TLI、CFI 值一般认为大于 0.90 为模型拟合较好。

我们对 5 个嵌套模型的竞争比较详见表 9-1。

表 9-1   农村留守儿童社会适应影响因素的 5 个嵌套模型拟合指数对比分析

模型	χ^2	df	χ^2/df	GFI	AGFI	NFI	IFI	TLI	CFI	RMSEA
基准模型 M_1	843.737	175	4.821	0.945	0.927	0.947	0.957	0.949	0.957	0.052
M_2	843.738	176	4.794	0.945	0.928	0.947	0.957	0.949	0.957	0.051
M_3	844.200	177	4.769	0.945	0.928	0.947	0.957	0.949	0.957	0.051
M_4	849.426	178	4.772	0.945	0.928	0.946	0.957	0.949	0.957	0.051
M_5	854.215	179	4.772	0.945	0.929	0.946	0.957	0.949	0.957	0.051

根据结构方程嵌套模型的比较原理，由表 9-1 可知，基准模型 M_1 与模型 M_2、M_3、M_4、M_5 相比，$\Delta\chi^2(\Delta df)$ 分别为 0.001(1)、0.463(2)、5.689(3)、10.478(4)。模型 M_1 与 M_2、M_3、M_4 的 p 值分别为 0.975、0.793、0.126，$p > 0.05$，卡方值增加不显著，说明模型 M_2、M_3、M_4 比基准模型 M_1 简洁且优于 M_1；模型 M_1 与 M_5 中，p 值为 0.033，$p < 0.05$，卡方值增加显著，取简化前的相对复杂模型，说明模型 M_1 优于 M_5。将模型 M_2 与模型 M_3、M_4、M_5 相比，$\Delta\chi^2(\Delta df)$ 分别为 0.462(1)、5.688(2)、10.477(3)；模型 M_2 与 M_3、M_4 的 p 值分别为 0.497、0.581，卡方值增加不显著，说明模型 M_3、M_4 比模型 M_2 简洁且优于 M_2；模型 M_2 与 M_5 中，p 值为 0.015，$p < 0.05$，卡方值增加显著，取简化前的相对复杂模型，说明模型 M_2 优于 M_5。将模型 M_3 与模型 M_4、M_5 相比，$\Delta\chi^2(\Delta df)$ 分别为 5.226(1)、10.015(2)；模型 M_3 与 M_4、M_5 的 p 值分别为 0.022、0.007，$p < 0.05$，卡方值增加显著，取简化前的相对复杂模型，说明模型 M_3 优于 M_4、M_5。将模型 M_4 与模型 M_5 相比，$\Delta\chi^2(\Delta df)$ 为 4.784(1)，p 值为 0.029，$p < 0.05$，卡方值增加显著，取简化前的相对复杂模型，说明模型 M_4 优于 M_5。通过对 5 个嵌套模型的卡方检验比较，我们最终接受模型 M_3。

三、农村留守儿童社会适应影响因素的结构模型

经过对理论模型的逐步修正，我们最终接受模型 M_3。在模型初始构建中，由于亲子沟通中父亲沟通问题与母亲沟通问题及师生关系中冲突性三个因子对隐性变量的作用不显著、贡献值太小，所以被剔除出去，最终建立了农村留守儿童社会适应影响因素的结构模型。农村留守儿童社会适应影响因素结构模型的完全标准化解见图 9-3，模型的回归权重见表 9-2。

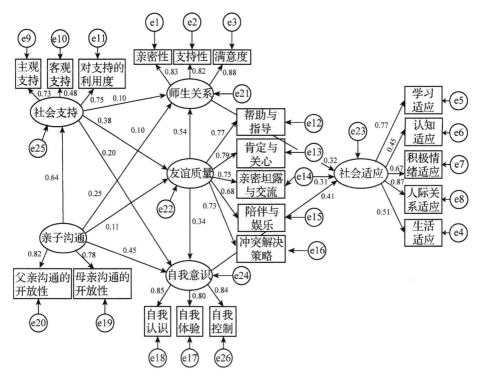

图9-3　农村留守儿童社会适应影响因素结构模型的完全标准化解

表9-2　模型的回归权重

类别	标准化估计值	非标准化估计值	标准误	临界比
亲子沟通—社会支持	0.640	1.501***	0.089	16.911
亲子沟通—师生关系	0.254	0.255***	0.037	6.869
亲子沟通—友谊质量	0.113	0.100*	0.040	2.491
亲子沟通—自我意识	0.453	0.191***	0.016	12.138
社会支持—师生关系	0.096	0.041*	0.017	2.376
社会支持—友谊质量	0.385	0.145***	0.018	7.913
社会支持—自我意识	0.203	0.036***	0.007	5.226
友谊质量—师生关系	0.540	0.611***	0.035	17.480
友谊质量—自我意识	0.341	0.162***	0.013	12.465
友谊质量—社会适应	0.305	0.254***	0.026	9.738
师生关系—社会适应	0.317	0.232***	0.022	10.592

续表

类别	标准化估计值	非标准化估计值	标准误	临界比
自我意识—社会适应	0.406	0.709***	0.049	14.448
亲子沟通—母亲沟通的开放性	0.782	1.000		
亲子沟通—父亲沟通的开放性	0.821	1.023***	0.039	25.899
社会支持—主观支持	0.730	1.000		
社会支持—客观支持	0.478	0.842***	0.054	15.480
社会支持—对支持的利用度	0.748	0.863***	0.040	21.614
师生关系—亲密性	0.832	1.000		
师生关系—支持性	0.817	0.886***	0.025	35.405
师生关系—满意度	0.876	0.918***	0.024	38.508
友谊质量—帮助与指导	0.775	1.000		
友谊质量—肯定与关心	0.788	0.976***	0.032	30.461
友谊质量—亲密袒露与交流	0.747	0.982***	0.034	28.696
友谊质量—陪伴与娱乐	0.683	0.793***	0.031	25.944
友谊质量—冲突解决策略	0.735	0.895***	0.032	28.158
自我意识—自我体验	0.795	1.000		
自我意识—自我认识	0.849	1.209***	0.035	34.707
自我意识—自我控制	0.840	1.415***	0.041	34.311
社会适应—学习适应	0.773	1.000		
社会适应—认知适应	0.449	0.543***	0.033	16.576
社会适应—积极情绪适应	0.674	0.935***	0.036	25.790
社会适应—人际关系适应	0.866	0.950***	0.028	34.136
社会适应—生活适应	0.506	1.415***	0.041	34.311

由图9-2和表9-2可知,第一,农村留守儿童师生关系、友谊质量、自我意识直接影响社会适应,亲子沟通分别通过师生关系、友谊质量、自我意识间接影响社会适应,友谊质量分别通过师生关系、自我意识间接影响其社会适应,社会支持分别通过师生关系、友谊质量、自我意识间接影响社会适应。第二,在对社会适应的直接影响因素中,自我意识的影响为0.406,师生关系的影响为0.317,友谊质量的影响为0.305。第三,在农村留守儿童社会适应的

影响因素中，家庭因素中亲子沟通对潜变量的回归系数由大到小为父亲沟通的开放性、母亲沟通的开放性；社会因素中社会支持对潜变量的回归系数由大到小为对支持的利用度、主观支持、客观支持；学校因素中师生关系对潜变量的回归系数由大到小为满意度、亲密性、支持性，友谊质量对潜变量的回归系数由大到小为肯定与关心、帮助与指导、亲密袒露与交流、冲突解决策略、陪伴与娱乐；个体因素中自我意识对潜变量的回归系数由大到小为自我认识、自我控制、自我体验。

四、研究结论

通过建立嵌套模型进行竞争比较，我们最终接受模型 M_3，即个体因素中自我意识以及学校因素中师生关系、友谊质量对农村留守儿童社会适应有直接影响，并且友谊质量分别通过师生关系、自我意识对社会适应产生间接影响；家庭因素中亲子沟通分别通过师生关系、友谊质量、自我意识间接影响社会适应；社会因素中社会支持分别通过师生关系、友谊质量、自我意识间接影响社会适应。

（一）自我意识、师生关系、友谊质量直接影响农村留守儿童的社会适应

第一，自我意识直接影响农村留守儿童的社会适应。研究发现，自我意识对社会适应的直接预测作用为 0.406，说明自我意识对农村留守儿童社会适应的发展具有重要作用。自我意识是个体认知系统的核心部分。李美华、张建涛发现，多数农村留守儿童的自我意识偏高或偏低，存在一定的社会适应不良（李美华，张建涛，2018）。本研究中自我意识主要包括自我认识、自我体验和自我控制，体现在农村留守儿童的认知、情感体验及行为表现上。农村留守儿童的自我意识水平越高，说明其在体貌、社交、品德等方面越能准确地定位自我，在学习及生活中具有自觉性、自制力及监控性，在情感体验上获得自尊感、满足感及自我价值感。李子华发现，留守初中生的自我意识水平的提高可以降低自身的孤独感（李子华，2019）。因此，这种积极正向的自我认知、自我体验和自我控制可能会对农村留守儿童的心理、学习及生活等各方面产生重要影响。

第二，师生关系、友谊质量直接影响农村留守儿童的社会适应。研究发现，师生关系对社会适应的直接预测作用为 0.317，友谊质量对社会适应的直接预测作用为 0.305。由于亲子分离，农村留守儿童更多与教师及同伴生活在一起，在与教师和同伴的互动过程中形成相对稳定的人际关系。可见，亲密性和支持性的师生关系与儿童的积极社会适应相关。同时，依赖性和冲突性的师

生关系与儿童的消极适应相关(朱晶晶，李燕，张云，等，2018)。农村留守儿童拥有亲密和谐的师生关系时会感受到被重视，对自我产生积极肯定的认知，产生自我价值感。这种认知会引导农村留守儿童在行为上更加积极上进，对农村留守儿童的人际交往、认知情绪及生活适应等方面都会产生重要影响。此外，同伴在农村留守儿童的成长中发挥着重要作用。良好的同伴交往可以降低农村留守儿童的学业违纪与孤独感，促进农村留守儿童认知水平的提高，培养农村留守儿童的观点采择能力，也有利于农村留守儿童社会化，影响农村留守儿童的亲社会行为及社会适应发展(赵景欣，刘霞，张文新，2013)。

(二)友谊质量通过师生关系、自我意识间接影响农村留守儿童的社会适应

第一，友谊质量通过师生关系间接影响农村留守儿童的社会适应。农村留守儿童与同伴的积极互动能够帮助农村留守儿童获得良好的情感体验，提高其自我效能感及幸福感。他们也会将习得的人际交往技能运用到人际互动中，尊重、信任教师。同时，教师也会给予他们更多的关心与帮助，引导大家相互帮助、相互信任、团结和谐，形成良好的班级氛围。农村留守儿童感受到大家庭的温暖，也会发展出正向的心理品质与行为方式。教师的纽带作用能够进一步帮助农村留守儿童的社会适应发展。

第二，友谊质量通过自我意识间接影响农村留守儿童的社会适应。范兴华、方晓义等认为，农村留守儿童的友谊质量较高时可以形成积极的自我心理表征，有利于农村留守儿童形成良好的社会适应。同伴使农村留守儿童具有交往的机会。农村留守儿童通过与具有不同背景与价值观的同伴交往，能够提升自我认识与自我体验。同伴也可以为农村留守儿童提供社会行为的参照榜样。这种榜样的示范作用也会使农村留守儿童在行为上更为积极正向，提高其自我控制能力。农村留守儿童的自我意识水平越高，自我认知及情感体验越积极，越能主动调节控制自己的情绪与行为，对社会适应的发展发挥重要作用。李子华认为，自我意识水平的提高会减弱同伴关系与孤独感的负向关联。邝宏达、徐礼平认为提高自尊及心理安全感能够有效改善留守儿童的社会适应(邝宏达，徐礼平，2013)。因此，自我意识在农村留守儿童的友谊质量与社会适应发展之间发挥了重要作用。

(三)亲子沟通通过师生关系、友谊质量、自我意识间接影响农村留守儿童的社会适应

第一，亲子沟通通过师生关系、友谊质量间接影响农村留守儿童的社会适应。有研究发现亲子关系、师生关系、同伴关系对青少年心理健康发展具有重

要影响(谭丽苹,李晴,郭成,2022;丁俊扬,王美萍,2015)。亲子沟通能够通过友谊质量间接影响农村留守儿童的社会适应发展。彭美、戴斌荣通过研究发现,农村留守儿童的友谊质量在亲子沟通与社会适应之间具有中介作用(彭美,戴斌荣,2020)。开放、自由、融洽的亲子沟通可以使农村留守儿童感受到爱与尊重以及亲子之间的包容、理解与支持,能够指导他们正确处理人际关系。同时亲子间良好的沟通方式在一定程度上会迁移到儿童的人际交往中,包括同伴互动及师生互动,同伴之间相互帮助与指导,彼此肯定与关心,亲密交流。良好的友谊质量可以帮助农村留守儿童克服孤独感,获得归属感、亲密感和安全感,有效减少行为问题。反之,农村留守儿童可能会面临某些心理、人际与社会适应的危机。在师生互动中,学生信任、尊敬教师,教师帮助、爱护学生。同时,教师能够帮助和指引学生健康正向发展,对学生的心理发展、学业成就及社会生活等方面产生重要影响。健康的生理及心理是农村留守儿童社会适应发展的重要基础。因此,良好的亲子沟通不仅可以直接影响农村留守儿童的社会适应,也可以通过师生关系、友谊质量的作用对其社会适应的发展产生重要影响。通过模型分析发现,师生关系的作用相对大于友谊质量的作用。因此,在促进农村留守儿童社会适应发展过程中,我们要重视形成和谐亲密的师生关系。

第二,亲子沟通通过自我意识间接影响农村留守儿童的社会适应。研究发现,亲子沟通的开放性能够影响农村留守儿童的自我意识,促使亲子间开放、自由地相互交流生活事件、情绪情感和自我认知等信息。一方面亲子沟通能够密切亲子关系,融洽亲子感情,将父母外在的要求转化为孩子内在的要求;另一方面孩子能在与父母的沟通交流中客观认识自我,认识世界,学会评判对错的标准,提高认知能力。良好的亲子沟通是提高农村留守儿童自我意识水平的重要途径。此外,农村留守儿童的自我意识能够直接影响其社会适应发展。因此,亲子沟通作为亲子互动的核心机制,能够提高农村留守儿童的自我认识、自我体验和自我控制水平。这种良好的自我意识也能进一步促进农村留守儿童的积极发展和健康成长。

(四)社会支持通过师生关系、友谊质量、自我意识间接影响农村留守儿童的社会适应

第一,社会支持通过师生关系、友谊质量间接影响农村留守儿童的社会适应。社会支持是促进个体社会适应发展的重要因素。申继亮等人发现,与较低社会支持水平下的留守儿童相比,较高社会支持水平下的留守儿童问题行为相对较少,正向行为及社会适应相对较好(申继亮,刘霞,赵景欣,等,2015)。同时社会支持对个体积极社会适应有促进作用,对个体的消极社会适应具有抑

制和减缓作用。这种支持系统来自社会环境中的重要他人，包括父母、亲人、同伴及教师等。农村留守儿童获得的社会支持越多，支持系统越完善，越乐于与他人交流，越能使人际关系趋于一个好的状态。农村留守儿童在学校中主要的人际关系为师生关系与同伴关系。学校人际关系良好，对农村留守儿童的学习、认知、情绪及生活等方面都会产生正向的影响。

第二，社会支持通过自我意识间接影响农村留守儿童的社会适应。一方面，社会支持带来正向的自我意识，与马向真等人的研究一致（马向真，刘瑞京，王漫漫，等，2015）。从认知上看，具有良好社会支持的农村留守儿童与父母等重要他人拥有良好的互动，能获得更高质量的照料与关爱，更容易获得自我价值感与信心，对事件的预期和评价更为积极。因此农村留守儿童会对自我产生更为正向的认知，良好的社会支持也将直接影响其自我意识。另一方面，自我意识有利于促进农村留守儿童的社会适应，与谢丽仪的研究一致（谢丽仪，2016）。拥有良好自我意识的农村留守儿童对自身和外界具有更为积极的评价与认知，更有可能做出亲社会行为。当其面对困难和挑战时，农村留守儿童能够更迅速、更积极地做出反应。这对其适应行为发展有重要作用。此外，谢其利发现，社会支持与自我评价存在相关，并且自我评价在社会支持和心理健康之间起完全中介作用（谢其利，2017）。这说明个体的自我认知在个体心理、行为发展过程中具有重要的中介作用。总体来说，农村留守儿童具有良好的社会支持，会促使其产生积极的自我认知以及价值感；正向的自我意识能够进一步推动农村留守儿童的社会适应发展。

五、研究对策与建议

（一）不断提高农村留守儿童的自我意识水平

农村留守儿童的自我意识能够直接影响其社会适应，同时亲子沟通、友谊质量、社会支持也能通过自我意识间接影响农村留守儿童的社会适应发展。家长及教育工作者要重视农村留守儿童的自我意识发展。自我意识影响个体的行为反应，自我意识包括自我认识、自我体验及自我控制，因此，家长及教育工作者要引导农村留守儿童合理认识自己的体貌、能力、道德、社会角色、社会关系等方面，引导农村留守儿童认识到父母虽然外出打工，但是依旧非常爱他们，产生合理的自我认知，进而产生正向的自我体验，积极接纳自我，感受爱与被爱，认识到自己的价值感与重要性，减少社交及人际交往的退缩、紧张情绪体验，提高农村留守儿童的满意度。同时，家长及教育工作者要引导农村留守儿童学会思考并监控自己的行为，帮助农村留守儿童学会确立适当的目标，并鼓励他们积极努力实现目标，体验目标实现的喜悦，逐渐培养自控能力，引导他们建立合理的自我认知，体验正向的情绪情感，提高自我意识水平。

(二)重视培养农村留守儿童亲密和谐的师生关系

农村留守儿童的师生关系及友谊质量能够直接影响其社会适应，同时亲子沟通、友谊质量、社会支持也能通过师生关系间接影响留守儿童的社会适应。由于亲子分离，农村留守儿童更多的时间会与教师及同伴生活在一起。第一，对于教育者来说，要格外重视引导农村留守儿童发展良好的友谊质量，重视对低水平友谊质量农村留守儿童的心理指导与干预。教师可以通过营造和谐的班级氛围，丰富课外生活，鼓励农村留守儿童参与集体活动，或者通过角色扮演、榜样示范等方式方法帮助农村留守儿童进行技能训练，以提高其社会技能，提高其社会适应能力。第二，要重视形成良好的师生关系。教师应用心关爱农村留守儿童，对农村留守儿童切实做到尊重、理解、积极关注与共情，了解农村留守儿童的家庭生活情况、兴趣爱好、个性特点以及精神世界，定期与农村留守儿童进行交流与沟通，及时疏导农村留守儿童的日常心理困惑，形成亲密和谐的师生关系。第三，要加强亲子沟通联系的频率与质量，重视农村留守儿童的人际交往，为农村留守儿童的社会适应发展做好辅助。

(三)建立完善农村留守儿童社会支持系统

社会支持能够分别通过师生关系、友谊质量、自我意识间接影响农村留守儿童的社会适应。大量研究发现家庭中的父母和监护人、学校中的教师及同伴是农村留守儿童获得社会支持的主要来源。发挥社会支持的作用应做到以下几点。第一，学校要充分体现对农村留守儿童的关怀。首先，加强对教师教育心理的培训。教师不仅要关注农村留守儿童的学业成就，还要关注他们的学习行为、学习动机、情绪波动等情况，建立良好的师生关系，让农村留守儿童感受到关怀。其次，重视开设心理健康课程，可以通过多种团体活动帮助农村留守儿童建立良好的同伴关系，解决他们面临的心理困扰和使他们改正现有的行为问题。第二，家庭要改变现有的教育观念。家长不仅要关注孩子生活、学习所需的物质资源的支持，还要注重孩子的情感需求，建立良好的亲子关系和监护关系。第三，加强农村留守儿童自身的主动性。在各方面的积极支持下，农村留守儿童要发挥主观能动性，保持积极的心态，积极参与和主动沟通。第四，建立家庭、学校、同伴、社区等多种渠道的合作机制，形成家庭、学校、社会教育合力，全面发挥多种渠道的支持作用，更好地促进农村留守儿童的社会适应发展。

参考文献

艾亚中. 自尊和心理控制源对留守儿童社会适应的影响[J]. 消费导刊，2016(1).

边慧敏，崔佳春，唐代盛. 中国欠发达地区农村留守儿童健康水平及其治理思考[J]. 社会科学研究，2018(2).

常进锋，刘烁梅，虎军. 甘肃省某县农村留守儿童校园欺凌行为现状[J]. 中国学校卫生，2018(9).

常小青. 农村留守儿童社会适应性的团体辅导研究[D]. 长沙：湖南师范大学，2009.

陈锋菊，罗旭芳. 家庭功能对农村留守儿童问题行为的影响——兼论自尊的中介效应[J]. 湖南农业大学学报(社会科学版)，2016(1).

陈会昌. 德育忧思录——转型期学生个性心理研究[M]. 北京：华文出版社，1999.

陈佳月. 亲子关系与留守儿童学校适应性的关系：心理弹性的中介作用[D]. 长沙：湖南师范大学，2018.

陈建文，黄希庭. 中学生社会适应性的理论构建及量表编制[J]. 心理科学，2004(1).

陈建文，王滔. 压力应对人格：一种有价值的人格结构[J]. 西南大学学报(社会科学版)，2008(5).

陈文锋，张建新. 积极/消极情感量表中文版的结构和效度[J]. 中国心理卫生杂志，2004(11).

陈羿君，沈亦丰，张海伦. 单亲家长性别角色类型与子女社会适应的关系——性别角色教养态度的中介作用[J]. 心理发展与教育，2016(3).

程慧娟. 我国留守儿童社会适应研究综述[J]. 现代交际，2018(2).

崔雪梅，孟业清，王甲娜. 师生互动风格对留守儿童抑郁焦虑的影响[J]. 中国卫生统计，2019(3).

戴斌荣，柴江. 大学生就业压力与适应[M]. 北京：北京师范大学出版社，2018.

戴斌荣，柴江. 大学生社会适应性问卷的初步编制[J]. 心理与行为研究，2011(3).

戴斌荣. 农村儿童社会适应问卷的编制[J]. 心理与行为研究，2019(4).

丁芳，吴伟，周鋆，等．初中流动儿童的内隐群体偏爱、社会支持及其对学校适应的影响[J]．心理学探新，2014(3)．

丁俊扬，王美萍．青少年期亲子依恋与抑郁：友谊质量的中介作用[J]．中国临床心理学杂志，2015(2)．

董开莎．不同社会支持类型的大学生社会适应状况的研究[J]．中国健康心理学杂志，2010(10)．

段成荣，吕利丹，邹湘江．当前我国流动人口面临的主要问题和对策——基于2010年第六次全国人口普查数据的分析[J]．人口研究，2013(2)．

段成荣．解决留守儿童问题的根本在于止住源头[J]．武汉大学学报(人文科学版)，2016(2)．

凡闻．什么是"网络成瘾"？权威判定标准来了[J]．方圆，2018(20)．

范兴华，方晓义，刘勤学，等．流动儿童、留守儿童与一般儿童社会适应比较[J]．北京师范大学学报(社会科学版)，2009(5)．

范兴华，方晓义，刘杨，等．流动儿童歧视知觉与社会文化适应：社会支持和社会认同的作用[J]．心理学报，2012(5)．

范兴华，简晶萍，陈锋菊，等．家庭处境不利与留守儿童心理适应：心理资本的中介[J]．中国临床心理学杂志，2018(2)．

范兴华，余思，彭佳，等．留守儿童生活压力与孤独感、幸福感的关系：心理资本的中介与调节作用[J]．心理科学，2017(2)．

费孝通．乡土中国[M]．上海：上海人民出版社，2007．

伏干．亲子分离的心理感知——基于农村留守儿童与非留守儿童的半结构式调查[J]．青少年学刊，2019(2)．

符太胜，王培芳．社会变迁视野下农村留守儿童对家的理解[J]．内蒙古师范大学学报(教育科学版)，2011(6)．

盖正．体育干预对留守儿童社会适应危机的实验研究[D]．湘潭：湖南科技大学，2011．

高华英．农村小学高年级留守儿童亲子沟通与心理缺陷的现状及关系研究[D]．昆明：云南师范大学，2019．

高健．农村留守儿童自我意识状况及影响因素分析[J]．中国健康心理学杂志，2010(1)．

高小燕．农村初中生安全感的结构及其与社会适应的关系研究[D]．开封：河南大学，2010．

高雪屏，于素维，苏林雁．儿童青少年多动冲动行为与父母养育方式的关系[J]．中国临床心理学杂志，2003(1)．

郭林鑫，肖飞，马佳季．网络社交是否有益于人际结果？[J]．心理研究，

2020(1).

郝振，崔丽娟. 留守儿童界定标准探讨[J]. 中国青年研究，2007(10).

侯珂，刘艳，屈智勇，等. 班级结构对留守儿童心理健康的影响：同化还是对比效应？[J]. 心理发展与教育，2015(2).

侯珂，刘艳，屈智勇，等. 留守对农村儿童青少年社会适应的影响：倾向值匹配的比较分析[J]. 心理发展与教育，2014(6).

侯文鹏，李峰，李先宾，等. 留守儿童人格特征的 Meta 分析[J]. 四川精神卫生，2017(3).

胡春阳，毛荻秋. 看不见的父母与理想化的亲情：农村留守儿童亲子沟通与关系维护研究[J]. 新闻大学，2019(6).

胡韬，刘敏，廖全明. 流动儿童的自尊在领悟社会支持与社会适应关系中的中介作用[J]. 现代中小学教育，2014(1).

胡义秋，方晓义，刘双金，等. 农村留守儿童焦虑情绪的异质性：基于潜在剖面分析[J]. 心理发展与教育，2018(3).

黄铁苗，徐常建. 关于健全农村留守儿童关爱服务体系的思考[J]. 行政管理改革，2018(10).

黄艳苹. 家庭教养方式对农村留守儿童心理健康的影响[D]. 南昌：江西师范大学，2006.

贾林斌. 中学生社会适应量表的编制及其初步应用[D]. 济南：山东大学，2008.

江光荣，应梦婷，林秀彬，等.《中国中小学生学校适应成套量表》的编制[J]. 中国临床心理学杂志，2017(3).

江立华. 留守儿童的"问题"与"问题化"——留守儿童问题研究评述[J]. 中国儿童文化，2013.

教育部关心下一代工作委员会《新时期家庭教育的特点、理念、方法研究》课题组. 我国家庭教育的现状、问题和政策建议[J]. 人民教育，2012(1).

金婷，戴斌荣. 农村留守儿童生活质量状况及影响因素[J]. 中国健康心理学杂志，2019(4).

金潇. 农村留守儿童自尊、孤独感与社会适应的关系[C]. 增强心理学服务社会的意识和功能——中国心理学会成立 90 周年纪念大会暨第十四届全国心理学学术会议论文摘要集. 西安，2011.

课题组. 农村留守儿童问题调研报告[J]. 教育研究，2004(10).

孔丽华，罗妮娜，王敬东，等. 三峡坝区农村小学生自我意识及相关因素分析[J]. 公共卫生与预防医学，2014(3).

寇二虎. 父母教养方式与学前儿童同伴关系：心理理论的作用[D]. 黄石：

湖北师范大学，2019.

邝宏达，徐礼平．自尊及心理安全感对留守儿童社会适应性的影响［J］．中国学校卫生，2013(9)．

邝宏达．农村初中留守儿童心理资本：个体、家庭和学校的影响［J］．上海教育科研，2019(6)．

雷万鹏，向蓉．留守儿童学习适应性与家庭教育决策合理性［J］．华中师范大学学报（人文社会科学版），2018(6)．

黎利．农村留守儿童家庭教养方式的个案研究［D］．长沙：湖南师范大学，2015.

李冬梅，雷雳，邹泓．青少年社会适应行为的特征及影响因素［J］．首都师范大学学报（社会科学版），2007(2)．

李福轮，乔凌，贺婧，等．国内留守儿童《心理健康诊断测验》近十年调查结果的 Meta 分析［J］．中国儿童保健杂志，2007(5)．

李光友，冉媛．贵州省 14 岁及以下单独生活留守儿童社交焦虑状况［J］．中国学校卫生，2018(8)．

李美华，张建涛．留守儿童的教育公平与心理问题探究［J］．西北师大学报（社会科学版），2018(4)．

李娜．留守儿童社会支持、应对方式与安全感的关系研究［D］．太原：山西大学，2016.

李瑞娟，陈燕，赵景欣．歧视知觉、抑郁与农村留守儿童社会交往主动性之间的关系：一项追踪研究［C］．第二十一届全国心理学学术会议摘要集．北京，2018.

李想想．留守儿童的同伴友谊质量、人格特征与自尊的关系研究——以青海省民和县的中小学为例［D］．西宁：青海师范大学，2016.

李晓巍，刘艳．父教缺失下农村留守儿童的亲子依恋、师生关系与主观幸福感［J］．中国临床心理学杂志，2013(3)．

李志凯．留守儿童心理弹性与社会支持的关系研究［J］．中国健康心理学杂志，2009(4)．

李子华．留守初中生同伴关系对孤独感的影响：自我意识的调节作用［J］．中国特殊教育，2019(2)．

梁凤华．农村留守初中生依恋与社会适应能力相关研究——以江西省留守儿童为例［J］．当代教育科学，2017(2)．

梁颖．留守儿童家庭教育现状分析——以湘西保靖县金落河村为例［J］．湖南第一师范学院学报，2016(3)．

凌辉，宁柳，刘佳怡，等．依恋游戏促进中班幼儿心理自立养成的实验研究[J]. 中国临床心理学杂志，2022(5).

凌辉，张建人，钟妮，等. 留守儿童的孤独感与友谊质量及社交地位的关系[J]. 中国临床心理学杂志，2012(6).

凌辉. 学绩不良儿童行为问题及自我概念的对照研究[J]. 中国临床心理学杂志，2001(4).

刘贝贝，青平，肖述莹，等. 食物消费视角下祖辈隔代溺爱对农村留守儿童身体健康的影响——以湖北省为例[J]. 中国农村经济，2019(1).

刘红升，靳小怡. 教养方式与留守儿童心理弹性：特征和关系——来自河南省叶县的调查证据[J]. 西南民族大学学报(人文社会科学版)，2018(1).

刘慧. 留守儿童心理韧性与适应性相关研究——以湖北长阳土家族自治县留守儿童为例[D]. 武汉：中南民族大学，2012.

刘继亮，孔克勤. 人格特质研究的新进展[J]. 心理科学，2001(3).

刘立新，金冬梅，夏永静. 大学生社会适应行为方式问卷编制及信效度检验[J]. 中国健康心理学杂志，2016(3).

刘明兰，陈旭. 留守初中生社会适应的影响因素[J]. 内蒙古师范大学学报(教育科学版)，2008(10).

刘明兰. 领悟社会支持对留守初中生社会适应的影响研究[D]. 重庆：西南大学，2009.

刘琪. 寄宿制初中生社会支持、自我概念与学校适应的关系研究[D]. 保定：河北大学，2017.

刘爽. 留守初中生生活事件、领悟社会支持与内化问题的关系研究[D]. 哈尔滨：哈尔滨师范大学，2019.

刘文婧，许志星，邹泓. 父母教养方式对青少年社会适应的影响：人格类型的调节作用[J]. 心理发展与教育，2012(6).

刘霞，范兴华，申继亮. 初中留守儿童社会支持与问题行为的关系[J]. 心理发展与教育，2007(3).

刘霞，赵景欣，申继亮，等. 初中留守儿童社会支持状况的调查[J]. 中国临床心理学杂志，2007(2).

刘晓慧，杨玉岩，哈丽娜，等. 留守儿童情绪性问题行为与社会支持的关系研究[J]. 中国全科医学，2012(28).

刘宗发. 农村小学留守儿童社会支持与孤独感研究[J]. 教育评论，2013(2).

卢富荣，刘丹丹，李杜芳，等. 父母教养方式与低年级小学生学校适应的关系：基于交叉滞后分析[J]. 心理与行为研究，2018(2).

卢茜，余丽珍，李科生. 留守儿童情绪性问题行为与亲子依恋的相关研究[J]. 当代教育理论与实践，2015(2).

鲁国全．农牧区小学留守儿童学习与生活指导策略研究[J]. 课程教育研究，2019(41).

罗晓路，李天然．家庭社会经济地位对留守儿童同伴关系的影响[J]. 中国特殊教育，2015(2).

马林阁．早期师生关系与儿童社会适应的相互作用关系：一项追踪研究[D]. 南京：东南大学，2016.

马苓，许朋，石盛卿．大学生的社会适应能力研究——情绪智力的视角[J]. 河北工业大学学报(社会科学版)，2016(4).

马向真，刘瑞京，王漫漫，等．留守儿童、流动儿童自我发展与社会支持的比较研究[J]. 教育研究与实验，2015(3).

梅玉婷．父母教养方式与初中生学业倦怠的关系研究——以心理资本为中介变量[D]. 南京：南京师范大学，2017.

[美]阿瑟·S. 雷伯．心理学词典[M]. 李伯黍，等，译．上海：上海译文出版社，1996.

莫艳清．家庭缺失对农村留守儿童社会化的影响及其对策[J]. 内蒙古农业大学学报(社会科学版)，2006(1).

聂衍刚，丁莉．青少年的自我意识及其与社会适应行为的关系[J]. 心理发展与教育，2009(2).

聂衍刚，林崇德，郑雪，等．青少年社会适应行为与大五人格的关系[J]. 心理科学，2008(4).

聂衍刚，郑雪，万华，等．社会适应行为的结构与理论模型[J]. 华南师范大学学报(社会科学版)，2006(6).

牛凯宁，李梅，张向葵．青少年友谊质量和主观幸福感的关系：一项元分析[J]. 心理发展与教育，2021(3).

欧阳智，范兴华．家庭社会经济地位、心理资本对农村留守儿童自尊的影响[J]. 中国临床心理学杂志，2018(6).

潘玉芝．亲子关系对大班幼儿人际交往的影响研究[D]. 洛阳：洛阳师范学院，2018.

彭俭，石义杰，高长丰．学前留守儿童身体健康状况及干预策略——基于与非留守儿童的比较研究[J]. 教育评论，2014(10).

彭美，戴斌荣．农村留守儿童社会适应性及其影响因素[J]. 中国健康心理学杂志，2020(4).

彭美．农村留守儿童同伴友谊质量与社会适应性的关系[J]. 中国健康心理学杂志，2020(2).

乔金凤. 留守儿童问题行为与其看护人教养方式、社会支持的关系研究[D]. 重庆：西南大学，2014.

邱梨红. 留守儿童友谊质量、家庭亲密度与适应性对自杀意念的影响[D]. 南京：南京师范大学，2017.

桑标，邓欣媚. 中国青少年情绪调节的发展特点[J]. 心理发展与教育，2015(1).

邵丹，林婉清，杨惠，等.2005—2017年留守儿童心理健康研究热点知识图谱[J]. 西南师范大学学报(自然科学版)，2018(6).

邵红红，张璐，冯喜珍. 滑县卢氏县留守初中生生活满意度及其影响因素分析[J]. 中国学校卫生，2016(4).

佘凌，罗国芬. 日本"单身赴任"研究对我国留守子女研究的启示[J]. 青年研究，2005(10).

申海燕，景智友，姜楠，等. 留守儿童社交焦虑及社会适应调查研究——以湖北省为例[J]. 大众科技，2010(1).

申继亮，刘霞，赵景欣，等. 城镇化进程中农民工子女心理发展研究[J]. 心理发展与教育，2015(1).

孙东宇. 农村留守儿童初中学校适应问题研究——以 XB 县初一新生为例[D]. 大连：辽宁师范大学，2018.

孙文中，孙玉杰. 家庭生态系统：农村留守儿童关爱服务体系的建构路径[J]. 社会工作与管理，2019(4).

谭丽苹，李晴，郭成. 师生关系对留守儿童学习投入的影响：有调节的中介模型[J]. 心理与行为研究，2022(6).

谭深. 中国农村留守儿童研究述评[J]. 中国社会科学，2011(1).

王家强. 青少年社会适应及其相关因素研究[D]. 广州：华南师范大学，2007.

王金秋，张向葵. 家庭因素对儿童社会适应性的影响——以农村留守儿童和城市流动儿童为例分析[C]. 中国心理学会发展心理学分会第十二届学术研讨会论文集. 泰安，2013.

王俊霞，张德勇，叶建武，等. 农村留守儿童义务教育阶段心理健康状况调查[J]. 预防医学，2017(4).

王树涛. 学校氛围对留守与非留守儿童情绪智力影响的比较及启示[J]. 现代教育管理，2018(4).

王鑫强，霍俊妤，张大均，等. 农村留守与非留守儿童的心理健康、虐待经历比较及其关系研究——基于两维四象心理健康结构的分析与对策建议[J]. 中国特殊教育，2018(1).

王燕．农村留守儿童学习主观幸福感的现状[J]．中国健康心理学杂志，2017(9)．

卫甜甜，张波．社会支持网络视角下贵州毕节留守儿童自杀行为的述评与反思[J]．青少年研究与实践，2015(4)．

魏昶，喻承甫，赵存会，等．学校归属感在学校氛围和留守儿童学业成绩间的中介作用[J]．中国学校卫生，2016(7)．

魏旋，王萍．心理剧对小学中高年级学生社会适应性的干预研究[J]．杭州师范大学学报(自然科学版)，2017(4)．

邬志辉，李静美．农村留守儿童生存现状调查报告[J]．中国农业大学学报(社会科学版)，2015(1)．

吴春侠．中国农村留守儿童与非留守儿童攻击行为及影响因素比较研究[D]．武汉：华中科技大学，2018．

夏敏，梁宗保，张光珍，等．气质与父母养育对儿童社会适应的交互作用：代表性理论及其证据[J]．心理科学进展，2017(5)．

向伟，肖汉仕．家庭功能对农村留守儿童情绪健康的影响效应[J]．湖南农业大学学报(社会科学版)，2018(6)．

肖梦洁．留守儿童社会支持、心理弹性、社会适应现状及其关系研究[D]．南宁：广西师范大学，2015．

肖水源．社会支持对身心健康的影响[J]．中国心理卫生杂志，1987(4)．

谢丽仪．高职生积极人格、自我意识与人际适应关系的研究[D]．广州：广州大学，2016．

谢其利．留守流动经历大学生核心自我评价在领悟社会支持和心理健康状况间的中介作用[J]．中国学校卫生，2017(3)．

谢新华，张虹．国外移民留守儿童研究及其启示[J]．青少年研究(山东省团校学报)，2012(1)．

辛勇，刘传军，陈幼平．四川省流动儿童社会适应能力时间管理倾向与心理健康的关系[J]．中国学校卫生，2016(1)．

徐礼平，田宗远，邝宏达．农村留守儿童社会适应状况及其与心理韧性相关性[J]．中国儿童保健杂志，2013(7)．

许传新．学校适应情况：流动儿童与留守儿童的比较分析[J]．中国农村观察，2010(1)．

许琪．父母外出对农村留守儿童学习成绩的影响[J]．青年研究，2018(6)．

许守琼．农村留守儿童自我提升与其人际适应的关系研究[D]．重庆：西南大学，2012．

许松芽. 流动儿童心理适应性和社会支持的关系研究[J]. 宁波大学学报(教育科学版)，2012(6).

许燕. 历史教学中先秦思想对学生人格的重塑实践[J]. 教学考试，2017(44).

薛静，徐继承，王锋，等. 徐州市农村地区留守儿童与非留守儿童心理健康状况的比较研究[J]. 中国妇幼保健，2016(2).

杨汇泉. 农村留守儿童关爱服务路径的社会学考察[J]. 华南农业大学学报(社会科学版)，2016(1).

杨丽丽，刘苓，查贵芳，等. 安徽农村留守儿童校园人际关系的特点[J]. 中国健康心理学杂志，2015(9).

杨岭，毕宪顺. 乡村文化变迁视野下的农村留守儿童教育[J]. 当代青年研究，2017(2).

杨美芹. 中职生父母教养方式与攻击性的关系研究——以楚雄技师学院为例[D]. 昆明：云南师范大学，2016.

杨青青，李晓巍. 父亲婚姻满意度与幼儿社会适应：父亲反应方式的中介作用[J]. 中国临床心理学杂志，2018(1).

杨彦平，金瑜. 中学生社会适应量表的编制[J]. 心理发展与教育，2007(4).

杨洋，雷雳，柳铭心. 青少年责任心人格、互联网服务偏好与"网络成瘾"的关系[J]. 心理科学，2006(4).

姚嘉，张海峰，姚先国. 父母照料缺失对留守儿童教育发展影响的实证分析[J]. 教育发展研究，2016(8).

叶敬忠，王伊欢. 留守儿童的监护现状与特点[J]. 人口学刊，2006(3).

叶敬忠. 留守人口与发展遭遇[J]. 中国农业大学学报(社会科学版)，2011(1).

叶一舵，沈成平，丘文福. 留守儿童社会支持状况元分析[J]. 教育评论，2017(8).

一张. "留守儿童"[J]. 瞭望新闻周刊，1994(45).

尹勤，刘越，高祖新，等. 留守儿童自我意识评价及影响因素研究——以江苏省阜宁县为例[J]. 西北人口，2011(5).

于小艳. 单亲外出打工"留守儿童"问题研究——山东德州地区的"留守儿童"调查[J]. 广西党史，2006(12).

余益兵. 社会适应问卷(简式版)在农村中小学生样本中的应用[J]. 西南大学学报(自然科学版)，2015(12).

余益兵. 校园人际关系对社会适应类型的预测作用——基于社会适应双功

能模型的检验[J]. 中国特殊教育，2018(3).

余永芳. 农村留守儿童父母教养方式的研究[D]. 南昌：江西农业大学，2015.

俞国良，李建良，王勍. 生态系统理论与青少年心理健康教育[J]. 教育研究，2018(3).

宇翔，胡洋，廖珠根. 中国农村地区留守儿童社会支持状况的 Meta 分析[J]. 现代预防医学，2017(1).

袁宋云，陈锋菊，谢礼，等. 农村留守儿童家庭功能与心理适应的关系[J]. 中国健康心理学杂志，2016(2).

袁晓鸽. 父亲在位对大学生的性别角色和人际交往效能感的影响研究[D]. 上海：华东师范大学，2019.

曾昱. 初中生人际自立特质与社会适应的关系：社会支持的中介作用[J]. 西南师范大学学报(自然科学版)，2017(2).

张春兴. 张氏心理学辞典[M]. 上海：上海辞书出版社，1992.

张帆. 农村4~9年级留守儿童的心理健康状况分析[J]. 中国妇幼保健，2017(5).

张方屹，宫火良. 国内留守儿童的学校适应研究综述[J]. 保定学院学报，2018(4).

张凤莹. 歧视知觉对农村留守儿童社会适应的作用机制研究[D]. 沈阳：沈阳师范大学，2017.

张更立. 农村留守儿童孤独感与社会适应的关系：感恩的中介作用[J]. 教育研究与实验，2017(3).

张国华，戴必兵，雷雳. 初中生病理性互联网使用的发展及其与自尊的关系：同学关系的调节效应[J]. 心理学报，2013(12).

张金龙，秦玉友. 农村初中寄宿生学校适应状况与提升策略——基于四川省通江县的调查[J]. 苏州大学学报(教育科学版)，2019(2).

张莉，王乾宇，赵景欣. 养育者支持、逆境信念与农村留守儿童孤独感的关系[J]. 中国临床心理学杂志，2014(2).

张烁. 西部农村留守儿童社会适应能力研究——以四川泸县为例[D]. 南京：南京理工大学，2014.

张绿次. 困境儿童情绪智力、社会支持与压力后成长的关系及干预研究[D]. 南宁：广西师范大学，2018.

张庆华，张蕾，李姗泽，等. 亲子亲合对农村留守儿童孤独感与抑郁的影响：一项追踪研究[J]. 中国特殊教育，2019(3).

张文娟，邹泓，梁钰苓. 青少年父母支持的特点及其对社会适应的影响：

情绪智力的中介作用[J]. 心理发展与教育，2012(2).

张兴贵，郑雪. 青少年学生大五人格与主观幸福感的关系研究[J]. 心理发展与教育，2005(2).

张兴旭，郭海英，林丹华. 亲子、同伴、师生关系与青少年主观幸福感关系的研究[J]. 心理发展与教育，2019(4).

张艳，何成森. 留守儿童亲子沟通的心理干预[J]. 中国健康心理学杂志，2013(1).

章鸣明，曹召伦，顾晨龙，等. 团体箱庭疗法对留守初中生适应不良干预效果研究[J]. 安徽医科大学学报，2013(5).

赵德刚，侯金芹，江兰，等. 教养方式与外化行为双向影响的追踪研究[J]. 西南大学学报(社会科学版)，2017(6).

赵桂军，何凤梅，张宏强. 心理干预对广元市农村留守儿童心理行为问题的改善情况[J]. 中国儿童保健杂志，2018(7).

赵景欣，刘霞，张文新. 同伴拒绝、同伴接纳与农村留守儿童的心理适应：亲子亲合与逆境信念的作用[J]. 心理学报，2013(7).

赵景欣，栾斐斐，孙萍，等. 亲子亲合、逆境信念与农村留守儿童积极/消极情绪的关系[J]. 心理发展与教育，2017(4).

赵磊磊，王依杉. 农村留守儿童学校适应的问题分析及治理对策[J]. 当代教育科学，2018(1).

赵磊磊. 农村留守儿童学校适应及其社会支持研究[D]. 上海：华东师范大学，2019.

赵萌. 初中留守儿童自我分化与心理健康：同伴关系的调节作用[D]. 保定：河北大学，2016.

赵鑫，史娜，张雅丽，等. 人格特质对社会适应不良的影响：情绪调节效能感的中介作用[J]. 中国特殊教育，2014(8).

郑会芳. 农村留守儿童亲子沟通、家庭亲密度与其社会适应性关系研究[D]. 上海：华东师范大学，2009.

郑晓红. 小学高年级学生师生关系、学习投入与社会适应的关系[D]. 漳州：闽南师范大学，2016.

仲亚琴，高月霞，陆青云. 大学新生社会支持、学习适应与学习成绩的关系[J]. 中国健康心理学杂志，2016(8).

周春燕，吕紫嫣，邢海燕，等. 留守儿童生存质量、社会支持、家庭教养方式及其相关性研究[J]. 中国妇幼保健，2019(4).

周福林，段成荣. 留守儿童研究综述[J]. 人口学刊，2006(3).

周炎根，徐俊华，汪海彬，等. 留守儿童人际情感与自我接纳的关系[J].

中国学校卫生，2018(4).

朱建雷，刘金同，王旸，等. 枣庄农村留守儿童主观生活质量与领悟社会支持的关系[J]. 中国学校卫生，2017(3).

朱晶晶，李燕，张云，等. 学前儿童害羞与社会适应：师幼关系的调节作用[J]. 心理科学，2018(5).

朱吕珂，郑辉. 父母陪伴类型对留守儿童自尊、心理韧性与心理问题关系的影响——以广西壮族自治区初中生为例[C]. 第二十一届全国心理学学术会议摘要集，北京，2018.

朱智贤. 心理学大词典[M]. 北京：北京师范大学出版社，1989.

Ana Mari Cauce & Debra S. Srebnik. Returning to Social Support Systems：A Morphological Analysis of Social Networks[J]. American Journal of Community Psychology，1990(4).

Antman Francisca M. The Intergenerational Effects of Paternal Migration on Schooling and Work：What Can We Learn from Children's Time Allocations? [J]. Journal of Development Economics，2011(2).

Beck K. H.，Boyle J. R.，& Boekeloo B. O. Parental Monitoring and Adolescent Drinking：Results of a 12-month Follow-up. [J]. American Journal of Health Behavior，2004(3).

Borenstein M.，Hedges L. V.，& Higgins J. P. T.，et al. Introduction to Meta-Analysis[M]. West Sussex：John Wiley & Sons，2011.

Bowlby J. Attachment and Loss：Retrospect and Prospect[J]. American Journal of Orthopsychiatry，1982(4).

Brumbaugh C. C. & Fraley R. C. Transference and Attachment：How Do Attachment Patterns Get Carried Forward From One Relationship to the Next? [J]. Personality and Social Psychology Bulletin，2006(4).

Bryant J. Children of International Migrants in Indonesia，Thailand，and The Philippines：A Review of Evidence and Policies[J]. Papers，2005.

Cairns K. E.，Yap M. B.，& Pilkington P. D.，et al. Risk and Protective Factors for Depression that Adolescents Can Modify：A Systematic Review and Meta-analysis of Longitudinal Studies[J]. Journal of Affect Disorders，2014(169).

Cauce A. M. & Srebnik D. S. Returning to Social Support Systems：A Morphological Analysis of Social Networks[J]. American Journal of Community Psychology，1990(4).

Chai X.，Du H.，& Li X.，et al. What Really Matters for Loneliness Among Left-Behind Children in Rural China: A Meta-analytic Review[J]. Frontiers in Psychology, 2019(2).

Chu P. S. , Saucier D. A. , & Hafner E . Meta-analysis of the Relationships Between Social Support and Well-being in Children and Adolescents[J]. Journal of Social and Clinical Psychology, 2010(6).

Cohen J. A Power Primer[J]. Psychological Bulletin. 1992(1).

Collins W. E. , Newman B. M. , & Mckenry P. C. Intrapsychic and interpersonal factors related to adolescent psychological well-being in stepmother and stepfather families[J]. Journal of Family Psychology, 1995(4).

Cortese S. , Sun S. , & Zhang J. , et al. Association between Attention Deficit Hyperactivity Disorder and Asthma: A Systematic Review and Meta-analysis and a Swedish Population-based Study [J] . The lancet Psychiatry, 2018(9).

Demaray M. K. & Malecki C. K . Critical Levels of Perceived Social Support Associated with Student Adjustment[J]. School Psychology Quarterly, 2002(3).

Downey G. , Freitas A. L. , & Michaelis B. , et al. The Self-Fulfilling Prophecy in Close Relationships: Rejection Sensitivity and Rejection by Romantic Partners. [J]. Journal of Personality and Social Psychology, 1998(2).

Egger M. , Davey Smith G. , & Schneider M. , et al. Bias in Meta-analysis Detected by A Simple, graphical test[J]. BMJ: British Medical Journal, 1997(7109).

Egger M. , Smith G. D. , & Phillips A. N. Meta-analysis: Principles and Procedures[J]. BMJ: British Medical Journal, 1997(7121).

Greenspan S. & Granfield J. M. Reconsidering the Construct of Mental Retardation: Implications of a Model of Social Competence [J] . American Journal of Mental Retardation, 1992(4).

Hafen C. A. , Allen J. P. , & Mikami A. Y. , et al. The Pivotal Role of Adolescent Autonomy in Secondary School Classrooms[J]. Journal of Youth and Adolescence, 2012(3).

Hannum J. W. & Dvorak D. M . Effects of Family Conflict, Divorce, and Attachment Patterns on the Psychological Distress and Social Adjustment of College Freshmen[J]. Journal of College Student Development, 2004(1).

Helsen M. , Vollebergh W. , & Meeus W. Social Support from Parents and Friends and Emotional Problems in Adolescence[J]. Journal of Youth and

Adolescence, 2000(3).

Hoang L. A. , Lam T. , & Yeoh B. S. A. , et al. Transnational Migration, Changing Care Arrangements and Left-behind Children's Responses in South-east Asia[J]. Childrens Geographies, 2015(3).

Jingjing S. , Chensen M. , & Chuanhua G. , et al. What Matters Most to the Left-Behind Children's Life Satisfaction and School Engagement: Parent or Grandparent? [J]. Journal of Child and Family Studies, 2018(8).

Jones T. L. & Prinz R. J . Potential Roles of Parental Self-efficacy in Parent and Child Adjustment: A Review[J]. Clinical Psychology Review, 2005(3).

Kim H. & Kao D. A Meta-analysis of turnover intention predictors among U. S. Child Welfare Workers[J]. Children and Youth Services Review, 2014(P3).

Liberati A. , Altman D. G. , & Tetzlaff J. , et al. The PRISMA Statement for Reporting Systematic Reviews and Meta-analysis of Studies that Evaluate Healthcare Interventions: Explanation and Elaboration[J]. Plos Medicine, 2009(7).

Mckenzie D. & Rapoport H . Network Effects and the Dynamics of Migration and Inequality: Theory and Evidence From Mexico[J]. Journal of Development Economics, 2007(1).

Mischel W. , Shoda Y. , & Rodriguez M. Delay of Gratification in Children. [J]. Science, 1989 (4907).

Neely-Prado A. , Navarrete G. , & Huepe D. Socio-affective and Cognitive Predictors of Social Adaptation in Vulnerable Contexts[J]. Plos One, 2019(6).

Oliveira G. Between Mexico and New York City: Mexican Maternal Migration's Influences on Separated Siblings' Social and Educational Lives[J]. Anthropology & Education Quarterly, 2017(2).

Robert C. Pianta, Sheri L. Nimetz, & Elizabeth Bennett. Mother-child Relationships, Teacher-child Relationships, and School Outcomes in Preschool and Kindergarten[J]. Early Childhood Research Quarterly, 1997(3).

Salovey P. & Sluyter D. Emotional Development and Emotionalintelligence: Educational Implications[M]. New York: Basic Books, 1997.

Samadi M. & Sohrabi N. Mediating Role of the Social Problem Solving for Family Process, Family Content, and Adjustment[J]. Procedia-Social and

Behavioral Sciences，2016(1).

Senaratna B. C. V. Left-Behind Children of Migrant Women：Difficulties Encountered and Strengths Demonstrated[J].Sri Lanka Journal of Child Health，2012(2).

Slagt M. ，Semon Dubas J. ，& van Aken M. A. G. Differential Susceptibility to Parenting in Middle Childhood：Do Impulsivity，Effortful Control and Negative Emotionality Indicate Susceptibility or Vulnerability? [J]. Infant and Child Development，2016(4).

Slobodskaya H. R . The Associations among the Big Five，Behavioural Inhibition and Behavioural Approach Systems and Child and Adolescent Adjustment in Russia[J]. Personality and Individual Differences，2007(4).

Son Seung-Hee. ，& Morrison F. J. The Nature and Impact of Changes in Home Learning Environment on Development of Language and Academic Skills in Preschool Children[J]. Developmental Psychology，2010(5).

Valtolina G. G. ，& Colombo C . Psychological Well-being，Family Relations，and Developmental Isues of Children Left Behind[J]. Psychological Reports，2012(3).

Wang D. ，Hong C. ，& Zhou F. Measuring the Personality of Chinese：QZPS versus NEO PI-R[J]. Asian Journal of Social Psychology ，2005(1).

Wang L. ，Feng Z. ，& Yang G. ，et al. The Epidemiological Characteristics of Depressive Symptoms in the Left-behind Children and Adolescents of Chongqing in China[J]. Journal of Affective Disorders，2015.

Wight R. G. ，Botticello A. L. ，& Aneshensel C. S. Socioeconomic Context，Social Support，and Adolescent Mental Health：A Multilevel Investigation[J]. Journal of Youth and Adolescence，2006(1).

Zhang J. ，Yan L. ，& Qiu H. ，et al. Social Adaptation of Chinese Left-behind Children：Systematic Review and Meta-analysis[J]. Children and Youth Services Review，2018(C).

Zhang X. & Nurmi J. E . Teacher-child Relationships and Social Competence：A Two-year Longitudinal Study of Chinese Preschoolers[J]. Journal of Applied Developmental Psychology，2012(3).

附　录

1. 各数据库检索词

(1)PubMed (Medline)

检索词：

(Social adjust * OR social adapt *) AND (left-behind children OR stay-at-home children OR left-over children OR parent-absent students OR guarded children OR parental migration OR hometown-remaining children OR rural children left) AND (China OR Chinese)

(2)Ovid Medline(R)

检索词：

(Social adjust * OR social adapt *) AND (left-behind children OR stay-at-home children OR left-over children OR parent-absent students OR guarded children OR parental migration OR hometown-remaining children OR rural children left) AND(China OR Chinese)

(3)Web of Knowledge

(All database)

检索词：

TS＝(Social adjust * OR social adapt *) AND TS＝ (left-behind children OR stay-at-home children OR left-over children OR parent-absent students OR guarded children OR parental migration OR hometown-remaining children OR rural children left) AND TS＝ (China OR Chinese)

(4)中国知网

检索词：

♯1 留守

♯2 儿童　or 青少年

♯3 社会适应 or 社会适应性 or 社会适应能力
检索：1 and 2 and 3

(5)维普数据库

检索词：
♯1 留守
♯2 儿童 or 青少年
♯3 社会适应 or 社会适应性 or 社会适应能力
检索：1 and 2 and 3

(6)万方数据库

检索词：
♯1 留守
♯2 儿童 or 青少年
♯3 社会适应 or 社会适应性 or 社会适应能力
检索：1 and 2 and 3

2. 纳入文献的质量评价表

(1)信息报告

①是否明确报告了研究目的或研究假设？
②是否在引言或方法部分明确描述了主要结果的测量？
③是否明确报告了研究对象的信息？
④是否明确报告了主要研究发现？
⑤是否提供了主要结果变量数据的变异测量值？
⑥是否提供了主要结果精确的概率值（$p < 0.001$ 时除外）？
⑦是否清楚描述了回收率？

(2)外部效度

①研究取样是否代表了所要研究的人群？
②有效作答对象是否代表了所要研究的人群？

(3)内部效度

①如果有些结果是基于"数据捕捞"，是否做了明确的报告？
②使用的统计方法是否合适？
③测量结果是否有效可靠？
④是否控制了其他需要调整的因素？

(4)统计功效

是否提供了样本量或效应值等信息来分析偶然性因素对 $p < 0.05$ 的影响？

3. 纳入文献

作者	参考文献
毕玉	毕玉.留守初中生自尊和社会适应的关系研究[D].呼和浩特：内蒙古师范大学，2015.
曾昱，胡鹏	曾昱，胡鹏.留守初中生的人际主动、情绪智力、自尊与积极适应的关系[J].中国心理卫生杂志，2017(4).
陈迪	陈迪.经历留守高中生的依恋与行为适应的关系[D].信阳：信阳师范学院，2018.
程慧娟	程慧娟.西南地区农村留守儿童社会适应研究[D].绵阳：西南科技大学，2018.
崔丽娟，郝振	崔丽娟.留守儿童心理发展及其影响因素研究[J].上海教育科研，2009(4). 郝振，崔丽娟.自尊和心理控制源对留守儿童社会适应的影响研究[J].心理科学，2007(5). 郝振.农村留守儿童的社会化状况及其保护性因素研究[D].上海：华东师范大学，2008.
邓敏，陈旭，张雪峰，等	邓敏，陈旭，张雪峰，等.留守初中生疏离感在应对方式与社会适应关系中的中介效应[J].中国学校卫生，2010(10).
龚秀茹	龚秀茹.农村留守儿童心理问题调查报告——以江西省吉安市为例[D].南昌：江西财经大学，2016.
顾颜	顾颜.吉林省留守学生健康素质、心理韧性及前瞻性适应关系研究[D].延边：延边大学，2012.
郭晓红	郭晓红.4—6岁留守儿童自我提升的特点以及与社会适应的关系[D].北京：首都师范大学，2014.
邝宏达，徐礼平，田宗远	邝宏达，徐礼平.自尊及心理安全感对留守儿童社会适应性的影响[J].中国学校卫生，2013(9). 徐礼平，田宗远，邝宏达.农村留守儿童社会适应状况及其与心理韧性相关性[J].中国儿童保健杂志，2013(7).
李欢	李欢.留守初中生的情绪智力、自尊和社会适应的相关研究[D].南宁：广西大学，2015.
李培，何朝峰，覃莫仁	李培，何朝峰，覃莫仁.民族地区留守儿童的情绪调节能力与社会适应[J].安庆师范学院学报(社会科学版)，2010(6).

续表

作者	参考文献
李世玲，甘世伟，曾毅文，等	李世玲，甘世伟，曾毅文，等．重庆市永川区小学留守与非留守儿童心理健康状况的对照研究[J]．重庆医学，2016(10)．
李自强	李自强．农村留守青少年压力性生活事件、情绪智力对其社会适应的作用机制研究[D]．成都：四川师范大学，2015．
刘慧	刘慧．留守儿童心理韧性与适应性相关研究——以湖北长阳土家族自治县留守儿童为例[D]．武汉：中南民族大学，2012．
刘明兰	刘明兰．领悟社会支持对留守初中生社会适应的影响研究[D]．重庆：西南大学，2009．
刘晓静	刘晓静．农村留守儿童认知评价与社会适应的关系：一个有调节的中介模型[J]．中国特殊教育，2016(7)． 刘晓静．农村留守儿童亲子分离适应及其影响因素研究[D]．漳州：闽南师范大学，2017．
刘馨蔚，冯志远，谭贤政	刘馨蔚，冯志远，谭贤政．留守初中生的自制力与社会适应——自尊和自我效能感的多重中介作用[J]．内江师范学院学报，2018(4)． 刘馨蔚．留守初中生的自制力与社会适应：自尊和自我效能感的多重中介作用[D]．南宁：广西大学，2017．
潘晓峰	潘晓峰．农村留守儿童心理弹性与社会适应性的相关研究[J]．心理学进展2018(1)．
申海燕，景智友，姜楠，等	申海燕，景智友，姜楠，等．留守儿童社交焦虑及社会适应调查研究——以湖北省为例[J]．大众科技，2010(1)．
孙东宇	孙东宇．农村留守儿童初中学校适应问题研究——以 XB 县初一新生为例[D]．大连：辽宁师范大学，2018．
王云霞	王云霞．农村留守青少年的依恋水平对其社会适应能力的影响研究[D]．西安：陕西师范大学，2012．
肖梦洁	肖梦洁．留守儿童社会支持、心理弹性、社会适应现状及其关系研究[D]．南宁：广西师范大学，2015．
谢玲平，王洪礼，邹维兴，等	谢玲平，王洪礼，邹维兴，等．留守初中生自我效能感与社会适应的关系：心理韧性的中介作用[J]．中国特殊教育，2014(7)． 谢玲平，邹维兴，张翔．留守初中生应对方式在自我效能感与社会适应间的中介作用[J]．中国学校卫生，2014(10)．

续表

作者	参考文献
延艳娜， 闫春平， 单鸿博，等	延艳娜，闫春平，单鸿博，等．留守初中生责任心在依恋行为与社会适应间的中介作用[J]．中华行为医学与脑科学杂志，2016(1)．
余益兵， 沙家明， 张友印	余益兵．留守初中生适应特点及其与心理弹性的关系[J]．集美大学学报(教育科学版)，2013(4)． 沙家明，余益兵，张友印．留守初中生社会支持系统特点及其与社会适应的关系[J]．牡丹江师范学院学报(哲学社会科学版)，2016(2)．
张更立	张更立．农村留守儿童孤独感与社会适应的关系：感恩的中介作用[J]．教育研究与实验，2017(3)．
章鸣明， 曹召伦， 顾晨龙，等	章鸣明，曹召伦，顾晨龙，等．农村留守初中生社会适应能力的特点及影响因素分析[J]．卫生软科学，2012(10)．
郑会芳	郑会芳．农村留守儿童亲子沟通、家庭亲密度与其社会适应性关系研究[D]．上海：华东师范大学，2009．

4. 通读全文后剔除的文献及剔除理由

剔除的文献	剔除理由
Chen X., Li D., & Liu J., et al. Father Migration and Mother Migration: Different Implications for Social, School, and Psychological Adjustment of Left-Behind Children in Rural China[J]. Journal of Contemporary China, 2019(120).	没有提供用来计算 r 的足够数据
Su S., Li X., & Lin D., et al. Psychological Adjustment Among Left-behind Children in Rural China: The Role of Parental Migration and Parent-child Communication[J]. Child Care, Health and Development, 2013(2).	没有社会适应的数据
曹述蓉. 农村留守儿童学校适应的影响因素分析[D]. 武汉：华中科技大学，2006.	没有对社会适应定量测量
郭玉星. 留守初中生的自我提升状况及其心理干预研究[D]. 重庆：西南大学，2009.	没有对社会适应定量测量
寇冬泉，陈尚楠，舒鉴皓. 亲子沟通对留守初中生前瞻适应的影响：社会智力的中介作用[J]. 教育导刊，2019(4).	没有提供用来计算 r 的足够数据
李胜昔. 农村留守儿童监护类型与成长状况研究——基于湖北省 S 小学的调查[D]. 武汉：华中农业大学，2014.	没有对社会适应定量测量
孙奇芳. 苏北地区留守儿童社会适应性调查研究[J]. 当代教研论丛，2014(2).	没有提供用来计算 r 的足够数据
厉飞飞. 积极心理学视角下留守儿童的社会适应性研究[J]. 开封教育学院学报，2015(10).	没有提供用来计算 r 的足够数据
马如仙. 留守初中生自我接纳与人际关系相关及其干预研究[D]. 昆明：云南师范大学，2017.	没有对社会适应定量测量
舒鉴皓. 留守初中生亲子沟通与社会智力及前瞻适应的关系研究[D]. 扬州：扬州大学，2016.	没有对社会适应定量测量
苏志强，张大均，邵景进. 社会经济地位与留守儿童社会适应的关系：歧视知觉的中介作用[J]. 心理发展与教育，2015(2).	没有对社会适应定量测量
宋义. 西部农村留守儿童身心健康可持续发展模式研究——以重庆留守儿童为例[D]. 重庆：西南大学，2012.	没有对社会适应定量测量
徐芳芳. 湖南 3—4 岁留守幼儿认知发展与社会化比较研究[D]. 上海：华东师范大学，2011	没有提供用来计算 r 的足够数据
赵付林. 农村留守儿童社会适应能力研究——以蕲春、黄陂为例[D]. 武汉：华中农业大学，2016.	没有提供用来计算 r 的足够数据

5. 基本信息

(1)性别

①男　②女

(2)是否独生子女

①是　　②否　　请选择：

A. 排行老大　　　　　　B. 排行老二　　　　　　C. 排行老三及以上

(3)你有烦心事时经常怎么做(可多选)

A. 跟父母说　　　　　　B. 跟照顾自己的人说　　　　C. 跟老师说

D. 跟同学、朋友说　　　E. 写日记或上网发说说、微博、朋友圈

F. 憋在心里不说　　　　G. 其他_____

(4)你每天上网(包括手机、电脑上网)有多长时间？

A. 不上网　B. 半小时以内　C. 半小时至1小时　D.1～2小时

E.2～3个小时　F.3小时以上

(5)你父亲的文化程度

A. 初中及以下　　　　B. 高中(中专)　　C. 大学(本科或专科)及以上

(6)你母亲的文化程度

A. 初中及以下　　　　B. 高中(中专)　　C. 大学(本科或专科)及以上

(7)父母外出打工情况(如果你的父母有1人或2人在外地打工，请继续回答下面的问题)

A. 父母都在外打工　B. 只有父亲在外打工　　C. 只有母亲在外打工

(8)你现在和谁住在一起

A. 父母双方　B. 父亲　　C. 母亲　　D. 外公外婆或爷爷奶奶

E. 和自己家的兄弟姐妹　　F. 其他亲戚，如姑姑、舅舅等

G. 单独居住生活　　H. 住校　　I. 其他_____

(9)你外出打工的父母多长时间回家一次(如果父母外出时间不一样，填时间较长的那个)

A.3个月以内　B. 3个月至半年　　C. 半年至1年　　D.1年以上

(10)你对父亲外出打工的态度(父亲未外出打工，可不填)

A. 支持　　　　B. 无所谓　　　　C. 不支持

(11)你对母亲外出打工的态度(母亲未外出打工，可不填)

A. 支持　　　　B. 无所谓　　　　C. 不支持

(12)你父亲外出打工的时候你多大(父亲未外出打工，可不填)

A. 上幼儿园之前　　　B. 幼儿园　　　C. 小学　　　　D. 初中

(13)你母亲外出打工的时候你多大（母亲未外出打工，可不填）

A. 上幼儿园之前　　　B. 幼儿园　　　C. 小学　　　D. 初中

(14)你与父母的联系频率是怎样的（只选一项）

A. 经常联系　　　　B. 有时联系　　　C. 很少联系

D. 没有联系

(15)你觉得父母外出打工是为了什么（只选一项）

A. 为生活所迫，没有别的选择　　　B. 为我和全家创造更好的生活条件

C. 他们不爱我，或爱我比较少　　　D. 为了他们自己可以享受更好的生活

(16)你觉得没有父母在，自己的家庭是怎样的

A. 完整　　　B. 无所谓　　　C. 不完整

(17)你想跟父母生活在一起吗（只选一项）

A. 非常想　　　B. 有些想　　　C. 偶尔想　　　D. 不想

(18)父母不在身边，你是否会想念他们（只选一项）

A. 经常想念　　　B. 有些想念　　　C. 偶尔想念　　　D. 不想念

(19)平时你通过什么方式与父母联系（可多选）

A. 打电话　　　B. 上网聊天　　　C. 写信　　　D. 假期去父母那里探望

(20)父母与你联系时都聊些什么（可多选）

A. 学习情况　　　B. 日常生活情况　　　C. 安全方面　　　D. 心理方面

E. 行为方面　　　F. 其他

(21)照顾你的人的文化程度（只选一项）

A. 初中及以下　　　B. 高中(中专)　　　C. 大学(本科或专科)及以上

(22)照顾你的人主要负责你哪些方面（可多选）

A. 学习情况　　　B. 日常生活情况　　　C. 安全方面　　　D. 心理方面

E. 行为方面　　　F. 其他

(23)照顾你的人对你的态度怎样（只选一项）

A. 无所谓，一般不管你，对你没有太多要求

B. 严格，必须听他的话

C. 无条件满足你，以你为主

D. 民主，对你有合理的要求

6. 问卷

(1)农村儿童社会适应问卷

这部分内容是为了了解你日常学习生活的情况。答案没有好坏之分，按照你的真实情况选择即可。每个题目选择一个最符合你情况的选项，在相应的选项上打"√"。

序号	条目	完全不符合	不太符合	不确定	比较符合	完全符合
1	在学习上，我努力寻求好的学习方法	1	2	3	4	5
2	现在所在的班级很团结	1	2	3	4	5
3	我觉得同学之间在一些问题上有不同的看法是正常的	1	2	3	4	5
4	我觉得我是一个活泼开朗的人	1	2	3	4	5
5	我一般是按时完成作业的	1	2	3	4	5
6	我自己的衣服自己洗	1	2	3	4	5
7	我是一个乐观的人	1	2	3	4	5
8	我总是独立完成作业，不抄同学的	1	2	3	4	5
9	父母或照顾我的人工作时，我自己做饭	1	2	3	4	5
10	同学为一些问题争论时，我常能帮助他们协调争论	1	2	3	4	5
11	我对我的生活环境感到满意	1	2	3	4	5
12	不同的人做同一件事情，用不同的方法是正常的	1	2	3	4	5
13	我觉得我有幽默感	1	2	3	4	5
14	我觉得我的大部分朋友都很信任我	1	2	3	4	5
15	在家里，我常做些家务事	1	2	3	4	5
16	同学之间有矛盾时，我能帮助他们和好如初	1	2	3	4	5
17	我认为同学之间经常争论一些问题是正常的	1	2	3	4	5
18	我发自内心地喜欢学习	1	2	3	4	5

序号	条目	完全 不符合	不太 符合	不确 定	比较 符合	完全 符合
19	有时老师没有布置作业,我回家后还是会主动学习	1	2	3	4	5
20	我和我的同学保持着很好的关系	1	2	3	4	5
21	我要求自己考试一定要得高分	1	2	3	4	5
22	我的好朋友获奖了,我会和他一样高兴	1	2	3	4	5
23	我对自己的才华和能力非常自信	1	2	3	4	5
24	我能和与我有不同观点的人保持友好关系	1	2	3	4	5
25	我对我所在的学校感到满意	1	2	3	4	5
26	班上的许多同学对我都很好	1	2	3	4	5

(2)简式父母教养方式问卷

每个父母与子女之间都存在不同的相处方式。请回想父母在日常生活中与你相处的方式,根据实际情况回答以下问题。每个题目请分别在最适合父亲(选择1个)和母亲(选择1个)的等级数字上打"√"。如果父母不全,可以只回答父亲或母亲一栏。

序号	条目	类别	从不	偶尔	经常	总是
1	父母常常在我不知道原因的情况下对我大发脾气	父亲	1	2	3	4
		母亲	1	2	3	4
2	父母赞美我	父亲	1	2	3	4
		母亲	1	2	3	4
3	我希望父母对我正在做的事不要过分担心	父亲	1	2	3	4
		母亲	1	2	3	4
4	父母对我的惩罚往往超过我应受的程度	父亲	1	2	3	4
		母亲	1	2	3	4
5	父母要求我回到家里必须向他们说明我在外面做了什么事	父亲	1	2	3	4
		母亲	1	2	3	4

序号	条目	类别	从不	偶尔	经常	总是
6	我觉得父母尽量使我的青少年时期的生活更有意义和丰富多彩	父亲	1	2	3	4
		母亲	1	2	3	4
7	父母经常当着别人的面批评我既懒惰又无用	父亲	1	2	3	4
		母亲	1	2	3	4
8	父母不允许我做一些其他孩子可以做的事情，因为他们害怕我会出事	父亲	1	2	3	4
		母亲	1	2	3	4
9	父母总试图鼓励我，使我成为佼佼者	父亲	1	2	3	4
		母亲	1	2	3	4
10	我觉得父母对我可能出事的担心是夸大的、过分的	父亲	1	2	3	4
		母亲	1	2	3	4
11	当遇到不顺心的事时，我能感到父母在尽量鼓励我，使我得到安慰	父亲	1	2	3	4
		母亲	1	2	3	4
12	我在家里往往被当作"替罪羊"或"害群之马"	父亲	1	2	3	4
		母亲	1	2	3	4
13	我能通过父母的言谈、表情感受到他们很喜欢我	父亲	1	2	3	4
		母亲	1	2	3	4
14	父母常以一种使我很难堪的方式对待我	父亲	1	2	3	4
		母亲	1	2	3	4
15	父母常常允许我到我喜欢去的地方，而他们又不会过分担心	父亲	1	2	3	4
		母亲	1	2	3	4
16	我觉得父母干涉我做的任何一件事	父亲	1	2	3	4
		母亲	1	2	3	4
17	我觉得与父母之间存在一种温暖、体贴和亲热的感觉	父亲	1	2	3	4
		母亲	1	2	3	4
18	父母对我该做什么、不该做什么都有严格的限制，而且绝不让步	父亲	1	2	3	4
		母亲	1	2	3	4

续表

序号	条目	类别	从不	偶尔	经常	总是
19	即使是很小的过错，父母也惩罚我	父亲	1	2	3	4
		母亲	1	2	3	4
20	父母总是左右我该穿什么衣服或该打扮成什么样子	父亲	1	2	3	4
		母亲	1	2	3	4
21	当我做事情取得成功时，我觉得父母很为我自豪	父亲	1	2	3	4
		母亲	1	2	3	4

(3)亲子沟通问卷

以下是描述你与父母沟通时的一些句子。每个人与父母都有不同的沟通方式，这种方式没有对错之说。请按照你平时的真实情况，在每个题目上选择一项最符合你情况的选项，并在你选择的选项上打"√"。如果父母不全，可以只回答父亲或母亲一栏。

序号	条目	类别	非常不符合	比较不符合	有时符合，有时不符合	比较符合	非常符合
1	我可以和父母毫不拘束、自由地讨论自己的想法	父亲	1	2	3	4	5
		母亲	1	2	3	4	5
2	我不相信父母告诉我的某些事情	父亲	1	2	3	4	5
		母亲	1	2	3	4	5
3	父母一直是我很好的听众	父亲	1	2	3	4	5
		母亲	1	2	3	4	5
4	有时我不敢向父母提要求	父亲	1	2	3	4	5
		母亲	1	2	3	4	5
5	我觉得父母对我说的某些事情，其实不说为好	父亲	1	2	3	4	5
		母亲	1	2	3	4	5
6	父母不用问就能知道我的感受	父亲	1	2	3	4	5
		母亲	1	2	3	4	5

续表

序号	条目	类别	非常不符合	比较不符合	有时符合，有时不符合	比较符合	非常符合
7	我对父母和我一起交谈的方式非常满意	父亲	1	2	3	4	5
		母亲	1	2	3	4	5
8	如果遇到麻烦，我会告诉父母	父亲	1	2	3	4	5
		母亲	1	2	3	4	5
9	我会毫不掩饰地表达对父母的爱	父亲	1	2	3	4	5
		母亲	1	2	3	4	5
10	当我与父母之间出现问题时，我经常以沉默的方式来回应他们	父亲	1	2	3	4	5
		母亲	1	2	3	4	5
11	我非常注意与父母说话时的用词	父亲	1	2	3	4	5
		母亲	1	2	3	4	5
12	当与父母谈话时，我对他们说的一些事情，其实不说为好	父亲	1	2	3	4	5
		母亲	1	2	3	4	5
13	父母会真诚地回答我提出的问题	父亲	1	2	3	4	5
		母亲	1	2	3	4	5
14	父母会努力理解我对问题的看法	父亲	1	2	3	4	5
		母亲	1	2	3	4	5
15	我会避免与父母讨论某些话题	父亲	1	2	3	4	5
		母亲	1	2	3	4	5
16	我觉得与父母讨论问题很容易	父亲	1	2	3	4	5
		母亲	1	2	3	4	5
17	我很容易向父母表达自己所有的真实感受	父亲	1	2	3	4	5
		母亲	1	2	3	4	5
18	父母让我感到很烦	父亲	1	2	3	4	5
		母亲	1	2	3	4	5

续表

序号	条目	类别	非常 不符合	比较 不符合	有时符 合，有 时不 符合	比较 符合	非常 符合
19	当父母生我气时会骂我	父亲	1	2	3	4	5
		母亲	1	2	3	4	5
20	我认为不能告诉父母自己对某些事情的真实感受	父亲	1	2	3	4	5
		母亲	1	2	3	4	5

(4)师生关系问卷

这部分内容是描述你和任课的所有老师之间关系的句子。我们对你所回答的选项严格保密，请放心作答。请仔细阅读以下内容，然后根据你的真实情况在相应的选项上打"√"。

序号	条目	很不 符合	不太 符合	不确 定	比较 符合	完全 符合
1	我与老师之间的关系是亲密而温暖的	1	2	3	4	5
2	老师和我似乎总是在相互斗争	1	2	3	4	5
3	只要我有了进步，老师就会表扬我	1	2	3	4	5
4	我希望改善我和老师的关系	1	2	3	4	5
5	我愿意把自己的心里话告诉老师	1	2	3	4	5
6	我觉得老师对我不公平	1	2	3	4	5
7	当我在学习上遇到难题时，老师会耐心地给我讲解	1	2	3	4	5
8	目前我和老师的关系正是我所希望的	1	2	3	4	5
9	在我有困难的时候，老师会及时帮助我	1	2	3	4	5
10	总体来说，我很满意自己和老师的关系	1	2	3	4	5
11	与老师的交往使我感到自信和有成就	1	2	3	4	5
12	我觉得老师总是惩罚和批评我	1	2	3	4	5
13	在我有困难的时候，我会想到找老师帮助我	1	2	3	4	5
14	即使在我难过或委屈的时候，老师也很少关心我	1	2	3	4	5

续表

序号	条目	很不符合	不太符合	不确定	比较符合	完全符合
15	与老师相处使我感到很费劲	1	2	3	4	5
16	当我没有信心、回答问题紧张时，老师常常鼓励我	1	2	3	4	5
17	我总想和老师待在一块，不想分开	1	2	3	4	5
18	我常常把自己的事情告诉老师	1	2	3	4	5
19	我和老师的看法经常不一致，有时还会争吵	1	2	3	4	5
20	我很珍惜老师和我之间的关系	1	2	3	4	5
21	老师经常认真听取我的意见和建议	1	2	3	4	5
22	在班上老师很少注意我	1	2	3	4	5
23	我特别愿意和老师一起做事情	1	2	3	4	5

(5)友谊质量问卷

下面描述的是你与你最好的朋友之间关系的句子。请根据你自己的真实感受，从中选出一个最符合你真实情况的答案，并在后面打"√"。

序号	条目	完全不符合	不太符合	有点符合	比较符合	完全符合
1	任何时候，只要有机会我们就总是坐在一起	1	2	3	4	5
2	我们经常互相生对方的气	1	2	3	4	5
3	他(她)告诉我，我很能干	1	2	3	4	5
4	这个朋友使我觉得自己很重要、很特别	1	2	3	4	5
5	做事情时，我们总是把对方作为同伴	1	2	3	4	5
6	如果我们互相生对方的气，会在一起商量如何使大家都消气	1	2	3	4	5
7	我们总在一起讨论我们所遇到的问题	1	2	3	4	5
8	这个朋友让我觉得自己的一些想法很好	1	2	3	4	5
9	当我遇到生气的事情时，我会告诉他(她)	1	2	3	4	5
10	我们常常争论	1	2	3	4	5
11	这个朋友和我在课间总是一起玩	1	2	3	4	5

续表

序号	条目	完全 不符合	不太 符合	有点 符合	比较 符合	完全 符合
12	这个朋友常给我一些解决问题的建议	1	2	3	4	5
13	我们一起谈论使我们感到难过的事	1	2	3	4	5
14	我们发生争执时很容易和解	1	2	3	4	5
15	我们常常吵架(打架)	1	2	3	4	5
16	他(她)常常帮助我,所以我能更快完成任务	1	2	3	4	5
17	我们能够很快地停止争吵	1	2	3	4	5
18	我们做作业时常常互相帮助	1	2	3	4	5

(6)社会支持问卷

下面的问题用于反映你与他人的社会关系。请按各个问题的具体要求,选择出最符合你情况的选项,请在所选的选项上打"√"。

①你有多少关系密切、可以得到支持和帮助的朋友(只选一项)

A. 一个也没有　　B. 1～2个　　C. 3～5个　　D. 6个或6个以上

② 近一年来你和谁住在一起(只选一项)

A. 远离家人,且独居一室

B. 住处经常变动,多数时间和陌生人住在一起

C. 和同学或朋友住在一起

D. 和家人住在一起

③你与邻居的关系怎样(只选一项)

A. 相互之间从不关心,只是点头之交　　B. 遇到困难可能稍微关心

C. 有些邻居很关心你　　　　　　　　　　D. 大多数邻居都很关心你

④你与同学的关系怎样(只选一项)

A. 相互之间从不关心,只是点头之交　　B. 遇到困难可能稍微关心

C. 有些同学很关心你　　　　　　　　　　D. 大多数同学都很关心你

⑤从家庭成员得到的支持和照顾 (在合适的框内打"√")

选项	无	极少	一般	全力支持
父母				
兄弟姐妹				
其他成员(如姑姑、舅舅)				

⑥过去你在遇到急难情况时，曾经得到的经济支持和解决实际问题的帮助来源有哪些(可多选)

A. 无任何来源

B. 下列来源(可多选)

a. 父母　　b. 其他家人　　c. 朋友　　d. 亲戚　　e. 同学　　f. 学校

g. 党团工会等组织　　h. 社会团体等组织

⑦过去你在遇到急难情况时，曾经得到的安慰和关心的来源有哪些(可多选)

A. 无任何来源

B. 下列来源(可多选)

a. 父母　　b. 其他家人　　c. 朋友　　d. 亲戚　　e. 同学　　f. 学校

g. 党团工会等组织　　h. 社会团体等组织

⑧你遇到烦恼时的倾诉方式是怎样的(只选一项)

A. 从不向任何人诉述

B. 只向关系极为密切的 1~2 个人诉述

C. 如果朋友主动询问，你会说出来

D. 主动诉述自己的烦恼，以获得支持和理解

⑨你遇到烦恼时的求助方式是怎样的(只选一项)

A. 只靠自己，不接受别人帮助

B. 很少请求别人帮助

C. 有时请求别人帮助

D. 有困难时经常向家人、亲友、组织求援

⑩对于团体(如同学、班级、学校等)组织的活动，你是否参加(只选一项)

A. 从不参加　　B. 偶尔参加　　C. 经常参加　　D. 主动参加并积极活动

(7)青少年自我意识问卷

下面是一些有关描述自己的句子。请根据你的真实情况，选择一个最符合自己情况的选项打"√"。

序号	条目	完全不符合	不符合	说不清	比较符合	完全符合
1	和同学相比，我觉得自己很聪明	1	2	3	4	5
2	在学习中，我感到自己是一个有价值的人	1	2	3	4	5
3	只要我努力，我的学习成绩就会有进步	1	2	3	4	5
4	我有明确的学习目标	1	2	3	4	5
5	我善于抵制诱惑	1	2	3	4	5

序号	条目	完全 不符合	不符合	说不清	比较 符合	完全 符合
6	无论做什么，我的思路都很清晰	1	2	3	4	5
7	我长得不好看	1	2	3	4	5
8	我喜欢为班集体和同学服务	1	2	3	4	5
9	我总觉得自己在某些方面不如别人	1	2	3	4	5
10	在全班同学面前讲话，我可以讲得很好	1	2	3	4	5
11	我是一个幸福的人	1	2	3	4	5
12	我做事情之前总是先做好计划	1	2	3	4	5
13	我是一个身体健康的人	1	2	3	4	5
14	当我做一件事情的时候，我能觉察自己的思考过程	1	2	3	4	5
15	我时常因为自己的体貌而烦恼	1	2	3	4	5
16	老师找我谈话时，我总是很紧张	1	2	3	4	5
17	我会违反一些学生守则	1	2	3	4	5
18	归根到底，我觉得自己是一个失败者	1	2	3	4	5
19	我相信自己在很多事情上的看法是正确的	1	2	3	4	5
20	对将要发生的事情，我常常会很担忧	1	2	3	4	5
21	只要有机会，我就能够把尚未学会的东西学会	1	2	3	4	5
22	讨论问题时，我常常有新的思想观点	1	2	3	4	5
23	我习惯在入睡前对一天的生活做一个总结	1	2	3	4	5
24	我对自己的长相很满意	1	2	3	4	5
25	我善于与他人交往	1	2	3	4	5
26	我是一个热心的人	1	2	3	4	5
27	在公共场合表演节目或讲话，我会很紧张	1	2	3	4	5
28	要老师或父母经常督促我，我才会好好学习	1	2	3	4	5
29	早晨按时起床对我来说是件痛苦的事情	1	2	3	4	5
30	我很难集中注意力做一件事情	1	2	3	4	5
31	我长得很好看	1	2	3	4	5
32	在新学校我能很快交到新朋友	1	2	3	4	5

续表

序号	条目	完全 不符合	不符合	说不清	比较 符合	完全 符合
33	我有很多好朋友	1	2	3	4	5
34	在学习上我是一个聪明的人	1	2	3	4	5
35	我像大多数人一样能够胜任自己的学习	1	2	3	4	5
36	如果电视节目很好看，我会先看完电视再做作业	1	2	3	4	5
37	我喜欢和我的父母在一起	1	2	3	4	5
38	我经常被同学捉弄	1	2	3	4	5
39	我有坚持了几年的爱好，如跑步、练琴、书法等	1	2	3	4	5
40	我的绝大多数朋友长得比我好看	1	2	3	4	5
41	我会做饭	1	2	3	4	5
42	我善于安排自己的时间	1	2	3	4	5
43	我喜欢设身处地地想问题	1	2	3	4	5
44	我可以控制好自己的情绪	1	2	3	4	5
45	每次考试前，我都相信我做好了充分的准备	1	2	3	4	5
46	我是一个冲动的人	1	2	3	4	5
47	我的家庭是一个幸福的家庭	1	2	3	4	5
48	如果有机会，我希望改变自己的容貌	1	2	3	4	5
49	我对自己目前的学习状况很满意	1	2	3	4	5
50	在学校里我会主动擦黑板、扫地等	1	2	3	4	5
51	我长大后会成为一个重要的人物	1	2	3	4	5
52	我有信心胜任老师交给我的每一项任务	1	2	3	4	5
53	有时候我不能阻止自己做一些事情，尽管我知道这些事情是错误的	1	2	3	4	5
54	我能够为了长期目标而努力奋斗	1	2	3	4	5
55	我常常希望自己是其他什么人，而不是现在的我	1	2	3	4	5
56	我能自己照顾自己	1	2	3	4	5
57	我有一些坏习惯，改了很多次了，还是改不掉	1	2	3	4	5

续表

序号	条目	完全不符合	不符合	说不清	比较符合	完全符合
58	我会在公交车上给有需要的人让座	1	2	3	4	5
59	做完一件事情后，我经常想如果换一种方式会出现什么结果	1	2	3	4	5
60	我有很多值得自豪的优点	1	2	3	4	5
61	我和我的朋友在一起很开心	1	2	3	4	5
62	上课时，我会忍不住做一些小动作	1	2	3	4	5
63	做某件事情前，我经常思考我做这件事情的动机	1	2	3	4	5
64	我可以很轻松地做完学校的作业	1	2	3	4	5
65	我能够胜任绝大多数科目的学习	1	2	3	4	5
66	我认为报效国家和社会是个人的基本责任和义务	1	2	3	4	5
67	我是一个值得朋友信赖的人	1	2	3	4	5

(8)青少年人格五因素问卷

每个人都有自己独特的特点，它使你与众不同，这些特点无好坏之分。请你选出一个最符合你情况的选项，并打"√"。

序号	条目	一点也不像你	不太像你	有点像你	比较像你	非常像你
1	我很喜欢和同学一起玩	1	2	3	4	5
2	我能理解和体谅别人，考虑到别人的感受	1	2	3	4	5
3	对学过的知识，我常能及时复习，认真总结	1	2	3	4	5
4	我的理解能力强，对新接触的知识能很快接受	1	2	3	4	5
5	小小的失败会让我感到垂头丧气	1	2	3	4	5
6	我很健谈，爱和别人聊天、交谈	1	2	3	4	5
7	我说话很有礼貌，从不说伤害别人的话	1	2	3	4	5
8	我很勤奋，我总是努力学习和工作	1	2	3	4	5
9	我对很多事情都有自己独特的看法	1	2	3	4	5
10	我常常感到无助，希望有人能帮我解决问题	1	2	3	4	5

序号	条目	一点也不像你	不太像你	有点像你	比较像你	非常像你
11	我很热情，经常主动交新朋友	1	2	3	4	5
12	我为人诚实，不喜欢弄虚作假	1	2	3	4	5
13	我做事认真，做完一件事后仔细检查，尽力避免错误	1	2	3	4	5
14	我很聪明（即使学业成就没有体现出这一点）	1	2	3	4	5
15	我的情绪变化较快，一会儿特高兴，一会儿可能又不高兴了	1	2	3	4	5
16	我是一个乐观、开朗的人	1	2	3	4	5
17	我富有同情心	1	2	3	4	5
18	不管有无他人在场，我都能约束自己，遵守各项规则	1	2	3	4	5
19	我经常能看出别人难以觉察的美	1	2	3	4	5
20	我经常对自己应该有把握的事情感到很担心	1	2	3	4	5
21	别人认为我很活泼	1	2	3	4	5
22	我总是力所能及地帮助别人	1	2	3	4	5
23	我做事考虑周全，总是想好了再做	1	2	3	4	5
24	我有丰富的想象力	1	2	3	4	5
25	我遇事常感到害羞	1	2	3	4	5
26	我很爱笑，也喜欢和别人开玩笑	1	2	3	4	5
27	我很容易原谅别人的过失	1	2	3	4	5
28	我注意保持整洁，物品、学习用具摆放有条理	1	2	3	4	5
29	我喜欢自由地幻想，即使这些幻想看起来不切实际	1	2	3	4	5
30	我对自己经常没有把握，需要别人告诉我做的事是否正确	1	2	3	4	5
31	我不会隐藏内心的想法，心里怎么想就怎么说	1	2	3	4	5
32	我对别人热情、友好	1	2	3	4	5
33	我做事很有计划性，能按计划一步步地努力	1	2	3	4	5
34	我兴趣爱好广泛，知识面宽	1	2	3	4	5

序号	条目	一点也不像你	不太像你	有点像你	比较像你	非常像你
35	与周围的人相比，我常常觉得自己不如别人	1	2	3	4	5
36	我喜欢参加集体活动和同学、亲友的聚会	1	2	3	4	5
37	我待人真诚，总是实话实说	1	2	3	4	5
38	我花钱有计划，从不随便浪费	1	2	3	4	5
39	在玩耍或别的活动中，我常能想出令人惊异的新点子	1	2	3	4	5
40	遇到不高兴的事，我常闷在心里，很不开心	1	2	3	4	5
41	我能很快地融入一个新的集体	1	2	3	4	5
42	我不会因为小事而与别人争吵或闹别扭	1	2	3	4	5
43	我珍惜时间，做事效率高	1	2	3	4	5
44	我有敏锐的观察力，常常能观察到别人观察不到的细节	1	2	3	4	5
45	我常常担心会发生不好的事情	1	2	3	4	5
46	我喜欢参加激烈的游戏或活动	1	2	3	4	5
47	课堂上我能积极发言，即便不是完全有把握也不在乎	1	2	3	4	5
48	只要答应过别人的事，我都会竭尽全力	1	2	3	4	5
49	我做事力求圆满，让人满意	1	2	3	4	5
50	我在做出许诺前总要反复思考	1	2	3	4	5

后 记

《农村留守儿童的社会适应》是国家社会科学基金项目"大数据背景下留守儿童社会适应性研究"（17BSH097）的主要研究成果。在项目实施和撰写本书的过程中，乔晖教授、柴江教授、陆芳教授、伏干教授、张军华教授、姜超教授、厉飞飞博士、刘春梅博士生、付淑英博士生、彭美博士等给予大力支持和帮助，付淑英老师还协助主持人做了大量联系、沟通、协调和组织等工作。在此对他们的辛勤付出表示深深的谢意。

此外，在问卷调查、访谈和数据收集过程中还得到了相关教育行政部门领导以及调研学校领导、老师和同学的大力支持和积极配合，在撰写调研报告和撰写本书的过程中参考了许多学者的论文、论著、研究报告和学位论文，在出版过程中得到了北京师范大学出版社周雪梅、孟浩等编辑的支持、指导和帮助，在此一并表示衷心感谢。由于我的能力水平所限，书中难免存在不足，恳请读者批评指正。

戴斌荣
2024 年 10 月于盐城师范学院